La démocratie
contre les experts
Les esclaves publics
en Grèce ancienne

民主反对专家
古希腊的公共奴隶

[法] 保兰·伊斯马尔 著

Paulin Ismard

张 竝 译

华东师范大学出版社

VI HORAE

华东师范大学出版社六点分社 策划

献给露西·D

目　　录

前　言

　　遥远的雅典经验此时此地能否有助于我们对抗不良政治？

　　对 20 世纪 70 年代出生的个体而言，政治很少会是个人生活中的头等大事。长辈告诉他政治关乎想象和欲望，没有其他哪种活动能像政治那样让生命真正得到实现。他们通过话语和信仰传递的这些自身体验，说得好听，就像无法抵达的腹地，说得难听，就像难以破译的谜团。政治生活的舞台很久以来就已不再令他感兴趣，他也渐渐对种种传统的政治参与形式提出了质疑，甚至否弃了它的整个表现原则。

　　他参与其间的政治话语已是危机重重，他发现那样的政治话语仍然只不过是些大话套话，轮廓很不清晰。在他看来，政治话语应该既是行动的准则，不会过时的愿景，也是民主的原则。当然，他的这个祈愿也具有双重目的。但只要他不像别人希望他做的那样，拒绝承认那是人与人之间和平相处、每个人均可享有自由的唯一指望，而且反而从中听出了颇具激进意味的说法——权力平等分配的原则，共同体切实有效掌控自身命运——那他很有可能从中进一步看出唯一具有价值的政治规划：这样的指令尽管含混不明，但它不也将马德里太阳门广场、雅典宪法广场、华尔街祖科蒂公园的那些示威者聚合到一起了吗？

　　不过，他仍然觉得在这萦绕不去的音乐之中，存在某种根植于日常的对民主理念的否弃，颂扬专家的统治地位，再三重申掌管公共事务的政府必须依赖于各个门类的知识，而且知识的本质要求它在吸收转化的时候必须远离公众的偏见。因此，普通公民由于被贴上了无知的标签（他们对何为国际经济法则、如何理性治理国家一窍不通），他们的言论便只能令人避之唯恐不及，而这种规避便构成了复杂社会内部的治理艺术。因为由所有观点构成的民众意见就算持续不断地得到考量与剖析，但从政治角度出发，对共同体全体而言有益的知识若由非专家平等商议而来，仍然会令人觉得不可思议。"意见统治"与专家治理远未达到水火不容的地步，它们是同一政治领域的一体两面，而政治却将普通公民集体构建政治技能的能力给否决了。正是由于日常对民主表达的剥夺，使他成了无能为力的旁观者，甚至不得不同意自己在政治上已经死亡。

　　但执政专家这一形象只不过是与国家这一概念相关的极其古老的当代面孔，而国家生产的是有关社会团体方面的知识。因为无论保护还是不保护，无论要保障自由还是压制自由，在这之前，国家都具有官僚主义的特征，它首先就是知识机构的集合体，其目的就是要将社会视为一个物体加以构建，国家既与之分离，又使之具有某种形式。可以这么说，国家首先就是知识团体，是知识国家。

　　我们虽然自称是历史上第一个民主政体的后继者，但对该民主政体就权力与知识之间的关联所作的思考却相当陌生，注意到这一点，或许并非无益。我们相当熟悉的专家形象，凭借知识便可具有治理他人的资格，但事实上，古典时代的雅典人却对这样的观点极为陌生，对他们而言，专业能力本身并不会使对公民群体的统治具有合法性。若是民主从本源上就与专家治理的形象相左,而且他们的国家观也与我们的相异,那就会相当有意思。而这就是本书希望深入研究的内容,我会追溯希腊诸城邦出现的世界上首批公职人员的历史,一有机会,他们就会扮演名副其实的专家角色。而这些人都是奴隶……

引　言

道路的主宰者，我背负着来到太阳底下，

我背负着进入雾中我背负着踏上

行军蚁的炭火碎肢之上。我背负着雨伞

我背负着炸药我背负着枷锁。

自阿卡德以降。自埃兰以降。自苏美尔以降。[1]

艾梅·塞泽尔（Aimé Césaire）

　　1861 年的雅典。并非温柔敦厚的奥托一世当政时期那个地中海年轻王国的首都，而是美国南部的一座小城，这座小城彼时正如火如荼地投身至邦联各州的叛乱之中。那就应该称之为 Athens，而非 Athênai。18 世纪末，约翰·米利奇创建雅典城，想使佐治亚州新建的年轻大学享有柏拉图及亚里士多德笔下城邦的美誉[2]，使

---

① A. Césaire，"阿卡德以降埃兰以降苏美尔以降"（Depuis Akkad depuis Elam depuis Sumer），Cadastre，Paris，Seuil，2006，p. 37[1961 年第 1 版]。

② E. Merton Coulter，"佐治亚州雅典的奴隶制与自由，1860—1866 年"（Slavery and Freedom in Athens，Georgia，1860—1866），*The Georgia Historical Quarterly*，49，1965，p. 264—293。

雅典成为插入占领区心脏的旧世界文化的前哨地带。尽管这名字起得好，但这座卑微的小镇却与原先蓄奴制南方的大部分城市没什么区别。城市居民4000人，奴隶就差不多有2000。

自从南北战争爆发以来，旧有的蓄奴制已分崩离析。许多奴隶主由于无力蓄奴，只能一弃了之，结果城里的主干道就成了奴隶的聚集地。奴隶"像自由人一般"在公共场所闲庭信步，他们难道已不再是主人的财产不成？种植园时期的祖制已摇摇欲坠，惹得约翰·克里斯蒂愤懑不平，他是城里的日报《南方守卫报》的评论员："全世界都知道黑奴（negroes）绝对就是奴隶，可他们事实上倒成了自由人，不仅不干活，还四处偷鸡摸狗。黑奴也要吃东西，可他们游手好闲，就是不干活。"当时引起轰动的是，为了阻断这种现象，市政当局最终出台法令，规定奴隶主每遗弃一个奴隶，就得缴纳一份税款，否则，奴隶就得离开这座城市。

美国蓄奴制历史上的这件事闹得沸沸扬扬，雅典便只能靠自己去获取奴隶。1862年初，市议会聘请托马斯·科布将军的奴隶、男孩乔来"维护道路，负责照料城里的骡子"。而对这名奴隶的管束就交给了他的主人。但过了一年不到，科布将军在弗里德里克斯堡战役中阵亡，市政当局决定不给乔恢复自由身，而是摇身一变，自己成了奴隶主。男孩乔便在雅典这座小城当了近三年的公共奴隶。

雅典的这名奴隶养路工想必可以在古典时代的雅典城邦里认祖归宗。亚里士多德在一篇论述他那个时代雅典政制的文章里也确实婉转地提到一个负责清理公路上的尸体及养护道路的人。①和男孩乔一样，这名并未青史留名的"公职人员"也是雅典城邦的奴隶，而城邦就是奴隶主。这则轶事横跨两千多年，将伯里克利的

---

① 亚里士多德，《雅典政制》（*Athenaiōn Politeia*），50，2。

城邦与它那卑微的美国替身结合起来，至今仍会混淆视听。乔和古代雅典的这位无名奴隶事实上隶属于两种截然不同的奴隶制结构，因为这在二十五个世纪之前的雅典卫城是一种反常现象，由特殊条件造成，而 1862 年的雅典却并非如此。

在古典时代的雅典，1000 至 2000 名公共奴隶要服务于由 30000 到 40000 名公民构成的共同体。希腊人在指称公共奴隶时，会用到 dêmosios 这个词。该词一向都有两层意思，既是指为城邦工作这一职能，又是指奴隶这一身份。前来希腊城邦的异邦人在此停留期间自然而然就会注意到有许多公共奴隶从事形形色色的工作。进入神庙，他会发现清点神祇财物的是 dêmosios，在有些场合下，他们甚至还会担任祭司这样的职务。到了公共广场上，一群负责维持治安的公共奴隶说不定还会训斥他一顿。而在城里的许多大工地上，他会见到公共奴隶正在竖立各种各样的纪念碑。不管怎么说，有一件事很明确：对那些成为城邦首批公职人员的人，古代文献持相对沉默的态度，丝毫未曾论及公共奴隶这一奇特体制的丰富性。

在这道风景中，有一个因素绝对会使我们的来客大感不解，即有些委派给这些奴隶的工作非普通人能够完成，大部分公民也没这个能力。这个简单的事实表明存在一个特殊的关节点，即在雅典民主理想的核心深处，知识的等级与权力问题紧密相连。雅典的经验与对我们民主现状的深层诘问在此遭遇。我们的政治乱象——我指的是 2015 年的法国——其实有赖于一种信仰，其日常表现形式是这样的：代表绝大多数人的民主诉求与政府要求的效率原则无法相容，而效率原则这么复杂，自然就会用到知识。如此一来，对公共事务有用的知识就必然源自特定的学问，而那些有学问的人——君王身边各式各样的专家与顾问——便可以民主之名行操控之实。然而，对古典时代的雅典人而言，任何知识本身均无法使对公民群体的统治合法化;如果说某些需要资质的工作委派给了奴隶,那恰恰是因为排除于政治共同体之外的奴隶尚不至于对公民秩序构成威胁。

公共奴隶制阐明了希腊政治经验中的又一个基本维度,与民主体制中国家的地位有关。希腊城邦算是国家吗? 回答可以说莫衷一是,如果从法律角度看,城邦的那些官员,或者说"公职人员",由于是奴隶,而被排除在公民群体之外,因此至少可以认为城邦的管理与现代国家毫无共同之处。国家是否作为"管理机构"或单独的机关而存在,这是个问题,从这方面看,公共奴隶这一形象证明希腊城邦并不愿成为一个国家,而这正是雅典民主经验的根基所在。

古代人、现代人与野蛮人的奴隶制

史学家尽管是希腊奴隶制或公民政制方面的专家,却对古典时代或希腊化时代社会的这些参与者并不感兴趣。[①] 毫无疑问,大多数城邦的 dêmosios 只能代表全部奴隶人口中的极小一部分,绝大多数奴隶都只不过是些财产,并非自由民,既成不了公民,也不会获得异邦侨民的身份。但史学家的沉默也是意识形态及科学传统的产物,长期以来,这种传统就从种植园世界的殖民地角度看待希腊罗马奴隶制,而那种奴隶制与公共奴隶制截然不同。对古代奴隶制最早进行研究的学者其实还萦绕着新世界的画面。亨利·瓦隆(Henri Wallon)是狂热的废奴主义者,后在第二共和国时期又成为瓜德罗普岛在立法院的代表。对他而言,废除殖民地

---

① 除了 O. Jacob,《雅典的公共奴隶》(*Les Esclaves publics à Athène*),Liège,Champion,1928。

的奴隶制就等于表明古代奴隶制是城邦道德堕落的滥觞，直到基督教来临，拯救它们于水火之中，情况才有好转。① 瓦隆在他那本里程碑著作《古典时代的奴隶制历史》(*Histoire de l'esclavage dans l'Antiquité*)的前言里写道：

> 古人的奴隶制！虽然追寻它要到古风时代，可它却仍然存在于我们中间，这景象实在怪异。一旦走上这条道路，我们就再也绕不过殖民问题的本质；我们要重新提出这个问题，来个一次性解决［……］。希望维持现状的那些人求助于古典时代，给自己找理由。我们都看得出，他们说了那么多，其实都是在自说自话。②

事实上，无论是废奴主义者还是反对者，求证于古典时代都是他们的惯用手段。某些废奴主义者通过赞美希腊罗马人对奴隶如何人道来谴责贩奴的残暴。因此，回忆古人可以给现代人一个教训。但他们的那些对手也在古代社会寻根溯源，意图为蓄奴制永久化觅得合法的理由：希腊罗马世界的奴隶在这种情况下得付出代价，对整个伟大的文明而言，这么做虽然悲惨，但也难以避免。

吊诡的是，三十多年来，古代奴隶制与现代奴隶制的比较研究，以"拥护奴隶制的社会"这一课题，又迎来了第二春。芬利(Moses I. Finley)之后，研究希腊罗马奴隶制的历史学家都已习

---

① 关于美国某些史学家的请况，也可参见 P. Du Bois，《奴隶与其他物品》(*Slaves and Other Objects*)，Chicago，University of Chicago Press，2008，p. 13—18。关于古代奴隶制的历史文献，参阅 M. I. Finley，《古代奴隶制与现代意识形态》(*Esclavage antque et idéologie moderne*)，Paris，Minuit，1981［1979］。

② H. Wallon，《古典时代的奴隶制历史》，Paris，Robert Laffont，1988［1847］，p. 5—6。

惯将两种类型的社会进行区分：一类是"奴隶社会"（奴隶社会，society with slaves，或蓄奴社会，slaveholding societies），奴隶的数量微不足道，仅限于某些次要生产结构的领域；另一类是"拥护奴隶制的社会"（slave societies），奴隶数量巨大，影响方方面面的社会关系。在拥护奴隶制的社会当中，奴隶的定期更新对社会结构的再生至关重要。若诚如芬利所言，那货真价实的拥护奴隶制的社会就会极其稀少。史学家只能举出五个这样的实例：除了古典希腊与希腊化世界的某些地区之外，只有共和国末期的罗马与帝国时代初期的罗马、南北战争之前的美国、殖民地时期的安的列斯群岛及巴西算是名副其实的"拥护奴隶制的社会"[①]。这样一份清单，大多数研究古典时代希腊罗马的史学家都会同意，从而无意中表明希腊文明的独特性。将著名的"希腊奇迹"倒转过来看的话，就会发现开创西方现代性的优势又再次回到伯里克利及柏拉图的同代人手中。

奴隶制最重要的一点，是它在古典时代及希腊化时代的城邦中起到了毋庸置疑的作用。我们发现古代雅典的奴隶占人口的20％至50％，相当于50000至200000人，尽管数字相差巨大，却丝毫无法改变奴隶制是公民秩序的根基这一事实。[②] 而且，古典时代希腊的奴隶制有个特点，即奴隶市场相当重要，从而确保奴隶

---

① 可特别参阅芬利的《古代奴隶制与现代意识形态》，前揭，p. 11。N. Fisher 也采取了此种分类法，《古典希腊的奴隶制》（*Slavery in classical Greece*），Londres, Bristol Classical Press, 1995, p. 3—4。

② 数量估算更大的，参阅 R. Descat 与 J. Andreau，《希腊与罗马的奴隶》（*Esclaves en Grèce et à Rome*），Paris, Hachette, 2009, p. 72，以及 T. Taylor，"相信古人：史前时期后期欧亚地区奴隶制与奴隶贸易的数量与质量层面"（Believing the ancients: quantitative and qualitative dimensions of slavery and the slave trade in later prehistoric Eurasia），*World Archaeology*, 33, 2001, p. 27—43；数量估算更少的（介于人口的 15％至 35％之间），参阅芬利，《古典希腊的奴隶制》（*Slavery in classical Greece*），前揭，p. 35—36。

人口可以持续得到更新,这远比人口统计学意义上的繁殖重要得
多。将奴隶置于公民群体之外的做法是古典时代奴隶商品化的主
要维度。奴隶是他人的财产,只有那人有权给他起名,奴隶从而也
就丧失了原先的身份,而在纳入主人的家庭中时,却又无法得到新
的身份。因此,奴隶也就成了地地道道的被排斥者,这种相异性的
形象影响着公民生活的方方面面。就所有这些理由来看,古典时
代的城邦——无论愿意与否,雅典都是这种理想的类型——肯定
都属于"拥护奴隶制的社会",正如芬利所说:"将古代奴隶制的历
史综合起来看,便会发现那就是希腊罗马社会史。"①

　　在简单描述希腊奴隶制种种形式的时候,"拥护奴隶制的社
会"这一概念不管有多恰当,它适用的那些社会的范围却仍然值得
商榷。新世界奴隶制尽管在记忆中占据核心地位,但无论从时间
还是空间来看,事实上它都无法掩盖这一普遍现象具有的极大差
异性。三十多年来,史学家与人类学家不断地揭示奴隶制结构的
丰富性与极端多样性。② 从大湖地区的易洛魁人到爪哇岛,从这种

① 　芬利,《古代奴隶制与现代意识形态》,前揭,p. 35—36。
② 　非洲学领域内的几个基本阶段:C. Meillassoux(主编),《殖民时期之前的非洲奴隶
　　制》(*L'Esclavage en Afrique précoloniale*),Paris,Maspero,1975;I. Kopytoff 与 S.
　　Miers(主编),《非洲奴隶制,历史与人类学视角》(*Slavery in Africa，Historical
　　and anthropological perspectives*),Madison,University of Wisconsin Press,1977;
　　J. R. Willis(主编),《穆斯林非洲的奴隶与奴隶制》(*Slave and Slavery in Muslim
　　Africa*),Londres, Frank Cass,1985;S. Beswick 与 J. Spaulding(主编),《奴隶制的
　　非洲体系》(*African Systems of Slavery*),Trenton,Africa World Press,2010;P.
　　E. Lovejoy,《奴隶制的演变:非洲奴隶制的历史》(*Transformations in Slavery. A
　　History of Slavery in Africa*),Cambridge,Cambridge University Press,2012³;东
　　南亚著述:A. Reid(主编),《东南亚的奴隶制、束缚与依附性》(*Slavery, bondage
　　and dependence in Southeast Asia*),St. Lucia, University of Queensland Press,
　　1983;G. Condominas(主编),《依附的极端形式:试论东南亚奴隶制研究》(*Formes
　　extrêmes de dépendance. Contributions à l'étude de l'esclavage en Asie du Sud-
　　Est*),Paris,EHESS,1998;I. Chaterje 与 R. M. Eaton(主编),《奴隶制与南亚历史》
　　(*Slavery and South Asian History*),Bloomington,Indiana University (转下页注)

依附与剥夺的极端形式来看,奴隶制其实是一种规则,而非例外。① 从这个方面看,1926 年日内瓦公约对奴隶制所下的定义"个体的状态或条件具有财产权属性或其中几种属性"②就很不全面。它按照殖民地世界的经验,以财产问题为准绳,却对施行奴隶制的大部分社会视而不见。

事实上,拥护奴隶制的社会这一概念并非古典时代与新世界社会的悲惨特权(况且,和废奴主义者的言论一样,它们也并未为西方所垄断③)。15 和 16 世纪之交,葡萄牙人深入刚果王国的时候,100000 多个奴隶构成王国人口的一半,他们充斥在所有的生产领域中。三个世纪后,在乍得湖西南部索科托哈里发国广袤的领土上,加起来的奴隶比美国的还要多。④ 所以,在非洲,大型穆

(接上页注)Press,2007。综合论述:I. Kopytoff,"奴隶制"(Slavery),*Annual Review of Anthropology*,11,1982,p. 207—230;O. Patterson,《奴隶制与社会性死亡:比较研究》(*Slavery and Social Death. A comparative study*),Cambridge(Mass.),Harvard University Press,1982;C. Meillassoux,《奴隶制人类学:铁腹与银腹》(*Anthropologie de l' esclavage. Le ventre de fer et d' argent*),Paris,Puf,1986;A. Testart,《奴隶、债务与权力:比较社会研究》(*L' Esclave, la dette et le pouvoir. études de sociologie comparative*),Paris,Errance,2001。最后,必须提及公共奴隶或皇家奴隶研究方面的两本关键著作:主要研究的是 19 世纪的卡诺酋长国,S. Stilwell,《权力的悖论:卡诺奴隶骑兵与索科托酋长国的皇家男性奴隶制,1804—1903 年》(*Paradoxes of Power. The Kano "Mamluks" and Male Royal Slavery in the Sokoto Caliphate*[*1804—1903*]),Portsmouth,Heinemann,2004;关于突尼斯大公的奴隶骑兵,参阅 M. Oualdi,《奴隶与主人:17 世纪至 1880 年代突尼斯大公的奴隶骑兵》(*Esclaves et maîtres. Les Mamelouks des beys de Tunis du XVIIᵉ siècle aux Années 1880*),Paris,Publications de la Sorbonne,2011。

① 参阅 A. Testart 的统计,《奴隶、债务与权力》,前揭,p. 176—182,以及他就奴隶制概念所提出的定义问题所作的总结性陈述,p. 115—136。
② 条款 1. 1。
③ 关于这一点,参阅 P. Lovejoy 的评论,"非洲奴隶制"(Slavery in Africa),见 G. Heuman 与 T. Burnard(主编),《劳特里奇奴隶史》(*The Routledge History of Slavery*),New York,Routledge,2011,p. 43。
④ P. Lovejoy,《奴隶制的演变》,前揭,p. 24 与 p. 120—123。

斯林王国的奴隶制与"周边"国家的奴隶制一样，并不仅仅是国内原因或军事原因造成的；它具有生产职能，常常与种植园的奴隶制颇为相像。① 同样，17 世纪，在苏门答腊岛西部的亚齐王国，奴隶也成了大型香料种植园的主要劳力。就此而言，拥护奴隶制的社会这一概念并不仅仅指称希腊罗马社会和走大西洋航路贩卖奴隶的殖民地社会，而是可以合理地扩展至相当多的社会。②

　　再者，将两个异质的世界，即属于新世界殖民地的种植园奴隶制与所谓"原始"社会的"前殖民时期"的奴隶制相对立，这样的做法可以说错得离谱。这种倾向经常出现在废奴主义的文献中，他们大肆美化非西方的奴役形式，用来揭露殖民地奴隶制的残暴。③ 无论在非洲还是亚洲，奴隶制的历史本身都属于贩奴史这样的大历史，因此这是一种属于"关联史"范畴的研究。④

---

① 参阅 P. Lovejoy 调查统计的所有案例，同上，p. 111—128，p. 174—175。

② 参阅 O. Patterson 的评论，"前现代世界与早期希腊的奴隶制、性别与劳作：跨文化分析"(Slavery, Gender, and Work in the Pre-Modern World and Early Greece: A Cross-Cultural Analysis)，见 E. Dal Lago 与 C. Katsari（主编），《奴隶体系：古代与现代》(Slave Systems. Ancient and Modern)，Cambridge, Cambridge University Press, 2008, p. 32—69，P. 33。

③ 参阅 1833 年，下议院围绕是否应该废除英属印度奴隶制所作的讨论。废奴主义者和东印度公司的利益代表在此殊途同归，美化印度帝国各种传统的奴隶制形式，以期更有力地反对美洲奴隶制的残暴。A. Major，《印度的奴隶制、废奴主义与帝国（1722—1843 年）》(Slavery, Abolitionism and Empire in India [1722—1843])，Liverpool, Liverpool University Press, 2012, p. 3—8。如需再次了解印度世界的奴隶制及其在种姓制度中的作用，参阅 I. Chatterjee，《印度殖民地时期的性别、奴隶制与法律》(Gender, Slavery and Law in Colonial India)，Oxford, Oxford University Press, 1999, p. 1—33。

④ 尽管前殖民时期非洲奴隶制的丰富性得到了讨论，但 18 和 19 世纪内陆王国所扮演的那种（人口与经济的）关键性角色其实部分是大西洋航路贩运和横贯撒哈拉沙漠贩运所导致的结果，并由此持续改变着传统依附关系的结构。参阅 P. Lovejoy，《奴隶制的演变》，前揭，特别是 p. 21。也可参阅 J. D. Fage，"非洲社会与大西洋航路奴隶贸易"(African Societies and the Atlantic Slave Trade)，《过去与现在》(Past and Present)，125, 1989, p. 97—115。在印度也是同样情况，英国（转下页注）

对非洲或亚洲奴隶制的这些研究并不仅仅重新描绘了奴隶制现象这一图景。它们揭示种种意料不到的原因,重新构造分析工具,将奴隶制现象的来龙去脉弄得混淆不清,长期以来,它们就这样理解这一图景。债务奴隶制就这样被视为人身依附过程内部的主要现象。① 许多研究不再从财产视角看待奴隶制,而是着重强调主人与奴隶之间关系的种种互动形式与掌控关系。因此,借由"社会性死亡"(social death)这一概念,奥兰多·帕特森(Orlando Patterson)在自己的研究中将暴力与侮辱的过程视为整个奴隶制的构建因素。②

研究古典时代的史学家却鲜有例外,对重起炉灶研究奴隶制现象的这方面的大量工作视而不见,仍旧将殖民时期作为参照系,

(接上页注)与葡萄牙初次与印度接触的时候,出现了各种闻所未闻的奴隶制形式,重塑了传统依附关系的结构,但这并不能归并到新世界的奴隶制中去。参阅 I. Chatterjee,"重续的关联史:南亚的奴隶制与历史文献"(Renewed and connected Histories:Slavery and the Historiography of South Asia),与 S. Guha,"西印度的奴隶制、社会与国家,1700—1800 年"(Slavery,Society and the State in Western India,1700—1800),见 I. Chatterjee 与 R. M. Eaton(主编),《奴隶制与南亚史》,前揭,分别参见 p. 1—43 和 p. 162—186。

① 参阅 A. Testart,《奴隶、债务与权力》,前揭,p. 137—175。
② 参阅 O. Patterson,《奴隶制与社会性死亡》,前揭,p. 13,他下了一个很有名的定义:"奴隶制就是永久性地暴力掌控出生时即已遭疏离的人和普遍被视为不名誉的人。"同样,有些人类学家也对不同的奴隶制社会划上了新的等号。James Watson 就是这样用"封闭体系"(closed system)与"开放体系"(open system)这样的术语来作出区分的。参阅 J. Watson,"作为一种体制的奴隶制:开放与封闭体系"(Slavery as an Institution. Open and Closed system),见 J. Watson(主编),《亚洲与非洲的奴隶制体系》(Asian and African Systems of Slavery),Oxford,Blackwell,1980,p. 1—15。在"开放"体制下,奴隶很容易就能被纳入血缘谱系之中,一般只要杜撰某种亲族关系即可,而且经常可以获得自由身。非洲的奴隶制大部分就属于"开放体系",美洲的奴隶制以种族主导为特征,是"封闭体系"的典型例证,东南亚的一些社会也提供了这方面的例证。关于这一点,参阅经 A. Reid 提议,Watson 对该模型所作的修正,"前殖民时期东南亚'封闭'与'开放'的奴隶体系"("Closed" and "Open" Slave Systems in Pre-Colonial Southeast Asia),见 A. Reid(主编),《东南亚的奴隶、束缚与依附性》,前揭,p. 156—181。

视之为整个比较研究的终极视角。① 毫无疑问,某些讨论虽然令非洲学者、研究穆斯林世界的史学家及研究东南亚的专家激动,却根本没在古代奴隶制社会内部引起反响。新世界的奴隶制对研究古典时代的史学家而言,仍然可以还原。自 20 世纪 70 年代初起,芬利的著作产生的影响力大幅超越了古典时代的研究领域,对不同奴隶体制的分析有很大帮助。自此以后,不就正好可以了解其他的奴隶体制,超越美洲的经验,重新研究希腊罗马的奴隶制吗? 在伯里克利的雅典和男孩乔的雅典之间,还存在着索科托哈里发酋长国、中世纪时期的柬埔寨、泰王国、伊斯兰帝国和西非的王国,以及各式各样放弃奴隶制的社会、各种独特的结构,使我们可以重新思考希腊的奴隶制。

---

① 近来这方面的文献有:M. Kleijwegt(主编),《自由的面向:旧世界与新世界奴隶制的农奴解放与奴隶解放》(*The Faces of Freedom. The Manumission and Emancipation of Slaves in Old World and New World Slavery*),Leiden,Brill,2006;E. Dal Lago 与 C. Katsari(主编),《奴隶体系》,前揭;D. Geary 与 K. Vlassopoulos(主编),《古典时代与现代美洲的奴隶制、公民身份与国家》(Slavery, Citizenship and the State in Classical Antiquity and the Modern Americas),见 *European Review of History*,16. 3,2009,P. 295—436;S. Hodkinson 与 D. Geary(主编),《古希腊罗马与现代巴西的奴隶与宗教》(*Slaves and Religions in Graeco-Roman Antiquity and Modern Brazil*),Cambridge,Cambridge Scholars Publishing,2012;A. Gonzalez(主编),《思考奴隶制:古典原型、现代实践、当代问题》(*Penser l'esclavage. Modèles antiques, pratiques modernes, problématiques contemporaines*),Besançon,Pufc,2012. 不过,在罗马奴隶制领域,还可参阅 Walter Schneidel 的研究,尤其是 W. Schneidel,"希腊罗马世界奴隶制的比较经济学"(Comparative Economics of Slavery in the Greco-Roman World),见 E. Dal Lago 与 C. Katsari(主编),《奴隶体系》,前揭,p. 105—126,与 P. Temin,"罗马帝国早期的劳力市场"(The Labor Market of the Early Roman Empire),见 *Journal of interdisciplinary History*,34,2004,p. 513—518,特别是 p. 522—527。也可参阅 K. -W. Welwel 不太自信的尝试,"早期文化中的绑架与放逐"(Menschenraub und Deportationen in frühen Kulturen),见 H. Heinen(主编),《古代与现代视角下的绑架、人口贩卖与奴隶制度》(*Menschenraub, Menschenhandel und Sklaverei in antiker und moderner Perspektive*),Stuttgart,F. Steiner,2006,p. 21—43。

　　要对各种奴隶体系进行比较分析，占中心地位的是希腊世界，可这项工程太浩大，靠一本书无法容纳，靠一个史学家也难以写尽。现在这本书只能朝这个方向努力，以随笔的形式呈现，对希腊城邦世界独特的体制，也就是公共奴隶制进行研究。不过，必须明确的是，我们通过比较研究才了解这一点，我们乞灵的这个词如今包含了许多互不协调甚至彼此矛盾的尝试。① 现在马上可以确定的是：这项研究范围极窄，比较方法使用的频率会很低。它既不想对希腊奴隶制采取普遍假定的法则，认为所有的奴隶制社会都适用这个法则，也不想将它和不同的奴役体系置于同一种类型中。方法很浅显，就是要将传统的希腊奴隶制问题变得更尖锐，对不受人重视的体制，即公共奴隶制进行研究，并将它置于其他奴役体系的内部作比较研究。因此，这种方法属于区分比较法，强调的是不同，而非相同，它的目的首先是要辨明希腊奴隶制的特点，再得出结论，认为希腊城邦的社会与政治组织结构极具特色。②

何谓公共奴隶制？

　　事实上，公共奴隶制在以奴隶制为主题的新的人类学内部也自成一个主要论题。无论称之为"王朝奴隶"、"国有奴隶"还是"宫廷奴隶"，社会人类学都在强调统治者手下的奴隶作为权力辅助手

---

① 关于近期的研究成果，参阅 O. Rennaud、J. -F. Schaub 与 I. Thireau（主编），《塑造社会科学》(*Faire des sciences sociales*)，vol. 2，Comparer，Paris，EHESS，2012，总论性质的，M. Detienne 提出的实验性的比较方法论颇具雄心，《比较不可比较之物》(*Comparer l'incomparable*)，Paris，Seuil，"Points Essais"，2009[2000]。

② 关于区分比较法这一概念：P. -O. Dittmar，"历史人类学的两种比较法"（Deux comparatisms pour une Anthropologie historique），*Atelier du centre de recherches historiques*（网刊），2010 年 6 月 19 日。

段的关键角色。① 毫无疑问，可以稍微有点夸张地认为，除了新世界之外，所有的"国家"奴隶制社会都很熟悉这样的人物；在某些社会中，"皇家奴隶"要比私奴人数多得多。② 这些奴隶经常是国家形成之初首批出现的"公职人员"。有些人类学家走得更远，从中窥见了体制的秘密：甚至在国王的双体出现之前，国家之初即已存在君主及其奴隶这一双体。③ 他们担任的职能与施加于他们身上的所有权模式有许多不调和之处，除此之外，与私奴相比，这些奴隶拥有的特权地位更为恒定。奴隶竟然享有特权地位？只要我们承认奴隶身份本身是一种法律地位，而非生活状态或由生产结构决定的那种地位，这样的悖论事实上就会显得很肤浅。

显然，一不小心，我们就会将希腊城邦公共奴隶制的地位与王室奴隶制的地位形形色色的形式等同起来。Dêmosioi 是城邦的集体财产，而非政治专权者的私有财产。其间的差异远非无关紧要：承袭而来的体制支配的是主人与其奴隶之间的关系，与公民共同体全体及其仆从无法等同起来。在许多社会中，属君主私人所有的奴隶同其他担当专门职能、而非属于私人所有、仅属于全体共同体所有的奴隶同生共存，因而这样的差别会很常见。④ 这种差异还有一种形式，它存在于希腊世界熟知的私权体制之中：在公元前 2 世纪的帕加马王国，国王占有的奴隶 basilikoi 与城邦的奴隶

---

① 关于这个问题的大量参考书目会在本书后文出现。

② 这方面例证：R. S. O'Fahey，"达尔富尔的奴隶制与社会"（Slavery and Society in Dar-Fur），见 J. R. Willis（主编），《穆斯林非洲的奴隶与奴隶制》，前揭，p. 83—100。

③ 可特别参阅以陪葬基础所作的论证，A. Testart，《自愿为奴》（*La Servitude volontaire*），Paris，Errance，2004，卷 1：《陪葬》（*Les morts d'accompagnement*），卷 2：《国家的起源》（*L'origine de l'État*）。

④ 这方面的例证有 E. Terray，《吉亚曼阿布隆王国史：殖民征服的起源》（*Une histoire du royaume abron du Gyaman. Des origines à la conquête coloniale*），Paris，Karthala，1995，p. 815—816。我们可以从宫廷俘虏中区分出吉亚曼国王尚未执掌最高权力时即属他私人所有的财产，以及君主从其前任那儿继承而来的"王座财产"。

dêmosioi 存在明显区别。① 罗马帝国时期也有这样的区分，除了属于凯撒家族（familia Cœsaris）的私奴之外，还存在可追溯到共和时代、属于罗马国家所有的公共奴隶（servi publici）。②

但城邦世界的公共奴隶与希腊世界许多地区熟知的各种形式的共同体奴隶绝对无法混合。公元前 4 世纪的史学家泰奥彭波斯在追溯希腊的奴隶制时，有一段著名的文字，他将奴隶制分成两种形式：

> 开俄斯人在帖撒利亚人和拉凯代蒙人之后首先使用了奴隶，但他们获取奴隶的方式与后者多有不同。正如我们所见，拉凯代蒙人与帖撒利亚人都是使先于他们居住在他们现在所占国土上的希腊人为奴，前者用的是阿开奥斯人，帖撒利亚人用的是佩莱比亚人和马格涅希亚人。一个将奴隶称为希洛人，一个称之为佩涅斯特人。而开俄斯人用的是野蛮人，都是花钱买来的。③

一方面，"花钱"购买野蛮人奴隶，另一方面，在被占领土上以集体之名使当地人沦为奴隶：泰奥彭波斯之后，希腊世界的史学家

---

① 帕加马王国的阿里斯东尼克战争时期：OGIS 338（公元前 131 年），I, 20—26 与 I, 37—38。

② 参阅 G. Boulvert 的评论，《罗马帝国初期的帝国奴隶及赎身的奴隶：政治角色与行政角色》（*Esclaves et affranchis impériaux sous le Haut-Empire romain. rôle politique et administratif*），Naples, Jovene, 1970, p. 9—10。但这种区分并不可靠，因为帝国时代末期的立法不再包含这层区分，而是将两者混同起来；参阅 N. Lenski，"古典时代末期的公共奴隶"（Servi Publici in Late Antiquity），见 J. -U. Krause 与 C. Witschel（主编），《帝国时代末期的城市：衰落还是变化？》（*Die Stadt in der Spätantike -Niedergang oder Wandel?*），Stuttgart, F. Steiner, 2006, p. 335—357, p. 350。

③ Athénée，《会饮录》（*Les Deipnosophistes*），VI, 265b—c。

都习惯于将古代雅典极为成功的商品奴隶模式与斯巴达希洛人的共同体类型的模式区分开来。

但帝国时代的好几位作者却将希洛人视为斯巴达人的集体财产。斯特拉波(Strabon)断言"斯巴达人占有的希洛人有点类似公共奴隶(dêmosioi doulous)"①,而保萨尼阿斯却认为希洛人"最先成了共同体奴隶(douloi tou koinou)"②。这个迟来的比较不应该混淆我们的视线:被称为 dêmosioi 的公共奴隶与希洛人类型的共同体奴隶毫无相似之处。首先,差异体现在奴隶人口的起源上。当 dêmosioi 占了绝大多数,甚至在奴隶市场上几乎全部都是这类奴隶时,拉科尼亚或美塞尼亚的希洛人,以及帖撒利亚的佩涅斯特人,都是领土被占之后集体沦为奴隶的人。正如我们所见,古风时代与古典时代之交,公共奴隶与商品奴隶的出现密不可分。此外还有功能上的差别:斯巴达的希洛人绝大多数都在田间劳作,为公民服务,而 dêmosioi 却占据城邦的行政管理职能与维护治安的职能。最后,将公民共同体与奴隶相连的财产关系也截然不同。在古典时代,希洛人尽管集体沦为奴隶,却被视为私有财产。当然,公民不得在奴隶市场上贩卖希洛人,但这层限制却受限于斯巴达政体的私有财产属性;总体来说,就算有了这层限制,也无法使希洛人成为整个公民共同体的财产。③

---

① Strabon,《地理志》(*Géographie*),卷八,5,4。

② 保萨尼阿斯,《游记》(*Périégèse*),卷三,20,6。

③ 正如 Jean Ducat 所言,尽管希洛人可以被视为公共财产,但这只是一种外部观点,说明他们不得被贩卖到城邦之外而已。J. Ducat,《希洛人》(*Les Hilotes*),Athènes-Paris,École Française d'Athènes,1990,p. 21,与 N. Luraghi,《希洛人:比较方法路径,古代与现代》(The Helots: comparative approaches, ancient and modern),见 S. Hodkinson(主编),《斯巴达:比较方法路径》(*Sparta: Comparative pproaches*),Swansea,Classical Press of Wales,2009,p. 261—304,p. 275。(转下页注)

奴隶照耀下的城邦

处于商品奴隶背景下的城邦的财产奴隶就这样被限定在合理的维度之内,初看,我们的文献相当少。散落于四个多世纪内的数千个个体也就隐于几篇文本之中,也仅有只言片语的铭文提到过他们:放在希腊奴隶史中看去,公共奴隶的命运似乎微不足道。所以,史学家对此漠不关心又有什么好令人惊讶的呢? 不过,有一部著作是个例外,20 世纪 20 年代末,比利时学者奥斯卡·雅各布(Oscar Jacob)专门对古典时代的雅典公共奴隶进行了研究。[①] 只有这部著作对 dêmosioi 进行了综合研究,因其旁征博引,成了无可代替的参考资料。这位史学家特别致力于研究分派给 dêmosioi

---

(接上页注) S. Hodkinson,《古典时代斯巴达的所有权与财富》(*Property and Wealth in classical Sparta*),Swansea,Classical Press of Wales,2000,p. 119,对斯巴达社会内部希洛人转让的可能性持怀疑态度。不过,我们仍然没法排除的是,在希腊化时代末期,希洛人也开始变得"像"dêmosioi:参阅 N. M. Kennell,《农奴:希腊化时期拉科尼亚的希洛人》(*Agreste genus*:Helots in Hellenistic Laconia),见 N. Luraghi 与 S. Alcock(主编),《拉科尼亚与美塞尼亚的希洛人及其主人:历史、意识形态与结构》(*Helots and their Masters in Laconia and Messenia. Histories, Ideologies, Structures*),Washington D. C. ,Center for Hellenic Studies,2003,p. 81—105。

① O. Jacob,《雅典的公共奴隶》,前揭。不过,雅各布的研究之前,还有三项重要的研究成果,它们是 S. Waszynski,"论雅典国有奴隶的法律地位"(Über die rechtliche Stellung der Staatsclaven in Athen),Hermes,34,1899,p. 553—567,O. Silverio,《对雅典国有奴隶历史的研究》(*Untersuchungen zur Geschichte der attischen Staatsklaven*),Munich,F. Straub,1900,这两项研究探讨的都是古典时代雅典的公共奴隶,还有 G. Cardinali,"铭文术语杂记:I. Dêmosioi"(Note di terminologia epigraphica. I. Dêmosioi),*Rendiconti della Reale Accademia dei Lincei*,17,1908,p. 157—165,该文调查统计了公共奴隶出现在铭文中的实例。关于帝国时代,近期可参阅 A. Weiss,《城邦奴隶:对罗马帝国城市中公共奴隶的研究》(*Sklave der Stadt. Untersuchungen zur öffentlichen Sklaverei in den Städten des Römischen Reiches*),Stuttgart,F. Steiner,2004。

的各项工作,并辨明他们法律地位的特异性。

尽管拥有这些品质,在当今的读者看来,雅各布的这部著作仍有两处空白。第一处很小:当然,从 1928 年起,关于该主题的文献有了长足的发展,这既可归功于新的铭文得到发现,也可归功于对广为人知的文献及铭文重新进行的解读。第二处很关键,在于这位史学家在研究工作中采取的总体方法。他的研究描述性居多,具有双重孤立主义的特点。雅各布只专注于古典时代的雅典,甚至对希腊化时代受雅典控制的德洛斯也未加理会。尽管雅典文献充足,但这一奇异体制的方方面面仍然值得依照其他城邦的经验来加以阐释。尤其是,dêmosioi 被认为是独一无二的个例,几乎具有反常的特性,似乎它的历史和古典时代及希腊化时代的历史没有关系。雅各布描写了公共奴隶本身,而且只是为了他们才写了这本书,却并未参透这一独特构造的意义,毕竟,城邦分配给奴隶的那部分行政管理工作并非无足轻重。这数千人拥有令人震惊的地位,远非无名小卒,这便为分析希腊城邦的内在张力,甚至它运转过程中的种种矛盾,提供了有利的观测点。Dêmosioi 置身于奴隶地位史、公民行政管理史以及民主体制知识等级史的交叉点上,这样的研究可将希腊城邦遭人误解的公共奴隶的来龙去脉解释清楚。

这一体制的起源首先就值得放在古风时代(公元前 8—前 6 世纪)的漫长历史中加以分析。从荷马世界术业有专攻的匠人到公元前 6 世纪克里特城邦的录事,古风时代推出了一批相当重要的具备专门知识的能工巧匠和专家。他们的地位极不稳定:他们听命于共同体的调遣,可身上所负的技能却使他们自身难保。古风时代的立法为这些“专家”设了一个特殊的位置,尽管他们个个都有拿手绝活,却时常被排除在共同体之外。匠人戴达洛斯虽然心灵手巧,却对依赖于他的君王构成了威胁,他的 dêmiourgoi 身份使他吃尽苦头，dêmiourgoi 有时可以作为公共奴隶的前身。但只有到这些古代实践与古风时代末期的两次革命相交之时，公共奴隶才会出现，这两次革命分别是商品奴隶的发展和民主体制的出现。

研究古典时代与希腊化时代城邦世界中分配给 dêmosioi 的那些工作是第二章的核心议题。领取报酬的公共奴隶眼看着自己的职位一年年在续期，但他们并非行政官员（archê）。从这个角度看，无论他们是书记员、治安员、档案管理员，还是泥水匠，甚至就算有时能当上司祭，他们的职能也都不具有政治性，虽然有时候，与公民相比，这些奴隶也会拥有一些限定过的权力。他们的职能可以用一个奇怪的表述加以概括，我们在希腊化时代雅典的一处铭文中发现了这个表述，eleutheria leitourgia。我们是否能从中解读出希腊城邦有关"公职"的首个定义呢？

此外，还必须理解服务于城邦的这些职能如何与独特的法律地位相关联。芬利一再提及古风时代末期商品奴隶的发展与希腊公民自由与地位得到保障之间必然的关联。自此以后，民主政体的特殊性便与如何使自由人与奴隶之间不再存在中间地位有关。在古典时代的城邦内部，公共奴隶享有的那些特权使这种看法不再有市场，并使人重新深入思考城邦内部个体地位的多样性。古典时代城邦法律规定的等级制极为复杂，对 dêmosioi 的地位进行考证，应会理清其中的头绪。

但公共奴隶制也使古典时代城邦的"社会认识论"得以大白于天下。Dêmosioi 从事的某些工作事实上需要特殊的能力。将这些工作委派给奴隶去做，城邦就能将某些专业知识置于政治领域之外，使他们即便拥有知识，也无法掌控权力。对 Dêmosioi 的剖析从而也就可以解释一个棘手的问题，即知识在民主制城邦内具有何种政治地位。

　　公共奴隶制最终会使人从各个方面去拷问城邦的这种体制。如雅典人采纳的直接民主制要求全部政治权力都必须由公民掌握。依照 koinon（共同体）领域和 archê（掌管）领域的叠合原则，国家任何机关均不得在公民共同体与权力领域之间设置屏障。Dêmosioi 构成城邦世界的"官僚"，他们恰恰就成了希腊城邦国家层面的代表，虽然以纯粹否定的形式出现。吊诡的是，该体制竟然表明公民社会对作为独立决策机构的国家持抵制态度。然而，这种布局却使公共奴隶落入一个特殊的境况：拥有"公共"身份，外在于政治共同体，却要扮演第三等级的角色来维护公民秩序；而他们占据的这个位置正好可以解释这种状态最终会有怎样的前景。

第一章 起 源

> 他们说诗人只需吟诗，便可使宫殿消失，仿佛最后一个音
> 节已将之摧毁夷平。显然，类似的传说完全不是文学上的虚
> 构。诗人是皇帝的奴隶，死时也是如此。他的作品之所以被
> 人遗忘，是因为它理当遁入忘乡。他的后人仍在寻寻觅觅，却
> 无法找到概括宇宙的那个词。[①]
>
> J. L. 博尔赫斯

听阿里斯托芬善意嘲讽西徐亚的弓箭手，就像阅读苏格拉底
赞美狱卒的人性，再等着狱卒不情不愿地向他递上致命的鸩毒，我
们也可以相信公共奴隶正是古典时代雅典人熟知的一类人物。况
且，公共奴隶制似乎已完全融入城邦生活的自然秩序之中，所以古
代作家都觉得对它的起源没什么好说的。

毫无疑问，如果对具体年代不太讲究的话，那大部分城邦出现
奴隶群体从事大部分"行政"工作的时代也就是古典时代。但史学

---

① J. L. Borges，"宫殿寓言"(La Parabole du palais)，《作者与其他文本》(*L'Auteur et autres textes*)，R. Caillois 译，Paris，Gallimard，1982[1960]，p. 85—87。

家从来就没费力去古风时代寻找该体制的先例。这也能理解,如此庞大的工程肯定会有许多难以逾越的障碍。首先,那些个体都具有双重无名性,想要找到那些人的出身,绝对需要勇气:无名是奴隶的特点,身受奴役,本身就是污点,有名字反而不适合,对那些在城邦这个抽象的实体中从事毫无个性的工作的人而言,情况也是如此。古风时代的文献如此稀少,要理解我们的这些人物,难度可想而知。荷马史诗,片言只语的传说故事,镌刻方言的铭文和经常姗姗来迟的史学家的叙述,我们必须从所有这些资料中穿行而过,才能描绘出古风时代末期本书主角的侧影。

研究古典时代城邦的专家虽然熟知城邦的制度机构及其社会结构,但面对稀少的文献很容易就会打退堂鼓,认为由于缺乏文献,要将公共奴隶制置于大的范畴中,确定其起源,实在是难于上青天。由于他可供支配的文献状况不佳,所以需将两种互补的方法结合起来使用,而这样的结合却难以为继,就像搭了一半的多米诺骨牌和拼了一半的拼图。一方面,他必须牵着根细线,一张张脸看过去,从荷马的 dêmiourgos 一直走到古典时代的公共奴隶那儿。再接连勾几笔,就会出现几张面孔,如传令官多隆或传奇人物戴达洛斯,行吟诗人菲米奥斯或名为帕特里亚斯的神秘莫测的奴隶,这些脸孔将通往古典时代 dêmosios 的道路照得透亮。但同时还得将这些人物置入古风时代希腊支离破碎、变动不居的背景中去。"城邦的奴隶":大多数词典编纂者都这样意译 dêmosios 这个词。① 这个表述表明公共奴隶制的出现是两种演化过程合力造成的:一方面,依附形式发生了演化,从奥德修斯忠心耿耿的猪倌欧迈俄斯一直演化到公元前 6 世纪的商品奴隶;另一方面,古风时代希腊各共同体的组织结构也在演化,从公元前 8 世纪末荷马的

---

① Harpocration 就是这样,*dêmosios* 词条。

basileus(国王)这一形象的消失一直演化到民主政体的出现。

因此，从史诗中最初的时代到古典时代初期，公共奴隶制的最初时刻就在这漫长的古风时代摘下面纱。我们认为其间的关联虽然模糊，却也振聋发聩，两者的功能虽然差别很大，却具亲缘性，受此引导，我们首先就会考虑出现在古风时代初期那部伟大诗歌中的 dêmiourgos 这个人物，而那就是荷马史诗。

荷马笔下的 dêmiourgos

Dêmiourgos：该词神秘莫测，一个多世纪以来，史学家一直都在它的词源中寻寻觅觅，想要给出一个严格的定义，希望找到它在古风时代的作用，以及那个时代的某个人物。毫不夸张地说，dêmiourgos 就是 dêmia erga 的结合，指与 dêmos 有关的行为。因此，它的作用并不受对政治共同体的依附限定，而为其行为的用途所规定。差别表面上显得不重要，但事实上相当关键。Dêmiourgoi 并非听命于民众的劳动者，而是专家，他们"因心灵手巧、天资聪颖而服务于公众"[1]。

古风时代初期，史诗世界有两次用到 dêmiourgos 这个词。在《奥德赛》卷 17 中，为了向自以为是的安提努斯解释为何要让一个穷乞丐进入宫殿，而这乞丐正是奥德赛本人，欧迈俄斯便用到了dêmiourgoi 一词：

> 谁会觅来一位生人造访，除非他也是其中一个 dêmiourgoi，
> 是一位先知或治病的医者，一位木工或神圣的歌手，使人欢

---

[1] F. Bader，《Dêmiourgos 类型的希腊语复合词》(*Les Composés grecs du type de dêmiourgos*)，Paris，Klincksieck，1965，p. 108。

快,用他的诗唱? 这些人到处受到召请,在无垠的大地上。但谁也不会邀请乞丐,把好事搞砸。①

　　这番描述将诗人、医生和匠人置于同一麾下,这没什么好吃惊的:在古风时代希腊人的思想中,脑力劳动和体力劳动并不属于截然不同的领域,而是紧密相关。照欧迈俄斯的说法,dêmiourgoi 应该就是指四处巡游的技师,能力出众,或是个专家,会临时为接纳他的共同体服务。知识都是父传子,拥有这样的知识,就会受到共同体的欢迎,而共同体也会在"无垠的大地上"(ep'apeirona gaian)奔走,寻觅他们。提基奥斯无疑也是这种情况,他出生于波奥提亚,是个青铜师傅,"在削凿铜器方面身手灵巧",他为埃阿斯制作了盾牌②,很久以后,罗马人认为他发明了凉鞋。因此,四处巡游就成了 dêmiourgoi 的核心内容。从这方面看,史诗的这种说法在许多故事里都能找到回响,那些故事认为希腊世界许多重要的技术发明都是在一些很不错的外国团体临时停留时作出的。因此,黑海的神秘人物卡里布是首批从事青铜制作的匠人③;齐普里奥特的特尔辛在从波奥提亚前往罗德岛的途中开发出了冶金术④;希腊人对克里特人达克提尔感激不尽,因为他发现了铁。⑤

　　不过,当荷马史诗同意就 dêmiourgoi 举个人物或说出某个人名的时候,我们发现那都是些随侍君王的人。《奥德赛》卷3

① 荷马,《奥德赛》,卷17,382。(此处参考了陈中梅的译文,并作改动,《奥德赛》,卷17,译林出版社,2012,382—387。——译注)
② 同上,《伊利亚特》,卷7,219。
③ 普林尼,《自然志》(*Histoire naturelle*),7,197。
④ 保萨尼阿斯,《游记》,9,19,1。
⑤ 赫西俄德,残篇,282。

里,涅斯托尔让金匠莱耳开斯出场,在迎接忒勒马科斯的献祭仪式上为祭献的牲口角包覆黄金。① 还有特洛伊的木匠斐瑞克洛斯(字面直译为"荣耀承载者"),"这人手巧,能做奇异的东西"②,在《伊利亚特》里,他给阿勒珊德罗斯造过军舰,后遭墨里奥涅斯所杀。③ 在史诗所写的所有 dêmiourgoi 里,吟游诗人和传令官的形象最为突出。首先是吟游诗人菲弥俄斯,他在伊塔卡奥德修斯的身边吟诗作赋④,还有吟游诗人德摩道科斯,他是法伊阿基亚国王阿尔基努斯身边的宫廷诗人。传令官由于和国王离得近,所以就成了国王的"发言人",他们在史诗里占据有利的地位,如忠心耿耿的欧鲁巴忒斯,他是奥德修斯身边颇具影响力的参谋,还有卑鄙无耻的多隆,他的命运和狄俄墨得斯一样,归于凋零。此外,史诗里第二次提到 dêmiourgos 这个词,是出自裴奈罗佩之口。⑤

有几节诗行描写她将注意力从 aristoi("优秀者")的世界转了开去,但荷马史诗对各个主人公的确切地位说得相当含糊其辞。不过,有好几个因素至少潜在地对 dêmiourgoi 大致的独特地位作了限定,虽然不是什么法律地位。初看,dêmiourgoi 的地位很难辨明,因为那些等级制的地位差别很大。有的似乎享有特权。比如,阿伽门农在出发前往特洛伊之前,就将自己的妻子克吕泰墨涅斯特拉托付给吟游诗人照料。⑥ 我们也可以想想奥德修斯和欧鲁巴忒斯有多亲近,诗人乃是他最亲近的参谋,⑦还有普里阿摩斯和他

---

① 荷马,《奥德赛》,卷 3,425—427。
② 此处引用罗念生的译文,《伊利亚特》,卷 5,上海人民出版社,2004,60—61。——译注
③ 荷马,《伊利亚特》,卷 5,59—68。
④ 同上,《奥德赛》,卷 1,154。
⑤ 同上,卷 19,135。
⑥ 同上,卷 3,269—271。
⑦ 同上,卷 19,247。

的传令官,他就睡在传令官边上,两人"心思缜密"①。在其他文本中,诗人刻意要将仆人(therapôn)和国王(basileus)的角色颠倒过来。② 照社会地位的等级观念看,历史想象力最常接受的是垂直的阶梯状结构,这种结构由平行的层级构成,而且完全封闭,这就是著名的地位"等级",dêmiourgoi 可因此而归入荷马社会中的"上层"或"下层"。史学家对"中间地位"这种虽方便却暧昧不明的概念感到不满足的时候,在涉及这些专家的地位时,是否会认可这些彼此差异巨大的情况呢?③ 若想辨明某个同质化的地位,可把它置于荷马社会地位等级中某个限定的位置上,但事实上这么做会很棘手。可以肯定的是,荷马的 dêmiourgos 同 aristoi 的世界不同,也和称为雇工的具有人身依附性的零工④以及称为 dmôes 的奴工不同。所以,只能认为那个人就是具有依附性的 dêmiourgos,这个词特指他担负的那些职责都具备"公共"性质。⑤

　除了职业多种多样之外,dêmiourgoi 这一身份还有两个特点,就像一枚硬币的正面和反面:极端依附于国王个人,而对国王的 oikos(王室)则相对独立。说得明确点:国王的庇护赋予其特权,是 dêmiourgoi 地位的唯一保障;他们对 basileus 紧密依附,而 basileus 则会确保他们享有某种尊严。但这样的依附并不会使之

---

① 荷马,《伊利亚特》,卷 24,674。

② 同上,卷 18,424。

③ 两种截然相异的路径:K. Murakawa, "Demiurgos", Historia, 6, 1957, p. 385—415,与 B. Qviller, "荷马 Demiurgoi 研究绪论(对 Murakawa 理论的再检验)"(Prolegomena to a Study of the Homeric Demiurgoi[Murakawa's Theory Re-Examined]),SO, 55, 1980, p. 5—21。M. I. Finley,《奥德修斯的世界》(*Le Monde d'Ulysse*),Paris, Maspero, 1978[英文第 1 版,1954],p. 65,他提出一个假设,即在荷马世界的社会等级内部存在一种"不稳定的"或"中间的"地位。

④ 荷马,《奥德赛》,卷 18,424。

⑤ 参阅 C. Goblot-Cahen,《希腊传令官与政治的起源》(*Les Hérauts grecs et la genèse du politique*),巴黎一大博士论文,2007, p. 100—101。

成为王室（oikos royal）仆从。在伊塔卡，菲弥俄斯与墨冬之类的行吟诗人与传令官并不属于 basileus 的仆从阶层，像欧迈俄斯和菲洛伊提俄斯之类忠心耿耿的随从或墨兰提奥斯之类的变节者那样。在法伊阿基亚人那儿，行吟诗人德摩道科斯居于宫殿之外，传令官去他的住处找到他，让他参加王室对奥德修斯表示敬意而设的晚宴，毫无疑问，这种细节很能说明问题。① 从这层意义上看，dêmiourgos 虽未直接依附于王室的首脑，但也是在至高无上的王权的活动范围之内。因此，dêmiourgoi 并未居于荷马社会等级制中的"顶端"或"底端"；在君王独享的依附关系中，他们首先处在建构于王室（oikos）周围的社会的边缘地带。有一处情节特别阐明了荷马笔下 dêmiourgos 地位的暧昧性，即奥德修斯返回伊塔卡期间实施报复一事。

奥德修斯的仁慈

场景在伊塔卡国王的宫殿里展开，在觊觎王位者的目瞪口呆、众目睽睽之下，一个怪模怪样的乞丐刚刚成功赢得了射箭比赛，表明他才是这地方的主人。他再一次赢回了自己的身份，而这人正是奥德修斯，他"像一头狮子，刚刚吞噬围场中的牛儿"，准备报复那些觊觎王位的人，投身于一场真正的屠杀之中。② 战斗期间，祭司琉得斯匍匐于他的脚下，恳求饶他一命，说他虽被逼无奈，但从未想过要和那帮觊觎王位者狼狈为奸。奥德修斯绝不愿对他哪怕有一丝一毫的宽大，拿起其中一个觊觎王位者掉在地上

---

① 荷马，《奥德赛》，卷 18，47。
② 同上，卷 22，403。

的宝剑,"直插祭司的脖颈——"①。然后又轮到吟游诗人菲弥俄斯来求饶了,他向奥德修斯保证从此以后会颂他"为神",并保证就算受到那些觊觎王位者的逼迫,也绝不为他们唱一首赞歌,忒勒马科斯同意了这一请求。菲弥俄斯的恳求给自己挖了个巨大的深坑,让我们可以看清荷马史诗叙述时的背景,以及吟游诗人对君主的极端依附:"我准备将你歌颂,颂你为神",这就是他的恳请。虽然绝不在觊觎王位者的威胁之下展现他的艺术才能,可从此以后,却得在奥德修斯的利剑之下歌唱。② 最后,轮到了传令官墨冬,他本来躲在扶手椅的底下,现在扑到忒勒马科斯的脚下,期望他能劝说其父饶他一命。③ 于是,奥德修斯就同意饶吟游诗人和传令官不死,并要求他们离开城堡,到院子里等着。墨冬和菲弥俄斯听命后,两人便来到巨神宙斯(Dios megalou)的祭坛旁,观看屠杀直至终了。

面对这三个他不在时并未与觊觎王位者勾结的"公共"人物,奥德修斯采取了截然不同的态度,惩罚了第一个人,饶恕了另两个人。伊娃·尚塔雷尔(Eva Chantarelle)从头至尾分析了这个情节,认为奥德修斯的行为之所以具有双重性,要看他面对的是觊觎王位者还是王室(oikos)成员,觊觎王位者毕竟都是他潜在的对手,而王室成员却只是他的仆从。这一区分需要在实施报复时采取两种不同的逻辑:毫不留情的报复手段施之于觊觎王位者身上,对他们杀无赦,而要求君主对仆从宽大为怀的行为则以国家法律为准绳。面对王室成员,奥德修斯"同意多加考虑,而不以报复的

---

① 荷马,《奥德赛》,卷 22,321—329。

② 参阅 P. Pucci,"菲弥俄斯与《奥德赛》的缘起",见 *Ulysse polutropos. Lectures intertextuelles de l'Illiade et de l'Odysse*,Lille,Presses universitaires du Septentrion,1995[1987]。

③ 荷马,《奥德赛》,卷 22,344—353 与 367—370。

逻辑来考量:可以评估所犯罪行的程度,逐渐加大惩罚力度;若有必要,对有证据表明无辜的人,还可加以宽赦"①。在这种情况下,就必须"确保群体内部的秩序,明确自己作为领袖的角色"。

尽管这种解释很有意思,但还是有些牵强,只能部分解释对琉得斯与菲弥俄斯和墨冬这两位 dêmiourgoi 的处理方式为何会不同,毕竟奥德修斯不在时,他们彼此服务于共同体的地位毫无相异之处。射击比赛的时候,琉得斯甚至是唯一一个对大逆不道的觊觎王位者表示反感的人,而且还"对他们进行了谴责"②,这使他被处死一事显得更不公平。或许更应该考虑的是 dêmiourgos 的地位保护了菲弥俄斯与墨冬,而琉得斯却没这么幸运,故而被处死。因此,这个情节证实 dêmiourgos 的才能使之具有一定的中立性,使他的人身不易受到侵犯。从这层意义上看,奥德修斯重新掌控了他的王国就意味着他得对吟游诗人和传令官这两个人物网开一面,毕竟他们都是他施行王权必不可少的辅佐。巨神(megalou)宙斯绝对是王权之神,出现在宙斯祭坛上的这两个人就从那儿看着觊觎王位者一个个被杀,也变得口若悬河起来。况且,《奥德赛》卷 24 还需要菲弥俄斯和墨冬联合对伊塔卡的民众讲话,来重新确立奥德修斯的合法性。③

多 隆 被 处 死

Dêmiourgos 这个形象虽取决于国王本人的善意,却处于边缘地位,尽管如此,他仍会令人担惊受怕。在《伊利亚特》里,传令官

---

① E. Chatarelle,《伊塔卡:从奥德修斯的报复到法律的诞生》(*Ithaque. De la vengeance d'Ulysse à la naissance du droit*),Paris,Albin Michel,2003[2002],p. 250。

② 荷马,《奥德赛》,卷 21,146—147。

③ 同上,卷 24,440—445。

多隆这个独特的人物①不仅不是荷马笔下 dêmiourgos 美德的化身，而且好几处地方都令人感到他这人具有潜在的危险性，所以这也就成了他的宿命。我们这就来简单概括一下卷 10 里的主要情节。

晚间商讨的时候，特洛伊人决定派遣欧墨得斯的儿子多隆去刺探阿开奥斯人的军情，而欧墨得斯是个"神圣的传令官，富有黄金和铜"②。作为交换，多隆要求赫克托尔给予丰厚的回报，或大额的报酬（misthos）：阿基琉斯的战车或战马。为了完成这项任务，多隆披上灰狼的皮，罩上貂皮头盔。身披大红狮皮的狄奥墨得斯③和奥德修斯却巧施诡计，在多隆返回特洛伊阵营的途中，截断了他的退路。于是他们就在夜间开始了追捕行动，尽管多隆身手敏捷，却还是被狄奥墨得斯和奥德修斯给抓住了。被逮住后，多隆直接就把特洛伊阵营的布防说了出去，而且说只要放了他，他就会给予经济补偿。但这个卑鄙无耻的建议却恶化了他的处境：审讯结束后，狄奥墨得斯就砍下了传令官的首级，然后，奥德修斯还把他的皮挂在柽柳树的树枝上，献给雅典娜。

从路易·热尔内（Louis Gernet）的研究④开始，这个情节就出现了多种阐释，最常提到的是仪式与秘仪传授层面。有一种观点随着时间的推移不断地重组再现，按照这种观点，多隆在史诗中

---

① La Dolonie 提出了许多荷马史诗中的专家问题，其中许多问题都认为这些都是后来添加进去的文字（特请参阅 B. Fenik，《伊利亚特卷 10 与瑞索斯：神话》[*Iliad X and the Rhesos. The Myth*]，Bruxelles，Latomus，1964，与 O. M. Davidson，"《伊利亚特》里的多隆与瑞索斯"[Dolon and Rhesos in the Iliad]，*QUCC*，1，1979，p. 61—66）。关于荷马史诗中这个情节是否是原本，我们认为不是主要问题。

② 荷马，《伊利亚特》，卷 10，315。

③ 同上，卷 10，177。

④ L. Gernet，"狼人多隆"（Dolon le Loup），*Anthropologie de la Grèce antique*，Paris，Maspero，1976，p. 154—171[1936]。

是阿开奥斯战士价值观势不两立的对立面,同样,与古风时代的科林斯人及阿提卡人的形象相对,他也是参加重装步兵的公民的反面典型。① 其实,反过来看的话,也能解释这个人物的主要特点。这种解释会稍加变动,围绕的是诡计的双重性,多隆体现的是奸诈(从"dolos"这个词可以看出这一点),但他还是成了奥德修斯足智多谋(mêtis)的牺牲品。极其富有的多隆为这次侦察任务向赫克托尔漫天要价,这与阿开奥斯远征队首领高贵的献身精神及慷慨大度的品质正好相对。身披狼皮在这儿当然也很关键:多隆是狼,狄奥墨得斯是狮子,而狼成了狮子的牺牲品。② 说得更宽泛点,这个情节讲的是夜间追猎,孑然一身的人肯定会倒霉,会被打发到野蛮人的领域里——"兽人"就曾在阿提卡的形象中出现过③——而这也就成了秘仪传授的背景。④ 但正如热尔内证明的那样,这种伪装也揭示了一个意义更为明确的形象。在许多不同的语境中,狼事实上都可以象征兽精,它遭到追捕,受到驱逐,而多隆的乔装改扮自此以后就会令人想起遭逐之人的形象,在日耳曼的世界里,也就成了遭放逐者(friedlos)。处死传令官颇具仪式化的意味,再加上他未战先死,都会令人暗暗地想起许多仪式的做法,刻意在共同体内边缘化某个个体,从而达到将他驱逐的目的。

多隆这个人物在许多方面都很特别,他显然并不能说明史诗

---

① F. Lissarrague,"狼人多隆的肖像"(Iconographie de Dolon le Loup),*RA*,1980,p. 3—30。

② 参阅 A. Schnapp-Gourbeillon,《狮子、英雄、面具:荷马史诗中的动物表征》(*Lion, héro, masques. Les représentations de l'animal chez Homère*),Paris,Maspero,1981,p. 122。

③ F. Lissarrague,前揭。

④ 特请参阅 P. Warthelet,《瑞索斯或追寻不朽》(*Rhésos ou quête de l'mortalité*),Kernos,2,1989,p. 213—231。

世界中出现的 dêmiourgoi 的处境。不过,这个情节倒是说明了尽管具有 dêmiourgos 的身份,但也还是存在被彻底排斥在外的可能性,毫无疑问,对古典时代初期发韧的公共奴隶制而言,这种情况并不陌生。

戴达洛斯,是 dêmiourgos 还是奴隶?

让我们继续研究下去,努力沿着那条从 dêmiourgos 通往 dêmosios 的羊肠小径走去。在分析古风时代城邦内好几个公有劳作者的形象之前,必须剑走偏锋,来说说一个传说故事。戴达洛斯这个人物其实集中了荷马笔下 dêmiourgos 的好几个特点,吊诡的是,它们全都具备古典时代 dêmosios 的某些特征。尽管戴达洛斯这个传说的主要特点都是公元前 7 和 6 世纪的,但公元前 1 世纪,西西里的狄奥多罗斯(Diodore de Sicile)在说起这个传说的时候,却为史学家提供了一条阿里阿德涅之线,以期引领他们穿过围绕这个人物的那些故事的迷宫。①

戴达洛斯传说共在三个场所展开:雅典、克里特和西西里。照斐列库得斯(Phérécyde)的说法②,他是雅典始祖厄瑞克忒翁与美提奥的小儿子,照巴库利得斯(Bacchylide)的说法③,他是雅典第十任国王埃乌帕拉莫斯的儿子,戴达洛斯生于雅典,属于王族一脉,这与各种故事所说的情况一致。他因犯了罪而离开了阿提卡:罪行是忌妒侄子的发明创造能力,据说他的侄子是陶轮和铁锯的

---

① 关于戴达洛斯传说的构成,参阅 F. Frontisi-Ducroux,《戴达洛斯:古希腊的匠人神话》(*Dédale. Mythologie de l'artisan en Grèce ancienne*),Paris,Maspero,1975,p. 89—94。

② FGrHist 3 F 146.

③ 巴库利得斯,Ode 26,5—7。

发明者,当时身为木匠和雕工的戴达洛斯精心策划,将他从雅典卫城的山顶推下,致其摔死。亚略巴古的法庭将其逐出城邦,戴达洛斯便逃亡至弥诺斯国王掌权的克里特岛上,并"成了国王的朋友"①。

但友谊只维持了一段时间,戴达洛斯很快就和弥诺斯发生了冲突。弥诺斯的妻子帕西法厄受到波塞冬派来的公牛的蛊惑,而戴达洛斯又对她言听计从,就造出 mechanêma(机器),让王后和公牛交媾。② 这种违反自然的交媾行为使王后生下一个半人半牛的怪物米诺陶,戴达洛斯于是建造了有名的迷宫,既可让米诺陶躲藏其间,又可保护他的性命,整整九年,雅典共有七名童男和七名童女被送入迷宫供他享用。于是,戴达洛斯的这个行为与忒修斯的故事产生了交点。事实上,忒修斯一到克里特岛,戴达洛斯就向前来抓捕米诺陶的故国国王提供了帮助,他做了一根线,由阿里阿德涅牵着,就能让忒修斯逃出迷宫。③ 在西西里的狄奥多罗斯那里,弥诺斯的威胁最后终于使戴达洛斯决定逃出克里特岛。④ 但有关这个神话最流行的版本说戴达洛斯和儿子伊卡洛斯被国王关在了迷宫里,他做出了翅膀,有了这对翅膀,父子俩就能逃出生天。但保萨尼阿斯还有另一个版本,他认为戴达洛斯是乘小帆船逃跑的,戴达洛斯给帆船安上了翅膀,"迄今为止,都没人这么做过"⑤。

在这之后,古代作者异见纷呈,都想为这位巧夺天工的匠人最

---

① 西西里的狄奥多罗斯,《史集》(*Bibliothèque historique*),IV,77,1。
② 巴库利得斯,Ode 26。
③ 戴达洛斯与阿里阿德涅的关系早已出现在荷马史诗中,诗里说戴达洛斯给弥诺斯的这个女儿建了座舞池:参阅荷马,《伊利亚特》,卷 18,590—592。
④ 西西里的狄奥多罗斯,《史集》,IV,77,5。
⑤ 保萨尼阿斯,《游记》,IX,11,4—5。

后去了哪儿找到新的解释。照克雷戴摩斯（Cleidèmos）的说法，忒修斯的雅典会为流亡者提供庇护。① 但这个传说最通行的说法认为戴达洛斯去了科卡洛斯国王的西西里岛，并再一次证明了他的技术创新能力。在西西里岛，戴达洛斯建造了无数建筑，其中有卡米克斯城堡，科卡洛斯最终决定将王室和财宝都迁往那儿。照西西里的狄奥多罗斯的说法，戴达洛斯趁那次机会还在撒丁岛上作了短暂停留，他在岛上建了寺庙、健身馆和法院。② 但克里特岛国王和这位杰出的工程师在西西里岛上还是发生了冲突，其结局也就可想而知。弥诺斯筹划好如何报复之后，就径直去了卡米克斯城堡，要求科卡洛斯交出他的客人。阿波罗多洛斯（Apollodore）就这段插曲给出了详细的信息：弥诺斯随身带来了一只贝壳，声称谁若能将一根线穿过这只贝壳，他就将予以重赏，他的这个策略是想找到戴达洛斯的藏身地，毕竟只有戴达洛斯才能解开这个谜。科卡洛斯对弥诺斯说用一只蚂蚁带路就能做到这一点，而后者也就越发相信戴达洛斯肯定就在西西里国王的身边。但老国王最后还是没能抓住这个逃亡者，死在了这片遥远的土地上，科卡洛斯的几个女儿朝他浇沸水，把他活活给溺死了。

从克里特岛一直到西西里岛，当中会（多次）经过雅典，戴达洛斯行为的好几个维度都能隐约见出荷马史诗中 dêmiourgos 的影子。无论是雅典的雕工还是木匠，是克里特岛和西西里岛的工程师还是建筑师，戴达洛斯的特点就是他那多样繁复的技术创新能力，这些能力都能物尽其用，可他却无缘享受，而且他巧夺天工的建筑才能也差点使他身陷困境，他被关在迷宫里就是一例。漂泊逃亡的戴达洛斯每次都能走运，只能归结于接纳他的那些君主对他的庇护。

---

① 　FGrHist 323 F 17.
② 　西西里的狄奥多罗斯，《史集》，IV，29—30。

但与荷马笔下的 dêmiourgos 不同，戴达洛斯不仅仅是附庸，他还是君权的辅佐。这个新的地位也可转归到 dêmiourgos 身上，有了这个地位，君权也可不放在眼里，它身上留有古风时代那些精心讲述的传奇故事的烙印，在那些故事里，basileus 的形象都退居一隅。弗朗索瓦兹·弗隆蒂西-杜克鲁（Françoise Frontisi-Ducroux）认为在这个神话故事中，戴达洛斯和那些接纳他的 basileis 从头至尾都彼此依赖。戴达洛斯能存活下来，得归功于弥诺斯或科卡洛斯，而且每次他都被置于君权辅佐者的地位。戴达洛斯不仅作为御用建筑师协助弥诺斯和科卡洛斯施行王权（克里特岛上的迷宫就是他建造的监狱，还有西西里岛上的城堡，科卡洛斯把财宝就放在那儿），而且忒修斯一路上经过秘仪传授般的路途，最终夺取雅典的君权，也是以他为中介。

宽泛言之，戴达洛斯的这个传说讲的是技术智慧和权力之间的关系，这是一种双重模式，既有互补性，也彼此对立。① 戴达洛斯首先当然足智多谋，王权的施行离不开他②，而且这个传奇故事本身也属于赫西俄德《神谱》的神话范畴之内。自从宙斯废黜其父克洛诺斯之后，初婚便娶了墨提斯（Métis，后来又把她吃了）③，而足智多谋（mêtis）就成了希腊思想中君权的基本构成要素。④ 正如让-皮埃尔·维尔南（Jean-Pierre Vernant）所说，"只有拥有 mêtis 的至高无上的权力才能使这种权力具有普遍性、永续性，使之成为名副其实的君权"⑤。宙斯是体现君权的典型的神，

---

① 参阅 F. Frontisi-Ducroux，《戴达洛斯》，前揭，特请参阅 p. 180—190。

② 参阅，同上，p. 179—190。

③ 赫西俄德，《神谱》，v. 885。

④ J.-P. Vernant 与 M. Detienne，《足智多谋：希腊人的 mètis》（*Les Ruses de l'intelligence. La mètis des Grecs*），Paris，Flammarion，1974，p. 75。

⑤ J.-P. Vernant，《神话与政治之间》（*Entre mythe et politique*），Paris，Seuil，"La librairie du XXe siècle"，1996，p. 315。

因此也是 mêtieta 之神，他完全由 mêtis 打造而成。但在城邦世界发生的戴达洛斯的故事思考的却是足智多谋与君权两者之间对立与冲突的模式。戴达洛斯是 mêtis 的代表，而君主并没有能力直接提供 mêtis，这个故事给出的解决方案就是匠人对国王略占上风。"弥诺斯虽然是万物的主君，可他仍非空气的主宰"，奥维德后来如此唱道。[①] 从这层意义上讲，戴达洛斯的这个故事表明技术能力——宽泛点说，就是技术知识——在权力秩序内部造成了裂痕。

可意味深长的是，在古典时代的雅典和色诺芬的笔下，戴达洛斯却因为博学多识而成了奴隶。毫无疑问，色诺芬的话也能与许多讲述杰出人士暂时为奴的故事产生呼应，如诗人伊索，但戴达洛斯的故事却远没有这么单纯：

　　——所以，苏格拉底，知识毋庸置疑就是善。那有没有一种情况，博学者做的也不见得比无知者好呢？

　　——你觉得戴达洛斯怎么样？他回答道。你难道没听说过就因为他有知识，弥诺斯把他抢去，使之成了他的奴隶（doulos），他既没了祖国，也被剥夺了自由，于是他就和儿子一起逃跑，但他不仅失去了儿子，自己也没逃跑成功，因为他又落到了野蛮人的手里，再次变回了奴隶身份（douleia）？

　　——没错，别人就是这么说的，他回答道。

　　——那帕拉梅德斯的沮丧，这事你也么听说过吧？所有诗人都像奥德修斯那样吟诵，都忌妒他有知识，结果他就死了。

---

① 奥维德，《变形记》（*Métamorphoses*），VIII，160。

——别人也是这么说的,他回答道。

——那照你看来,还有多少人因为博学多识(dia sophian)而被君王带走,成了那儿的奴隶(douloi)?①

想当然地归于苏格拉底的那些能力,哲学史家也添油加醋得厉害,这点倒是很像帕拉梅德斯或戴达洛斯技术或手艺方面的才能。但这则逸闻既讲了苏格拉底,也讲了戴达洛斯在其祖国雅典的情况。因为在苏格拉底的圈子里,只要提到戴达洛斯的王室奴隶身份,就能对民主政体进行谴责,因为民主政体并没有使知识成为参与公共事务的条件。戴达洛斯和柏拉图认为发明了希腊字母②的帕拉梅德斯一样,也就这样成了恶的象征,民主政体也就拒绝承认有知识的人享有政治优先权。色诺芬好像写过,在雅典,戴达洛斯会成为奴隶。色诺芬并没有使 dêmiourgos 成为公共奴隶,而是在奴隶状态与技术能力之间建立了紧密的关系。可是,只有从古典时代城邦公共奴隶的发展状况这个角度看,这层关系才能得到理解。

服务于公民共同体的异邦专家

我们现在就把戴达洛斯留给传说,来仔细看看古风时代城邦这个更为现实的世界里的 dêmiourgos 这一形象。也只有深入内部,才能观察到公共奴隶的身份逐渐出现这一事实。亨利·范·埃芬泰尔(Henri Van Effenterre)调查过所有的铭

---

① 色诺芬,《回忆苏格拉底》(*Mémorables*),IV, 2, 33(L. -A. Dorion 译,Paris, Belles Lettres, 2011)。

② 也可参阅柏拉图《法义》(*Les Lois*),III, 677d,对这两个人物作了对照。

文,比如由公民共同体和居留较长时间的异邦专家签订的"劳工合同"①。这些刻于碑文上的文献的目的首先是为了保护那些人:每次,城邦都会赋予这些专家一定量的权利,这么做通常是因为他们的职业,而非他们出自哪个国家,这样就可以长期获得他们的服务。由于这些专家能力超群,就特别受到青睐,毫不夸张地说,他们就是欧迈俄斯提及的 dêmiourgoi 的后继者,所以城邦才会在"无垠的大地"上寻找他们。其中有在城邦住了好几年的医生②,有负责草拟大部分公共文告的录事。特别是有两段铭文,让其中一名"专家"长期为城邦服务,这些铭文令人很感兴趣。

录事斯彭西提奥斯

公元前 6 世纪克里特岛上的一段铭文提到了录事斯彭西提奥斯,一个名不见经传的城邦和神秘的 Dataleis(无疑应该是某个民事分支部门)一致赋予他极大的特权。我们只援引最重要的几个段落:

> 神灵在上! 依据五个部落的意见,Dataleis 已经做出决
> 定,只要斯彭西提奥斯为城邦的公共事务(ta dêmosia)尽责,

---

① 参阅 H. Van. Effenterre,"古风时代末期塞浦路斯、克里特与其他地方外国劳工地位比较"(Le statut comparé des travailleurs étrangers en Chypre, Crète et autres lieux à la fin de l'archaïsme),见 *Acts of the international archaeological symposium. The Relations between Cyprus and Crete. 2000—5000 B. C.*,Nicosie, The Department of Antiquities,1979,p. 279—293;R. Koerner,"希腊铭文上国家与个体间的四份早期契约"(Vier frühe Verträge zwischen Gemeinwesen und Privatleuten auf griechischen Inschriften),Klio,63,1981,p. 179—206。

② 公开行医的医生的身份不在我们的研究范畴之内,他们从来不会终身从事这一职业。毫无疑问,最著名的就是戴谟凯代司医生,公元前 6 世纪,他受到埃吉纳人、萨米安人,然后是科林斯人的欢迎(希罗多德,《历史》,III,131),还有伊达里翁青铜器上提及的那些医生(E. Samama,《希腊世界的医生》[*Les Médecins dans le monde grec*],Paris,Droz,2003,n°367,p. 456)。

从事的无论是宗教事务还是世俗事务，无论是录事还是mnamôn(poinikazen te kai mnamoneuen)，均同意免除斯彭西提奥斯及其家人的所有税收。

任何其他人均不得在城邦宗教和世俗的公共事务中担任录事和 mnamôn，除了斯彭西提奥斯及其家人(genia)，除非斯彭西提奥斯及其家人，亦即他的大部分成年儿子，明确提出异议。

他担任录事的年薪为 50 罐葡萄汁和(日用品？服装？)，相当于 20 德拉克马[……]。

在从事宗教和世俗事务时，录事均需在场，且任何时候，只要十人团(cosme)在场，①他也必须参与。对所有并未专设司祭的神祇，录事需以公费完成献祭，并享有圣事所盈的利润。

不得处罚或报复录事。若录事因各类情况牵涉诉讼事宜，则该事宜需采取与处理其他十人团的方式相同的方式。否则，他就会一无所有。

与 andreion 享有的权利一样，他也必须提供 10 块"双面剁碎的肉糜"，而其他人则需提供初产的幼畜，每年的祭献也是如此，但他必须收集 laksion。其他任何东西，若他不愿提供，也就没有义务提供。②

从这份公告可以看出，城邦与 Dataleis 承认斯彭西奥斯在城邦中的职能独一无二，他需要撰写和记录文书(用的是腓尼基的

---

① 十人团(cosme)是克里特大部分城邦最高等级的行政官职。

② 这儿的译文出自 H. Van. Effenterre 与 F. Ruzé 的《Nomima：古风时代希腊政治与司法铭文汇编》(*Nomima. Recueil d'inscriptions politiques et juridiques de l'archaïsme grec*)，Rome，École Française de Rome，1994，卷 1，n°22。

文字：poinikazein），保存"宗教和世俗公共事务"的报告（mnamôn）：极有可能,这个职责并不需要口头传告城邦的法令法规,他只需将它们留存归档。[①] 斯彭西提奥斯在这儿应该是克里特某个小城邦的档案管理员。有了这道命令,录事就获得了客观的权利,使他在共同体内部享有令人羡慕的地位。斯彭西提奥斯可以参加 andreion,也就是公共宴会,为公共宴会出自己的那份份额,正是古风时代克里特人公民身份的象征；不过,他的这种情况仍受 xênios kosmos 的司法管辖,后者负责所有与城邦内异邦人有关的诉讼。但我们仍然丝毫没法明确斯彭西提奥斯在城邦"身份等级"中的明确地位,他在城邦内定居下来似乎没法表明他就会获得完完全全的公民身份。首先,必须向斯彭西提奥斯提供特别的保护,这样他才能做好本职工作,为城邦服务。

但我们觉得关键在于城邦委派给他的职务,应该是刻意将他置于政治领域之外。斯彭西提奥斯作为录事和 mnamôn,履行的乃是公共职能（dêmosia）,但与 archê 的领域无丝毫关系,后者是君权的领域,而各级官员均需为君权负责。事实上,自古风时代初期始,几乎所有城邦的政治组织,无论属于寡头制还是民主制,都依赖于每年换血的行政官员群体。可无论从哪方面看,斯彭西提奥斯的职务与行政官员均有所不同：领取报酬,独自工作,终身职位,父子承袭,事实上,这就是我们通常所谓的政治的"场外领域"[②]。将录事排除在外,且又通过其他方式赋予其在城邦内的大

---

① 关于 poinikazein 这个动词的涵义,参阅 C. Pébarthe,"斯彭西提奥斯,录事还是公共档案管理员？对太古时代克里特公众使用文档的思考"（Spensithio, scribe ou archiviste public? Réflexions sur les usages publics de l'écriture en Crète à l'époque archaïque）,3,2006, p. 37—56。

② 他的职务与戈尔图司负责记录公共文告的 gnômôn 也有明显不同,后者每十年换一次工作人员。

量权利,恰恰表明正因为他拥有撰写文告的技术,才具有危险性。"与政治领域的官员相比,更边缘化,但他又掌握了普通公民并不具备的某项 technê[技艺]",从这方面来看,这样的专家对"公民体制一向都很脆弱的平衡状态构成了威胁"①。这种"场外领域"采取的是专家形式,古典时代公共奴隶就经常处于这种境况之中,大多数城邦都会将政治空间与技术能力截然分开。②

帕特里亚斯,录事还是奴隶?

现在起,我们要转道前往伯罗奔尼撒西北部的小城邦埃里司那儿。公元前 5 世纪初,埃里司人在奥林匹亚圣殿里的一块青铜板上刻了这样一条法令:

> 埃里司人的决议如下。帕特里亚斯将会受到保障,他的孩子和财产也将受到同等待遇。若有谁对他出言不逊,此人就将受到追究,和责骂埃里司人受到的责罚一样。若最高等级的官员和国王不给予他权利,每个相关责任人都需缴付 10 米那的罚金,献给奥林匹亚的宙斯。奥林匹克竞技会主席负责这方面的事宜,首席官员群体负责他的其他权利。若他们未履行这一职责,就需向 mastroi 群体支付双倍罚金。若他们虐待他,对他的权利提出质疑,就算情有可原,也仍需课以 10 米那的罚金。但录事帕特里亚斯若对任何人犯有罪行或

---

① F. Ruzé,"政治文告的开端:城邦文书拥有的权力"(Aux débuts de l'écriture politique : le pouvoir dans l'écrit dans la cité),见,M. Detienne(主编),《古希腊有关文书方面的知识》(Les Savoirs de l'écriture en Grèce ancienne),这段文字也出现在 F. Ruzé,《法治:寻求正义》(Eunomia. À la recherche de l'équité),Paris,De Boccard,2003,p. 71—79。

② 参阅第 4 章。

轻罪,也需受到同等处罚。该板献给奥林匹亚。①

铭文用埃里司方言拟就,解读时遇到了很多困难,费了很多功夫,才恢复了当时的语境,怎么会制订这样的法令,为何会授予帕特里亚斯受保护的地位。②

帕特里亚斯的职务是 grapheus,也就是录事,而非行政官员。③ 毫无疑问,根据该法令,帕特里亚斯就成了城邦的录事,但也可以认为他还需负责管理附近奥林匹亚圣殿的事,这也就解释了为何会在那儿发现这块青铜板。埃里司人再次想要确保"公共事务专家"的安全,不管那人是异邦人还是以前当过奴隶。这样也就可以解释法令前面和后面部分的条款为何会出现任何人以后都不得虐待(himaskoi,源自 himas,意为皮带,可以理解为鞭打或拷打)录事帕特里亚斯这样的规定。古希腊鞭刑和拷打也是奴隶身上的污点。因此,条款中就有了这层意思,即由于帕特里亚斯早先

---

① F. Ruzé 与 H. Van Effenterre,*Nomina*,前揭,卷 1,n°23。

② Henri Van Effenterre 与 Françoise Fruzé 的译文,我们大部分都是采用他们的译文,译文虽然前后有不一致的地方,但仍然堪称最好,能使人了解这篇文本的条理性,否则我们根本无法理解。尽管几乎所有的研究者都认为帕特里亚斯(Patrias)是人名,而非 patris(祖国)一词在方言上的性数格方面的变化,但问题主要在于法令当中部分的内容(列举了所有的条款,或许这些条款已超越了帕特里亚斯这个案例)和开篇及最后条款之间的关联何在。S. Minon 的文献学方面的研究,《埃里司的方言铭文(公元前 7—前 2 世纪)》(*Les Inscriptions éléenne dialectales* [*VIIe-IIe s. av. J. -C.*]),Paris,Droz,2007,卷 1,p. 138—149,其中 2—8 行并没有指帕特里亚斯,我觉得只能把它们拿掉,可这样一来,又会使该决议的整体逻辑不明。是否可以这样理解,法令的目的明显是要保障录事的权利,并以提到帕特里亚斯的行为作结,而该法令是要提及一个更为笼统的规定,只是附带性地牵涉到了帕特里亚斯? 此外,Sophie Minon 的解读表明鞭打这项惩罚措施在埃里司的诉讼程序中很常见(p. 148):这个事实令人尤为震惊。

③ S. Minon,同上,P. 503,她的假设是帕特里亚斯并非官员,他职位更低,类似于古典时代雅典的 hupogrammateus。(hupogrammateus 是指负责记录口头民事文告的秘书一职。——译注)

处于人身依附关系,就会冒被其他公民认出的危险:按照法令,埃里司人不得再提及 grapheus 之前的身份。亨利·范·埃芬泰尔便认为帕特里亚斯应该是奴隶出身,依附于奥林匹亚神,于是,埃里司人便决定让他从事这方面的服务。① 同样,我们也可以认为帕特里亚斯是私奴出身,通过这份法令,他就成了埃里司的 dêmosios,这次,城邦可以确保他得到法律的保护。此外,还必须注意的是帕特里亚斯这个名字颇为符合 antonomasie,即换称法的假设,通过换称法,城邦就能赋予自此以后负责"国家文书"的 dêmosios 一个新的身份。

与斯彭西提奥斯获得的特权相比,帕特里亚斯的"特权"似乎不足为道:录事当然是城邦法律保护的对象,但他的地位毫无疑问与其他公民没法同日而语。不过,正如我们所见,委派于他的职责其实就是想要改变他的地位。在享有全权的公民与帕特里亚斯这样的奴隶之间,难道不正好存在 dêmosios 这样一种不明不白的身份吗? 不管采取什么假设,这个简单的对照仍有启发性:如果帕特里亚斯恰好就是 dêmosios,那就表明再怎么样他也不可能沦为私奴,这样就使公共奴隶的地位有了崭新的前景,而古典时代的雅典文献也会确认这一点。②

僭主制,公共奴隶制的起源?

当然,帕特里亚斯的例子并不具有确定性,而且也是孤例。不

---

① H. Van. Effenterre,"古风时代末期塞浦路斯、克里特与其他地方外国劳工地位比较",前揭,P. 284,注释 35。S. Minon,《埃里司的方言铭文》,前揭,p. 144,却相反,提出了一个假设,即受到认可的赎身奴隶扮演的是奥林匹亚公职人员的角色,可以委派给他"比如编定圣殿管理方面的账目和 iara(圣物)的清册"之类的工作。

② 参阅第三章。

过,我们仍然能从这个独特又神秘的人物——"祖国未知的服务者"——身上看出从古风时代的 dêmiourgos 逐渐过渡到古典时代的 dêmosios 的过程。只是我们仍然无法对古风时代与古典时代交替时期公共奴隶的情况有个大概的了解:难道必须将它的发展壮大归因于某个特定的政治制度不成? 将最初出现的公共奴隶与公元前 7 和公元前 6 世纪希腊僭主政制时期的发展进程连接起来研究,当然可以说是雄心勃勃。[1] 人类学家认为强权或拥有一定约束能力的权力的出现与奴隶制的突飞猛进具有关联,他们对此作了大量阐述,而这个假设越能从中得到反馈,就越有吸引力。我们必须明确的是:国家社会的诞生通常都是奴隶制大规模发展的必然结果,而奴隶制首先就会掌控在享有政治威权的人的手中。君主从忠于传统的各类关系中抽取出一大批人,使他们专门为他服务,从而创造了"国家机关"[2]尚处雏形的各种形式,并使传统精英再也无法独揽公共事务的大权。

但从人类学的这番概述到古风时代城邦的状况,我们必须谨防步子跨得过大。当然,古风时代末期城邦的僭主政制在施行权力时肯定又有了新的约束力。可是僭主制是否真的对公共奴隶制的飞速发展起了作用呢? 这个假设取决于三点,每解释一点都会遇到相当多的困难。

古典时代的资料来源在提到僭主、说他们身边都有贴身的近卫队以保障他们的个人安全时,都有一个共同点。僭主

---

[1]　可参阅近期的 T. E. Rihll,"古典时代的雅典"(Classical Athens),见 K. Bradley 与 P. Cartledge(主编),《剑桥奴隶制世界史:古代的地中海世界》(*The Cambridge World History of Slavery. The Ancient Mediterranean World*),Cambridge,Cambridge University Press,2011,p. 60。

[2]　特请参阅 A. Testart,《自愿为奴》,前揭,卷 2,《国家的起源》。也可参阅第四章开篇的评论。

通常都不会允许民众持有武器,维护城邦秩序就成了军队的专有特权。① 对古典时代的作家而言,僭主独揽武装部队的大权正是僭主政制引起公愤的关键所在,他们认为拥有武器和为城邦服兵役是公民身份不可分割的一部分。公元前 6 世纪下半叶,萨摩斯的僭主波律克拉铁斯手下就有 1000 多名专职弓箭手。② 可是,仍然很难知道君主是否真的拥有由奴隶构成的个人近卫队,更有可能的是,僭主手下会有一支为城邦服务的雇佣军队伍。照希罗多德的说法,稍早一点,在公元前 6 世纪中叶,雅典民众就已经给庇西斯特拉图配备了长矛兵(doruphoroi)和狼牙棒兵(korune-phoroi)。③ 后来的作家还提到庇西斯特拉图的军队里有 300 名卫兵。④ 有些人还认为服务于僭主的这些不同的武装部队其实就是古典时代雅典西徐亚弓箭兵的前身,这些公共奴隶掌握着维护城邦治安的职能。但这样的追根溯源不太靠得住。因为布莱恩·拉维尔(Brian Lavelle)已经证明庇西斯特拉图的近卫队都由公民组成,此外,还雇用了大量外国雇佣兵。因此,僭主的贴身卫队里根本就没有一丝一毫奴隶的影子。⑤ 尤其还要补充的是,若演说家埃斯基涅斯没说错的话,则西徐亚弓箭手是城邦在第二次米底亚战争之后招募的,那应该是庇西斯特拉图死后大约四十多年的事了。⑥

---

① 参阅 C. De Oliveira Gomes,《僭主制城邦:古风时代希腊政治史》(*La Cité tyran-nique. Histoire politique de la Grèce archaïque*),Rennes,PUR,2007,p. 144。

② 希罗多德,《历史》,III,39。

③ 同上,59,以及亚里士多德,《雅典政制》(*Athenaiôn Politeia*),14,1。

④ 波吕比乌斯,I,21,3;Nicholas de Damas;FGrHist 90 F 58;普鲁塔克,《梭伦传》(*Vie de Solon*),30,3。

⑤ B. M. Lavelle,"希罗多德:庇西斯特拉图时期的弓箭手和长矛兵"(Herodotos, Archers and doruphoroi of the Peisistratids),*Klio*,74,1992,p. 78—97,p. 80 与 p. 87—92。

⑥ 埃斯基涅斯,2(《论使团》[*Sur l'ambassade*]),173。

好几个古代作家还提到僭主针对奴隶制设立了法律。照尼古拉斯·德·达马斯（Nicholas de Damas）和赫拉克利德·伦波斯（Héraclide Lembos）的说法，佩里安德就禁止科林斯公民获取奴隶。① 这种说法很难让人在公元前 7 和公元前 6 世纪的真实情况与古典时代反僭主的宣传之间作出区分。因为在古典时代的作家笔下，僭主的本质就是要取消自由人与奴隶之间的差异。② 从这个方面看，谴责佩里安德取消奴隶制也就揭示了僭主统治之下公民共同体受奴役的命运，在这种情况下，尼古拉斯·德·达马斯的这番证言虽然有些离题，但涉及的仍然是希腊政治哲学的古老原则。但如果我们承认这种措施的真实性，那我们就能假定科林斯僭主的目的就是要独霸奴役他人的掌控权，不让个体染指。不过，另外一种解释也同样颇具合理性：佩里安德禁止所有公民将其他科林斯人霸为奴隶，他在科林斯采取的这项措施与梭伦在雅典的立法有几分相似之处。

认为僭主会赐予其亲信的某些奴隶以特殊地位，这种看法更具说服力。特别是有两个人物激起了史学家的好奇心：马央安德里奥斯，他是公元前 5 世纪下半叶萨摩斯僭主波律克拉铁斯手下的文书，还有米基托斯，他是公元前 5 世纪初西西里僭主阿纳科西拉斯的亲戚。波律克拉铁斯身边的马央安德里奥斯身居要职，甚

---

① Nicholas de Damas（FGrHist 90 F 58）："他禁止公民获取奴隶，休闲玩乐"，Héraclide Lembos（M. R. Dilts，《赫拉克利德·伦波斯政论文选》[Heraclidis Lembi Excerpta Politiarum]，Durham，Duke University，1971，n°20）："而且，他还禁止获取奴隶，过享乐的生活。"关于这个插曲，可参阅 O. Picard 颇具启发性的文字："佩里安德与禁止获取奴隶"（Périande et l'interdiction d'acquérir des esclaves），见《古希腊文化的起源：克里特与希腊。向亨利·范·埃芬泰尔致敬》（Aux origines de l'hellénisme, la Crète et la Grèce. Hommage à Henri Van Effenterre），Paris，Publications de la Sorbonne，1984，p. 187—191。

② 亚里士多德，《政治学》（Politiques），V，11，1313b，与柏拉图《理想国》（République），563a—d。

至拥有生杀予夺之权。波律克拉铁斯甚至都想让他继位统治城邦。不过，希罗多德仍然视他为僭主的文书（grammatistês）①，而晚近的资料则一致认为他就是奴隶。② 但依照希罗多德的说法，马央安德里奥斯的法律地位更为模糊不清。尽管一部分科林斯人认为他"根本就没资格来发号施令"③，但在其他地方，这位史学家仍然认为他是 astu——城市或城邦——的人。④ 这个看法说明马央安德里奥斯要么是公民，与僭主保持着极其紧密的依附关系，因稍微用一点政治权力对科林斯的一些古老家族施压而名声不佳⑤，要么从宽泛意义上说，是科林斯城的人。有一件事可以确定：尽管马央安德里奥斯的身份很难确定，但与古典时代的公共奴隶毫无相像之处。

公元前 5 世纪上半叶服务于西西里僭主阿纳科西拉斯的米基托斯更具奴隶的特征，可以认为他具有"公共性"。希罗多德就持这种看法，他指出米基托斯是阿纳科西拉斯的侍从，因与僭主关系密切而获得特权地位，僭主更是让他担任了列吉昂的总督。⑥ 照西西里的狄奥多罗斯的说法，僭主还委托他照管自己的孩子。⑦ 保萨尼阿斯采纳了希罗多德的部分说法，也认为他是阿纳科西拉斯的奴隶（doulos），并明确指出后者委派他管理国库。主人死了

---

① 希罗多德，《历史》，III，143。

② 参阅 Lucien，《梅尼普斯》（*Menippos*），16，与《卡隆》（Charon），14。

③ 希罗多德，《历史》，III，143。

④ 同上，III，123：波律克拉铁斯"委派马央安德里奥斯的儿子马央安德里奥斯前往视察，后者是属于城市的人（andra tôn astôn），也是他的文书"。

⑤ 这是 J. Roisman 的看法，"萨摩斯的马央安德里奥斯"（Maiandrios de Samos），*Historia*，34，1985，p. 257—277，以及 V. La Bua，"论波斯征服萨摩斯"（Sulla Conquista persiana di Samo），*MGR* 4，1975，p. 41—102，此处见 p. 55—58，认同他是奴隶的假设。

⑥ 希罗多德，《历史》，VII，170。

⑦ 西西里的狄奥多罗斯，《史集》，XI，48，59，66，76。

之后，或者说列吉昂发生民众起义之后，米基托斯就动身去铁该亚定居。① 只要承认马央安德里奥斯是波律克拉铁斯的奴隶，我们就能轻易将这两个人联系起来，将他们与古典时代的公共奴隶相区别。马央安德里奥斯和米基托斯或许是僭主的仆从，后者赐予他们各种特权，但他们两人都不可能是科林斯城邦或列吉昂的奴隶。他们都是侍从性质的奴隶，被用于政治目的或公共目的，但确切地说，这并不能证明存在公共奴隶制。

那是否就得认为"僭主时刻"在公共奴隶制兴起的过程中没起到作用呢？当然不能这样认为。僭主政体明确拥有约束性权力，但公民却没有，这样一来，僭主政体便打下了基础，成了国家机关或行政机关的象征，能在政治权力领域内游刃有余，若非如此，公共奴隶制肯定就不会诞生。② 但这种体制如果真要出现，那希腊世界传统的奴隶制形式就必须在性质上和各个维度上发生变化。因此，公共奴隶制的兴起可以在三种现象的汇流处找到其源头：首先，从古风时代初期到 dêmiourgoi 的演变过程极为独特；其次，商品奴隶的发展规模极小；最后，古典时代初期无数公民共同体的政治体制经历洗牌。错综复杂的线条聚合到一起后便成了一块密实的线团，必须重构这一复杂的历史进程，进而分析公元前 6 和公元前 5 世纪之交这一制度的发展过程。

公共奴隶制，民主政制之子

正如芬利所说，不能将商品奴隶制的发展过程与新的政治形

---

① 保萨尼阿斯，《游记》，V，26："米基托斯这个人曾是阿纳科西拉斯的奴隶，在列吉昂实施残暴统治，并管理阿纳科西拉斯的国库，阿纳科西拉斯死后，他就离职去铁该亚定居了。"

② 参阅 C. De Oliveira Gomes，《僭主制城邦》，前揭，2007。

式的确立分开,它与民主制相关,不管怎么说,雅典城邦就是这种体制的典范。从这层意义上看,奴隶制与民主制"携手共进"便成了古风时代末期至关重要的事件,若非如此,古典城邦的出现便令人无从理解。这两个现象共同使希腊世界公民社会内部的个体地位发生广泛的重构;古风时代末期,受此影响,公民与奴隶的身份,公民与异邦侨民(métèque)的身份便开始互相转化。出生于雅典的贫穷匠人从此以后就会拥有与贵族平起平坐的政治权力,而无论他们财富多寡,从事什么行当。最终,从法律和象征层面上看,公民与异邦人和奴隶便脱离开来。同时,公元前 6 世纪末第一次得到确证的异邦侨民的身份也使雅典人和常居的异邦人之间猛地脱节。在政治共同体的轮廓得到广泛重构之时,dêmiourgoi 法律上相对模棱两可的地位也开始消失不见。

还可进一步加以明确的是,公共奴隶制的发展可以从民主政制新的需求方面得到解释。此后,民主政制的基础就是民众的广泛参与,所有公民都能参加公民大会,可以在民众裁判所和议事会①任职,或抽签成为行政官员,但与此同时,政治权力的拥有者也要进行大规模的轮换,因为议事会成员(五百人议事会的成员)或民众裁判所成员(法庭上的法官)和其他行政官员每年都要换血。在这样的背景下,比起由某几个家族构成的人数有限的精英团体来负责公民事务,确保公民生活永久运转的"行政管理"团体就显得更为有用。而且,求助于奴隶也可以使一部分流动的专才

---

① 公民大会向全体雅典公民开放,而无论他们财富多寡,这是唯一一个可以就法律进行投票的场所。议事会成员每年进行轮换,由 500 名公民抽签担任,而无论他们财富多寡,每个部落有 50 人人选;其中一个主要职能就是就法律进行讨论以及起草法律,再提交公民大会进行投票。民众裁判所负责管理城邦内的所有法庭;雅典的司法系统完全民主,法官团体每年都会换血,由 6000 名公民抽签担任,每个部落分得 600 人;每个月,这些法官都会分布到各个法庭上,由此构成雅典人所谓的民众裁判所。

永久地安居于城邦内,而在古风时代,他们则得根据需求,从一个城邦来到另一个城邦售卖自己的技能。

由于向绝大多数人敞开了政治参与的门径,民主政制便最终在知识和权力之间确立起新型关系。因与政治长期保持关系而传承下来的技能自此以后就再也不能为政治权力辩护了。毫无疑问,在某些领域内,专业能力仍然必不可少,但民主政制的价值观决不会允许这样的职务只能委派给少数公民。因而,雅典人时常倾向于将这样的职务委派给奴隶从事,而这样一来,又将这些专家打回到了政治"场域之外"。

民主政制的新需求最终可以靠供给加以填补,从而造成奴隶市场的规模一直在急遽扩大。不过,存在这样的需求仍然没法解释为什么只能依靠奴隶劳动力来履行城邦内的大部分"管理"工作。理解如此布局的意义就成了以下几个章节的任务,但我们必须注意的是选择将这样的职务委派给奴隶其实是要将城邦的管理领域掩盖起来,甚而要使之变得不可见。

* * *

我们在寻找公共奴隶制这种奇异制度的起源时,dêmiourgos就横亘在我们行经的道路上。它的地位基本上由它及其服务的共同体之间的外在关系,以及它与 basileus(国王)的君权之间紧密的联系规定,从好几个方面宣告古典时代的 dêmiourgos 即将来临。不过,古风时代末期动荡不定,其特点就是商品奴隶的发展与民主政制的渐进确立,从而必然使这样的制度出现。从荷马的dêmiourgos 到古典时代或以神秘的帕特里亚斯为代表的dêmosios,我们的这段历程已经画出了几条颇具张力的线条,而这些线条就是古典城邦运行的核心所在——知识与权力之间的关系,奴隶形象与君权问题之间的内在关联。它们便构成本书的主要内容。

　　但读者肯定会要求我将本书中的主人公描述清楚:这些公共奴隶,他们到底是什么样的人? 他们都会做些什么事?

第二章　城邦的奴仆

迄今为止，我对政治从来就没感过兴趣。政治家，不管是议员还是部长，在我看来就像是仆人，只关心家庭生活中鸡毛蒜皮的小事：他们在乎的是灰层积得别太厚，得准点上饭上菜。当然了，政治家和所有的仆人一样，活儿都很不漂亮，但只要一直维持现状，我们就得小心，别去说三道四。[①]

罗伯特·穆齐尔

现在是初春，我们置身于雅典城邦一座公共广场柱廊的阴影底下。在两位老先生，苏格拉底和泰奥多尔的注视之下，三名年轻人首先开始对政治家的本质进行定义。为了达成目标，这三名哲学学徒最后采纳了一种不太常见的方法，持续用两分法来进行论证：他们始终都在明确指出政治能力不是什么，希望最终能辨认出政治能力的内在究竟由什么构成。

这几个年轻人证明了一番之后，很快就受到引导，着手识别一

---

① R. Musil，"一个年轻人的政治自白：一个片段"（Confession politique d'un jeune homme. Un fragment），《随笔：会议、批评、格言与反思》（*Essais. Conférences, critiques, aphorismes et réflexions*），P. Jaccottet 译，Paris，Seuil，1978，p. 62。

系列生活中的行为和城邦内的活动，其中每一件事情都与拥有政治技艺的国王的真正职能（archê basilikê）有区别。首先，提到的是所有所谓的"辅助"技艺，当然，这些技艺对整体的共同体生活而言也必不可少，于是他们仅限于讨论财富的生产和仪式实践活动，但掌握这些技能仍无法与政治技艺相提并论。在这些"辅助"技艺当中，有一项技能对这些年轻的哲学家出了一道难题，所有掌握这项技能的"人通过提供服务，就能成为文书方面的专家，其他的多面手也会在官员周围从事各种各样的工作"。由于掌握专业的管理技能——或像现代人所说的熟悉国家机关方面的事务——那些从事这些工作的人就可以称自己是掌握王室管理技能者。在"奴隶和仆人群体当中，没猜错的话，我们将会发现他们还会与国王争夺机构的创制权"，异邦人承认，政治也就由此出现。

但年轻学徒走错了路。这些公共事务的专家是否就掌握了真正的政治技能呢？这个问题刚一提出，通过小苏格拉底之口就给出了答案：既然涉及"仆从而非拥有城邦固有权威的领导人"，那这些虚假的政治对手不管采取何种方式也都无法参与国王的运作；之后，异邦人也就不得不承认若想在"服务领域内"[①]成为 archê basilikê 的拥有者，就会是天方夜谭。

柏拉图《治邦者》中这段简短的序曲涉及一项罕见的内容，即希腊哲学中专门探讨公民组织的管理维度。小苏格拉底和异邦人给出自己的理由，而且认为这不言而喻，他们提到了两个伦理等级，政治等级是自由人从事的高贵活动，还有一个是服务等级或管理等级，这两个等级有着严格的区分。真正的政治并不属于专业的管理技能领域，虽然它具有"普遍性"：柏拉图的这个公式其实承袭自古典时代与希腊化的希腊人，和他们有共同之处，只是用自己

---

① 柏拉图，《治邦者》（*Le Politique*），290a。

的语言加以阐释。在伯里克利的雅典和希腊化时代末期小亚细亚的小城邦，对城邦运行来说必不可少的大量职务并不在官员的能力范围之内，完全处于政治场域之外。大多数负责这些事务的人并非公民，而是奴隶，希腊人在指称他们时，就用了 dêmosios 这个词，用来不加区分地指称奴隶的职能——为城邦工作。

　　调查并描述这些奴隶的"职业"是一项相当棘手的任务，因为完全没法依靠古代文献已经列出的那些公民从事的活动。奥斯卡·雅各布避开了这个困难，将所有的公共奴隶分成三个范畴，即"工人"、"警察"和"职员"。① 这个三分法不仅无法将委派给 dêmosioi 的所有职能归并到一起，而且还是通过专业来分类，这种做法在古典城邦内毫无意义。因此，他并没有用一份"职业列表"来描述他们的工作，而是每次通过区分城邦委派给他们各项工作时采用的理由，依靠技能来划分他们从事的各个活动领域。

公民制度中的小职员

　　在公民大会、议事会、城邦的法庭上，甚至是体育学校里，公共奴隶的存在对城邦各组织的运行也必不可少。因此，在佩德奈里索斯这座小城邦，在公元 1 世纪的披西达伊城邦，公共奴隶都会协助法官进行辩护前的预备工作。② 这根本不是遥不可及的披西达伊城邦法庭的专有特征。Dêmosioi 在公元前 5 世纪雅典的法律运作中无处不在。照亚里士多德的说法，他们会通过抽签选定法官，经分配后前往各个法庭，统计选票后宣布裁决。③ 为

① O. Jacob,《雅典的公共奴隶》，前揭。
② *SEG* 2,710,1.4—6.
③ 亚里士多德,《雅典政制》,64,1;65,1,4;69,1。

了表述得更详细，他还作了补充，说 dêmosioi 还会监督法庭的场地，确保能让法官进入法庭，引导公众在台阶上落座。① 照阿里斯托芬的说法，有的城邦能将诉讼变成艺术演出，在这样的城邦里，和城邦法庭有关的奴隶人数肯定众多，所以词典编纂者经常能在那儿观看 dêmosioi 在城邦从事这项主要活动，也就不足为奇了。②

可是，在雅典的公民大会上，公共奴隶却从来不会参加审议方面的事务或参与投票活动，这与希腊化时代或帝国时代的某些城邦截然不同。在帝国时代初期的阿科摩尼亚，是由公共奴隶来组织统计票数，然后再将统计结果交给 dogmatographoi，后者负责将政令最终登记在簿。③ 相反，当涉及为议事会效力的奴隶时，雅典的文献却都很冗长。这就不由令人想象议事会成员周围肯定会有很多职员，他们从事的工作对议事会会议的顺利运行应属必不可少。而且，这些奴隶在城邦里也得到了充分的关注，公元前 5 世纪，雅典人向他们提供了狄俄尼索斯剧场的席位特权（即预留座位）。④ 从公元前 4 世纪起，这些奴隶因其工作得到城邦的认可，甚至会和议事会议员一道受到表彰。⑤

---

① 普鲁塔克，《德谟斯提尼传》(*Vie de Démosthène*)，5，3。

② 例参 Harpocration，*dêmosios* 词条："人们称公共奴隶为城邦的奴隶，他们服务于法庭，从事公共事务。"

③ E. Varinlioglu，"阿科摩尼亚的五个铭文"(Five Inscriptions from Acmonia)，*REA*，108，2006，n°4，1.38—39；n°5，1.13(公元 64 年)。

④ *IG I³* 1 390。

⑤ 他们首先出现在公元前 343/前 342 年议事会的法令中(Agora 15，37，1.4)，然后从公元前 303/302 年起便会定期出现(Agora 15，62，col. V，1.10—18)。从公元前 281/前 280 年起，他们和议事会议员一样，都依照部族来分配(Agora 15，72，col. I，1，5，II，1.67，211，III，1.83，266)。参阅 G. J. Oliver，"雅典公共奴隶的礼遇"(Honours for a public slave at Athens)(IG II² 502＋Ag. I 1947；公元前 302 年)，见 A. Themos 与 N. Papazarkadas(主编)，*Attika Epigraphika. Meletes pros timên tou Christian Habicht*，Athènes，Elliniki Epigrafiki Etaireia，2009，p.111—124，p.123。

公 共 文 书

很难确定受聘于五百人议事会的 dêmosioi 有些什么职能。其中一些人无疑会参加议事会的会议组织工作,像公元前 4 世纪末有个叫安提法忒斯的人就为一个叫欧克拉忒斯的公共奴隶发起了陈情诉讼。[①] 不过,绝大多数人都会在 Metrôon 工作,那是供奉诸神之母的神庙,也是城邦的档案保管室。公共奴隶起到公共记忆保管者的作用,承续的是很久以前 mnamôn 的这一职务,就像斯彭西提奥斯在克里特所做的那样。在古典时代的雅典,若官员需要查看档案,就会要求这些担任档案保管员的奴隶定期为官员服务。统计各个圣地方位的资料也需由 dêmosioi 照管,必要时,还需将这些资料交给财政官员查阅。[②] 同样,到公元前 4 世纪末,dêmosios 也要负责保管有关城邦各处城墙的资料。[③]

自公元前 4 世纪中叶起,所有这些奴隶均受议事会议员手下文书(grammateus kata prutaneian)的领导。但我们猜测在涉及对文献资料进行分类、保管、抄录这些 dêmosioi 真正专长的领域时,文书也就没什么权力了,dêmosioi 的工作应该会保有一定的自主性。[④] "在你们位于 Metrôon 神庙里的公共档案中有一篇文本,说

① 我们在这儿依据的是 G. J. Oliver 的解读,"雅典公共奴隶的礼遇",前揭。关于表彰安提法忒斯的法令,参阅第三章。

② 亚里士多德,《雅典政制》,47,5 与 48,1。关于保管档案的公共奴隶,参阅 J. Sickinger 的评论,《古典时代雅典的公共记录与档案》(*Public Records and Archives in Classical Athens*),Chapel Hill,University of North Carolina Press,1999,p. 140—157。

③ *IG* II² 463,1. 28。也可参阅 IG II² 1492,B,1. 112:公元前 4 世纪末,Skylax 会向官员提供必需的账目。

④ 关于这个方面,参阅 J. Sickinger,《古典时代雅典的公共记录与档案》,前揭,p. 145 与 p. 158。

公共奴隶负责这项事务(ho dêmosios tetaktai),这个明白无误的法令以埃斯基涅斯之名拟就",德谟斯提尼在雅典的公民大会上这么说时,提到了一个法令,说他那有名的宿敌埃斯基涅斯以前就曾投票赞成这项法令。[①]

除了分类与保管这些工作之外,dêmosioi 还会参与编定档案。公元前 4 世纪末,雅典的一个公共奴隶就接到一项任务,抄录档案里的一份决议,再让人镌刻到大理石碑上,这是一份给予长居在此的异邦人以同额纳税权(享有财税方面的特权地位)地位的档案[②],而在公元前 2 世纪下半叶的伊阿索斯,有一个名叫狄奥方托斯的 dêmosios 就曾将私人文献抄录下来,再归入档案。[③] 这样的职务并非没有风险。公元 1 世纪中叶,在吕奇亚,罗马总督昆图斯·维拉尼乌斯颁布了一道告示,公开指责一个名叫特里丰的人,后者是公共奴隶,负责特洛斯城的档案事务,因在某些文件中自行添加删改而受到鞭刑伺候;[④]总督明示,此次惩罚是为了对其他同

---

① 德谟斯提尼,19(《论使团》),129。

② IG II² 583,1.4—7。除了雅典之外,帝国时代的证据通常最多,而个体的奴隶身份一直都很难确定:参阅 A. Weiss,《城邦的奴隶》,前揭,p.78—79。

③ I. Iasos 93,1.3—4。参阅 L. Robert 的评论,《安纳托利亚研究:对小亚细亚希腊铭文的研究》(*Études anatolienne. Recherches sur les inscriptions grecques de l'Asie Mineure*),Paris,De Boccard,1937,p.453,关于日期方面,P. Fröhlich,"希腊化时代的伊阿索斯体育学校群体与城邦里的司祭"(Les groupes du gymnase d'Iasos et les presbyteroi dans les cités à l'époque helléniste),见 P. Fröhlich 与 P. Hamon(主编),《希腊城邦内的群体与协会:公元前 2 世纪至公元 2 世纪》(*Groupes et associations dans les cités grecques. IIᵉ s. av. J.-C. - IIᵉ s. apr. J.-C.*),Paris,Droz,2013,P.59—111。

④ SEG 33,1177,1.10—15。参阅 M. Wörrle,"皇帝时代米拉出土的关于吕奇亚管理事务的两份新发现的希腊铭文"(Zwei neue grichische Inschriften aus Myra zur Verwaltung Lykiens in der Kaiserzeit),见 J. Borchhardt(主编),《米拉:古代与拜占庭时代的吕奇亚大都市》(*Myra. Eine lykische Metropole in antiker und byzantinischer Zeit*),Berlin,Gebr. Mann,1975,p.254—300。

样不负责任的公共奴隶以儆效尤。① 宽泛言之，dêmosioi 最常负责的就是保管及销毁档案。公元 1 世纪，在科斯岛上，哈拉萨尔纳镇就将阿波罗神庙的祭司名录又行刻录了一次，并让一名公共奴隶预先将所有非法纪念之前时代祭司的铭文悉数销毁。②

公文服务事务并不仅限于档案管理。正如小苏格拉底所说，在"官员周围从事各项工作的人"中间，对公共财产编制清册是具有头等重要的事项。在城邦的行政官员身边，一般都由公共奴隶为存放于神庙里的财产编制清册，清点大型民用建设工地，而在执行军事任务的官员身边，还需统计并控制各项费用。公元前 353/前 352 年，一个名叫欧克莱斯的人受雅典人委派负责为存放于雅典卫城上卡尔科神庙（Chalcothèque）里的物品编制清册③，而在公元前 4 世纪末，两个名叫列昂和佐匹里翁的 dêmosioi 为雅典娜神庙的财务官抄录了一份神庙财产的清册。④ 半个世纪后，在雅典娜神庙下方阿斯克勒皮奥斯神的神庙里，德米特里奥斯负责编定供奉这位医圣的供品清单，"以便采取这些措施后，能使与神的关系变得更好、更虔诚，以符合议事会与民众的利益"⑤，而公元前 2 世纪，在位于爱琴海中央的雅典的德洛斯，出生于马其顿的 dêmosioi 佩里塔斯一连好几年都在编定阿尔忒弥斯和阿斯克勒皮奥斯神庙的财产清册。⑥

---

① *SEG* 33,1177,1. 18—19.

② *IG* XII 4,1,365,1. 10—11.

③ *IG* II² 120,1. 12—13（三年后，IG II² 1440 a,1. 6—7）。参阅第四章。

④ *IG* II² 1492,B,1. 111.

⑤ *IG* II² 839,1. 41—44。六年后，很可能德米特里奥斯的儿子小德米特里奥斯（IG II2 1539,1. 9—10）也在这座神庙里担任同样的职务。

⑥ *ID* 1444 Aa,1. 54；ID 1444 Ba,1. 20 与 1. 49。佩里塔斯的奴隶身份得到了确认，ID 1442,B,1. 75。在同时代的阿波罗神庙里提及有 dêmosioi 为神庙服务：ID 1450 A 109。

但 dêmosioi 并不仅在城邦的大型神庙里担任档案保管员的职务。在古典时代雅典的军械库里就有公共奴隶的身影,如公元前 323 至前 321 年,奥普希戈诺斯就受命于议事会,负责编制城邦购买和销售的公共设备的清册。① 而在大型工地上,奴隶有时又会负责编制账目,如公元前 329/前 328 年,忒洛菲罗斯就在厄琉息斯神庙里负责这样的事务。② 而统帅在城邦外开展军事行动时,也还是由公共奴隶负责编定所需的开支。③ 每年,官员交出账目后,后者就负责核实这些账目的正确性,用来解决纷争。因此,我们可以认为在许多情况下,比起档案保管员,dêmosioi 更像真正的簿记员,他们同时负责协助及管控官员任期内的事务。毫无疑问,在古典时代的雅典,正是由于 dêmosioi 具备簿记管理方面的能力,有时才会将他们调去参与负责征税工作。④

从这个方面看,公共奴隶在同一个岗位上工作好几年后,就等

---

① 关于军械库的奴隶(dêmosioi hoi en tois neoriois),参阅德谟斯提尼,47《驳埃弗戈斯与姆涅希布罗斯》[*Contre Evergos et Mnesiboulos*]),21,24,26,以及 B. Jordan 的评论,《古典时代的雅典海军:公元前 5 至前 4 世纪海军管理与军事组织的研究》(*The Athenian Navy in the classical period. A Study of naval administration and Military organization in the fifth and fourth centuries B. C.*),Berkeley,University of California Press,1975。奥普希戈诺斯(Opsigonos)出现在 IG II^2 1631,B,1. 197,C,1. 381—382。

② *IE* 777,I,1. 12。几年前,欧克莱斯做的也是同样的工作(IE 159,1. 60—61,公元前 336/前 335 或公元前 333/前 332)。

③ 德谟斯提尼,8《论凯尔索涅索斯的事务》[*Sur les affaires de la Chersonèse*]),47,得到了德谟斯提尼的注疏者的确认,2(《第二次欧伦托斯演讲》[*Deuxième Olynthienne*]),19。关于德谟斯提尼演讲的真实性,49(《驳提摩太》[*Contre Timothée*]),6—8,O. Jacob,《雅典的公共奴隶》,前揭,p. 123—124,他认为能确认某个名叫奥托诺莫司(Autonomos)的人的身份,此人在司库(tamias)安提马库斯的身边,听命于提摩太统帅。这个假设颇有吸引力,主要是因为奥托诺莫司并没受到安提马库斯的惩罚,这似乎证明了他拥有不同的地位。据说,dêmosios 具有中立性,不会受官员所犯错误的牵连。

④ 德谟斯提尼,22《驳安德罗提翁》[*Contre Androtion*]),70—71。

于常备这样的知识,长期拥有这种服务能力,所以就不会受到官员每年抽签换血的影响。此外,古斯塔夫·格罗茨(Gustave Glotz)明确认为这些奴隶针对拥有"显性主人"身份的官员施行了"隐性权力"①。事实上,这些奴隶已成为公民共同体强有力的管控工具,用来监督共同体官员的行为。德谟斯提尼在一份辩护词里说雅典人如果怀疑城邦内部的官员尸位素餐,牟取私利,就会求助于他们。② 此外,我们还观察到铭文经常会提及负责账务的 dêmosios 的名字。这种做法无疑具有签字一般的效用,如此一来,清册或账目就会获得法律效力。由于核实的是官员的账目,所以 dêmosioi 就在公民生活的规范运作中起到了决定性作用。

公 民 印 记

在古典时代的雅典,除了账目方面的事务之外,公共奴隶还要确保流通货币的真实性,以保护城邦内流通的量尺与砝码具有确定不变的规格。公元前 375/前 374 年颁布的一项与流通的假币作斗争的法律,明令两名公共奴隶在雅典和比雷埃夫斯的公共广场上坐镇,确保城邦市集上所用的货币不是假币。③ 两名公共奴隶除了为官员服务之外,也要为需要他们的普通个体,如买卖人或商人服务,必须确保流通货币的成色。有了这项法律,雅典人就等于承认存在这样一个职能,创制日期可追溯到公元前 5 世纪:公元

---

① G. Glotz,《希腊城邦》(*La Cité grecque*),Paris,Albin Michel,1953 [1928],p. 304。
② 德谟斯提尼,22(《驳安德罗提翁》),71。
③ Rhodes/Osborne,n°25。关于法律中 dokimastês 的确切职能,参阅第四章。关于铭文中动词 dokimazein(管控)一词的含义,参阅 C. Feyel,"关于尼科丰的法律:对 dokimos、dokimazein、dokimasia 含义的评论"(À propos de la lois de Nicophon：remarques sur les sens de dokimos, dokimazein, dokimasia),RPH,77,2003,p. 37—65。

前 398/前 397 年,在雅典卫城上的赫喀全佩东神庙的清单上就提到"有一盒假的银币,上盖拉孔的公章"①。后者无疑就是"查验员"(dokimastês),他发现了假银币,议事会将假银币没收后,就将之存入雅典娜神庙的库房中。② 铭文上的说法似乎表明奴隶手中只要握有这个公章,就能将流通的假币剔除出来。

　　近三个世纪之后,雅典人又再次将公共奴隶放到公民进程保护者的地位上。公元前 2 世纪末,确保城邦使用的量尺与砝码(metra kai ta stathma)能有固定的规格(skhômata),这些事务其实都委派给了三名 dêmosioi 负责。在阿提卡三个不同的地方(比雷埃夫斯、厄琉息斯和斯基亚斯,后者位于公共广场上方的托洛斯山的近旁),公共奴隶必须将"量尺与砝码的复制品交给官员和所有需要的人手中"③。因此,如果交易时发生纷争,市场治安官与商人都必须赶往市场,查验官方出具的量尺和砝码。由于握有城邦的公章,负责管控货币和保护砝码与量尺,所以 dêmosioi 也就与具有公民印记的领域有了紧密的联系。

　　许多做法都是将奴隶这一形象与具有公民印记的形象结合起来,使两者身份同一,比起这种奇怪的做法,有一个希腊词说得更好,那就是 sphragis 这个词,该词既指公章,也指烙于奴隶肉体上的烙印。④

---

① *IG* II² 1388 B,1. 61—62 与 *IG* II² 1400,1. 57(公元前 390/前 389 年)。公元前 4 世纪末又提到了 Dokimastês 这个词:*IG* II² 1492,1. 137(公元前 305/前 304 年)。

② 极有可能也担任相似的职能,如负责查验运抵雅典的小麦。有好几个迹象表明是由公共奴隶负责测算卸在比雷埃夫斯港的小麦并为其估价(特请参阅 Dinarque,残篇 7;参阅第三章)。

③ *IG* II² 1013,1. 40—41。在斯基亚斯,dêmosioi 受议事会议员的管理,在比雷埃夫斯,受财贸官员管理,在厄琉息斯,受祭司管理。照 oiketai tês Tholou 这一说法,则这一职能一直持续到了帝国时代(*IG* II² 1799,1. 25)。

④ 关于奴隶的 sphragis,参阅 F. J. Dölger,《Sphragis:早期基督教的标志及其与古代世俗及宗教文化的关联》(*Sphragis. Eine altchristliche Taufbezeichnung in ihren Beziehungen zur pr fanen und religiözen Kultur des Altertums*),Paderborn,F. Schöningh,1911,p. 23—31。

因此，肉体上烙有身份标志的那个人同时也成了城邦印记的保管者；法律上没有身份的人也同时成了城邦财产的查验者。此外，将奴隶与公民印记紧密相连的这层关系也出现在一个更为完整的故事里，这就是古希腊时期的奴隶起义。公元前 3 世纪，在开俄斯岛——泰奥彭波斯说它是实施商品奴隶的第一座城邦①——上，一个名叫德利马科斯的奴隶和几十名同伴一起逃跑了。他们躲到了俯临岛屿的山区里，甚至还自建王国，德利马科斯成为国王。过了好几年对海岸边的城邦烧杀抢掠的日子后，这些"逃亡的"奴隶最终与开俄斯岛上自由民身份的民众达成休战。身兼国王与奴隶的德利马科斯为了开创新的权力，命人制造量尺与砝码（metra kai stathma）及私章（sphragida idian），并向开俄斯人郑重其事地发话，以期讲和："今后，我从你们这儿拿取物品，都会使用量尺和砝码，拿取我认为适合的物品之后，我会使用官印，将你们的储备品封存起来，不会再动。"②

　　身兼国王与奴隶的人还得掌控砝码与量尺之类的度量衡，掌管共同体的印章？事实上，叙拉古的宁弗多罗斯的这个说法——其历史真实性值得商榷——就是在讲 doulopolis（奴隶城邦）的创建过程，所以应以各个讲述城邦创建过程的故事为蓝本，加以阐释。可是，尽管这些故事讲到了城邦创建时的种种行为，但它们通常更注重的是为大型公民神庙划定界限，以及新建政治共同体内官职与机构的创制过程。③ 从某种特定的方式看，制造公章、

---

① 参阅引言。

② 叙拉古的宁弗多罗斯的这个说法转自 Athénée, *Deipnosophistes*, VI, 265d—266e（FGrHist 572 F4）。关于这个插曲的概论，参阅 S. Forsdyke 的深度解读，《奴隶讲故事：古希腊大众文化政治中的其他插曲》（*Slaves tell Tales. And other Episodes in the Politics of Popular Culture in Ancient Greece*），Princeton，Princeton University Press，2012，特别是 p. 78—89。

③ 举例来说，显然可参阅雅典城邦在忒修斯国王的支持之下的聚合过程，修昔底德，《伯罗奔尼撒战争史》（*La Guerre du Péloponnèse*），II，15，与普鲁塔克，《忒修斯传》（*Vie de Thésée*），24。

确立量尺和砝码之类的度量衡共同为德利马科斯王国的君权打下了基础,可奴隶创建城邦本身就令人难以置信,所以同样重要的就是要在那些唯一的共同体内为供奉城邦守护神的神庙划定界限,并创设政治机构,而这些由自由民构成的共同体则理当被称之为 polis。

规训与惩罚

档案保管员负责编定公共财产的清册、保管城邦的度量衡及其档案……我们切勿认为 dêmosioi 全都是些有那么点知识的学问人,是账务方面和公共资料管理方面的专家。他们实则代表公民权威,而且受到很大压制。在罗得岛的佩雷,在 ktoina(罗得岛的小型民政区划)的地方层级上,公共奴隶扮演的是治安员的角色,像一份宗教规章就作了这样明确的规定:"若有人违反此规,hiérothyte[负责献祭事务的祭司]、公共奴隶和镇区的任何一位公民都可进行阻止。"①同样,我们还发现公共奴隶会对某些公共建筑内举办的活动进行监控。如大型公民宗教庆典活动、举办公开葬礼或召集共同体全体人员的场所,而希腊化时期后期体育学校举办的活动也已大大超出体育锻炼的规模,某些历史学家甚至赋予它"第二公共广场"的地位。② 所以自此以后,但凡看见公共奴隶像在古典时代的法庭或议事会上那样,也在帕加马的体育学校里维持秩序③,或在德洛斯

① A. Bresson,《罗得岛佩雷的铭文汇编》(*Recueil des inscriptions de la Pérée rhodienne*),Paris,Belles Lettres,1991,n°102,l. 15(Tymnos 关于使用宙斯与赫拉神庙的规定)。

② 参阅 L. Robert,《次要作品集》(Opera Minora Selecta),VI,Amsterdam,A. M. Hakkert,1989,p. 46 与 n. 7。

③ 参阅 I. Pergamon,II,52(Pergame,公元前 1 世纪,依据的是 Fränkel 的假设);I. Priene 112(Priène,公元 84 年),l,110—112。

维护建筑物周边环境的安全①，也就没什么好惊讶了。Dêmosioi
经常是唯一常驻体育学校内的工作人员，他们的职责就是维持体
育学校的秩序，在那儿履行治安员的职责。

　　从这方面看，雅典的文献资料又再次具有了无可比拟的价值。
雅典 dêmosioi 的一批精兵强将首先服务于一批神秘的官员，从雅
典的文献看，这批官员是按照其人数而非职能来加以称呼的，他们
被称为十一人。② 这些人经抽签任命，负责逮捕议事会、公民大会
或民众裁判所判定有罪的人，也负责将犯人关押入监，直至其刑满
为止。就职责来看，与其他官员相比，他们拥有特有的权力，如进
入公共债务人的家中进行搜查。③ 因此，在雅典历史上，十一人手
下的公共奴隶也曾逮捕过一些名人，如在古典时代，逮捕过塞拉麦
涅斯或福基翁，还有很久以后的使徒保罗。④

　　对公共广场西南侧充当监狱的小型建筑物（desmôterion），十
一人负有维护监狱治安的任务，一对公共奴隶会在那儿管控囚
犯。⑤ 委派给 dêmosioi 这样的任务是许多城邦的通例，如公元 2 世
纪，彭图斯-比提尼亚省的总督小普林尼就问图拉真皇帝这么做是

---

① 也必须理解 palaistrophulax（*ID* 316,1. 117;*ID* 338,Aab,1. 67;*ID* 372,A,1. 98—
　　99）和 hupêretês eis palaistran（*ID* 290,1. 108;*ID* 440 A,1. 27;*ID* 444 A,1. 27）。我
　　们要注意的是忒斯皮斯，一名 dêmosios 也出现在公元前 2—前 1 世纪体育学校
　　的使用者名单上（P. Roesch,《忒斯皮斯的铭文》[*Les Inscriptions de Thespies*],
　　136,1. 11[www. hisoma. mom. fr]）。
② 吕西阿斯,22(《驳小麦商贩》[*Contre les marchands de blé*]),2。也可参阅亚里士
　　多德,《雅典政制》,52。
③ 尤其可参阅德谟斯提尼,24(《驳提谟克拉忒》[*Contre Timocrate*]),162。
④ 塞拉麦涅斯:色诺芬,《希腊志》(*Helléniques*),II,3,54—55,与西西里的狄奥多罗
　　斯,《史集》,XIV,5,1—4;福基翁:普鲁塔克,《福基翁传》(*Vie de Phocion*),35,1;
　　36,1。还需提及的是公元前 406 年,公共奴隶出手逮捕雅典从阿尔基努斯返回的
　　几位统帅:西西里的狄奥多罗斯,《史集》,XIII,102;保罗,《使徒行传》(*Actes des
　　Apôtres*),16,23—26。
⑤ 必须明确的是把押入监并非一种刑罚,而是在那儿等待执行判决。

否符合常规。① 几个世纪前,柏拉图的《斐多》在讲述苏格拉底临终前数日的所作所为时,就曾生动地描绘了雅典监狱管理方面的景象,他提到三个人:第一个人守在建筑物的入口处,负责检查来访者②;对话行将结束时,另一个人与苏格拉底交谈了一会儿,后与给犯人带来毒药的一名同事返回,把毒药"放在杯子里捣碎"③。

最后,这人不可与城邦内负责执行大多数死刑的刽子手混淆。Koinos、dêmios、dêmokoinos("履行公共事务者"):雅典的文献经常称后者为刽子手,却不一定会说明那人就是 dêmosios,这其实是一种奇怪的迂回手法。④ 古代作家拒绝明言其真正的职能,只说从事公共事务,这似乎是不想将这项名声不佳的工作直接说出口。这也说明为什么会将这样的工作委派给奴隶去做:总而言之,雅典人这么做是为了阻止 miasma,亦即与犯罪行为相关的道德败坏,更何况还是公民的道德败坏,重新落到城邦头上。奴隶地位低下,让他去杀死自由人,就能使共同体不用冒道德败坏的风险;由奴隶来执行的话,罪行也就不会对共同体造成危害。

在公元前 5 世纪的雅典,交由 dêmosioi 手中的强制权尤其体现在清一色由奴隶构成、受命于议事会议员的城市执法团队的身上。⑤

---

① 小普林尼,《书信集》(Lettres),X,19,1:"我是否必须委派城里的公共奴隶来守卫监狱,迄今为止,守护之责都是交由士兵负责?"图拉真在回复中认可了使用公共奴隶的做法,认为这是一种惯例。

② 柏拉图,《斐多》(Phédon),59c,与柏拉图,《克里同》(Criton),43a。

③ 柏拉图,《斐多》,116c—117a,还有普鲁塔克,《福基翁传》,36,6。关于公共奴隶与苏格拉底之间的对话,参阅第五章。

④ 埃斯基涅斯,2(《论使团》),126,清楚地称之为 dêmosios。参阅 O. Jacob 的所有证明内容,《雅典的公共奴隶》,前揭,P. 81—82。

⑤ 公元前 403 年,三十僭主对这个团队稍稍作了些变动,征募了 300 名执鞭的奴隶来维护城市的治安(亚里士多德,《雅典政制》,35,1)。关于这 300 名 mastigophoroi 的确切地位,参阅 P. Tuci 的评论,"西徐亚弓箭手,公元前 5 世纪雅典民主政体的军队"(Arcieri sciti, esercito e Democrazia nell'Atene del V secolo A. C.),Aevum,78,2004,p. 3—18,此处见 p. 13—14。

初看让人颇感困惑:雅典人竟然从未想过要让公共安全依赖于公民团体,让他们来独揽暴力的大权。整个城邦的安全取决于里面的每一个人,他们拥有配备武器的基本权力。除了听命于各级官员的奴隶团体之外,古典时代的雅典难道就从未想过再建立一支治安队伍吗? Toxotai(弓箭手)、Scuthai(西徐亚人)或 Speusinioi(指创建军队 Speusinios 的那些人):这些是古代作家称呼公共奴隶所用的词,历史文献习惯称之为"西徐亚弓箭手"。不过,军队里的种族构成不像表面看来这么确定。事实上,雅典人笼统地称之为西徐亚人,极有可能就是为了不涉及种族问题,而这就是通常意义上他们所谓的"同一类型的相异性"①。正如弗朗索瓦·利萨拉格(François Lissarrague)所写:"将西徐亚人放入雅典社会内部,是为了使之扮成另一个人,从而更好地肯定其自身的价值与自身的身份。"②事实上,军队里种族的同质性远非这么确定,而且我们也无法排除雅典人是否会像对待西徐亚人那样,坚持让色雷斯人或盖塔伊人也到军队里服役。

这支维持治安的部队是在米底亚战争末期(公元前 479 年)与卡利阿斯签订合约(公元前 449 年)期间,在某个名叫斯波西尼奥斯的人倡议下组建起来的。③ 毫无疑问,300 名奴隶是基础,到公

---

① F. Lissarrague,《另一种战士:阿提卡形象中的弓箭手、盾牌手、骑兵》(*L'Autre Guerrier. Archers, peltastes, cavaliers dans l'imagerie attique*), Paris, La Découverte,1990,p. 130。

② 同上,P. 146—148。关于这方面,我们仅从残篇断简中得知的索福克勒斯笔下的 skuthai 肯定在原型构建时起到了关键的作用。

③ 事实上,分歧源自两个不同的资料来源:一则是安多基德斯,3(《论与拉凯代蒙人缔结合约》[*Sur la paix avec les Lacédémoniens*]),3—7,另一则是埃斯基涅斯,2(《论使团》),172—174。但安多基德斯的说法极可能来自埃斯基涅斯:关于这一点,参 J. -C. Couvenhes,"雅典引入西徐亚弓箭手与公共奴隶:文化迁移的日期与媒介"(L'Introduction des archers scythes, esclaves publics, à Athènes: la date et l' agent d'un transfert culturel),见 B. Legras(主编),《希腊与希腊化世界(转下页注)

元前 5 世纪末可能达到 1000 名（或 1200 名）弓箭手。① 这些"西徐亚弓箭手"显然应该同与公民方阵并肩战斗的雇佣兵弓箭手不同。有些史学家指出这些 dêmosioi 有时也会与雅典公民一起投入战斗。② 不过，这些配备鞭子，当然还有弓箭，可能还有小匕首的西徐亚弓箭手，其主要任务是确保城邦具有良好的公共秩序。此外，阿里斯托芬的一名注疏者认为他们就是城市的守卫者（phulakai tou asteôs）。从阿里斯托芬的喜剧可知，雅典城里很少有地方不是他们的活动范围：无论在公民大会还是议事会上，无论节日期间还是在市场上，这些奴隶确确实实就是公共秩序的维护者。③

（接上页注）的文化迁移与法律》（*Transferts culturels et droit dans le monde grec et hellénistique*），Paris，Publications de la Sorbonne，2012，p. 99—119，p. 109—110。Speusinios 的作用：Pollux VIII，131—132，《苏达辞书》与 Photius，见 Toxotai 词条及注疏。阿里斯托芬，《阿卡奈人》（*Acharniens*）54。也可参阅 P. Tuci，"公元前 5 世纪雅典的西徐亚弓箭手"（Gli arcieri sciti nell'Atene del V Secolo A. C.），见 M. G. Bertinelli 与 A. Donati（主编），《古代介于融合与边缘化之间的公民、外国人、野蛮人：古代历史中的全球相遇》（*Il Cittadino，lo Straniero，il Barbaro fra intergrazione et emarginazione nell'Antichita. Atti del I Incontrao internazionale du Storia Antica*）（Genova 22—24，2003 年 5 月），Rome，Bretschneider，2005，p. 375—389。

① 1000 名弓箭手的数目：《苏达辞书》，*Toxotai* 词条，与 Schol. 阿里斯托芬，《阿卡奈人》，54。参阅 O. Jacob 所作的大量讨论，前揭，p. 64—72，P. Tuci 的分析，"公元前 5 世纪雅典的公共奴隶"，前揭，p. 376，与 E. Hall，《雅典的戏剧人物：古希腊的戏剧与社会》（*The Theatrical Cast of Athens. Interactions between Ancient Greek Drama and Society*），Oxford，Oxford University Press，2006，p. 233，以及 J. -C. Couvenhes 的综合性评论，"雅典引入西徐亚弓箭手与公共奴隶：文化迁移的日期与媒介"，前揭，p. 103。

② 参阅 P. Gauthier 的假设，"公元前 5 世纪下半叶雅典文本中的 Xenoi"（Les xenoi dans les textes athéniens de la seconde moitié du Ve siècle），*REG*，84，1971，p. 44—79，再次得到 P. Tuci 的引用，"公元前 5 世纪雅典的西徐亚弓箭手"，*Aevum*，78，2004，p. 3—18。该假设很可能需取决于这些西徐亚弓箭手与公元前 5 世纪下半叶铭文上的 toxotai xenoi（IG I³ 138）或 barbaroi（修昔底德，《伯罗奔尼撒战争史》，VIII，98，1；*Agora* XVII，17，l. 25—29；*IG* I³ 1190，l. 136—138；*Agora* XVII，14，l. 35；*Agora* XVII，22，l. 152—159）有关。

③ 如需了解全部资料来源，此后可参阅 P. Tuci，"西徐亚弓箭手：公元前 5 世纪雅典的军队与民主"，前引文章，与"公元前 5 世纪雅典的西徐亚弓箭手"，前揭。

　　古代的喜剧世界将弓箭手提升到喜剧原型的地位。在阿里斯托芬以及欧波利斯、克拉提努斯和喜剧作家柏拉图的笔下，这些治安员终于化身成一个人物，而且后继有人：邦多拉（le Pandora），是个宪兵，笨手笨脚，胆小如鼠，走起路来却又耀武扬威，还时常遭到被他追捕的人的嘲笑。从这层意义上看，阿里斯托芬笔下的西徐亚弓箭手开创了一系列悲伤感人的治安员形象，从吉尼奥尔宪兵到杜邦和埃尔热的杜邦，可谓不一而足。① 胆小怯懦，担惊受怕，有时又有些色迷迷，还经常酩酊大醉，西徐亚弓箭手的这副形象无疑和模范的公民形象相差甚远。② 在嘲讽了一番想要将她和她那些担任配角的女伴占为己有的西徐亚弓箭手之后，利西翠姐朝那些指挥弓箭手的官员转过身，挖苦道："你也想和自己的奴隶有一腿吗？"即便在《利西翠姐》这个颠倒的世界里，雅典女人仍旧要高于奴隶！

　　但这些西徐亚弓箭手并不仅仅是颠倒过来的镜像，在这样的镜像中，雅典公民只能看到狄俄尼索斯的场景，而翻来覆去的结构主义解读也很乐意去提示这一点。这么做其实忽视了弓箭手淳朴敦厚的品质，令人心生好感的特质，所以他们与公元前5世纪雅典艺术构建起来的彻底相异的形象不可同日而语。依据后来的一些说法，西徐亚弓箭手就住在雅典公共广场四周或亚略巴古附近的大帐篷里，与民主社会相处融洽。③ 而且，公元前411年和前404年，他们还通过行动表明自己对民主体制忠心不渝，公元前403年

---

① 若需了解有关西徐亚弓箭手的所有喜剧文献，特请参 E. Hall，"阿里斯托芬《地母节妇女》里的弓箭手场景"（The archers scene in Aristophanes' *Thesmophoriazusae*），*Philologues*，133，1989，p. 38—54，p. 45—46。

② 特请参阅阿里斯托芬，《利西翠姐》（*Lysistrata*），v. 425—465，与阿里斯托芬，《地母节妇女》，v. 1100—1230。

③ 《苏达辞书》，*Toxotai* 词条。参阅 P. Tuci，"公元前5世纪雅典的西徐亚弓箭手"，前揭，p. 377—379。

民主制恢复后,便迫不及待地增加了他们的人数。①

　　表明西徐亚弓箭手仍在活动的最晚的证明从来就没晚于公元前 4 世纪最初二十年。许多史学家由此推断雅典人觉得维持这样一支部队负担太重,便将之解散了事。这个假设有点令人费解。我们这方面的主要资料来源不就是旧喜剧吗,它们在公元前 4 世纪的最初几十年不就消失不见了吗?②

服务于城邦的匠人

　　与 Metrôon 的档案保管员不一样,许多公共奴隶做的工作都不需要具备任何专业能力。奥斯卡·雅各布把他们归入"公共奴隶-工人(ergatai)"这一类。那些受治安官管理,定期养护道路的 dêmosioi 毋庸置疑就属于这一类别。③ "工人"身份同样也可以用于在制币作坊里干活的公共奴隶。演说家安多基德斯有一篇残篇指责"煽动家"希帕波鲁斯,用辞言简意赅:"关于希帕波鲁斯,我都

---

① 参阅 P. Tuci,"西徐亚弓箭手:公元前 5 世纪雅典的军队和民主体制",前揭,p. 9。吕西阿斯的《驳泰奥佐提得斯》(*Contre Théozotidès*)残篇表明 hippotoxotai 部的人数队肯定是增加了;不过,这儿绝对是指西徐亚弓箭手(参阅希罗多德,《历史》,VI,46,3,与修昔底德,《伯罗奔尼撒战争史》,II,96,1)。

② 某些人,比如最近的 J. -C. Couvenhes,"雅典引入西徐亚弓箭手与公共奴隶:文化迁移的日期与媒介",前揭,p. 116,将消失的时间追溯到了公元前 5 世纪末。不过,大多数人之所以认可公元前 378/前 377 年这个日期,是因为与 syllogeis tou dêmou 的出现有关,从此之后,便由公民大会来维持治安了。V. Hunter,《治安管控中的雅典:阿提卡诉讼中的社会控制》(*Policing Athens. Social Control in the Attic Lawsuits*),Princeton,Princeton University Press,1994,p. 148—149,论证相当谨慎,我觉得有道理。德谟斯提尼,25(《驳阿里斯托盖通》[*Contre Aristogiton 1*]),23,提到公元前 325 年,亚略巴古的议事会会场外围了一圈绳子,hupêrêtês 要求所有观众全都离开公共会场,hupêrêtês 有可能就是指西徐亚弓箭手。

③ 亚里士多德,《雅典政制》,50,2 与 54,1。依照亚里士多德的说法,他们还要负责清除雅典街头的死尸。

羞于启齿;他父亲身上烙过烧红的烙铁印,如今在制币作坊(argu-rokopeion)里像公共奴隶一样干活,而他自己呢,不单是个异邦人,还是个野蛮人,靠制灯为生。"①此外,公元前 375/前 374 年的尼科丰颁布的法律明确规定 dokimastês 所获的报酬与用来支付制币作坊工人薪水的是同一笔经费,②可见也就不用再怀疑他们的公共奴隶身份了。

工地上的 dêmosioi 尤其多,从事的是形形色色的工种。公元前 2 世纪中,帕加马的欧迈尼斯二世就向德尔斐城邦提供了奴隶(sômata),让他们从事希腊全境神庙内剧场的修复工作。③ 一个世纪后,塔西安人下令,规定由一个名叫斯提邦的人来管理公共奴隶,在城邦神庙内部"从事修复与建造工作",那地方应该就是阿尔忒弥斯的神庙。④ 同样,公元前 3 世纪,很可能也有许多公共奴隶在独立的德洛斯城邦内参与建造了阿波罗神庙。⑤

① 参阅阿里斯托芬注疏(阿里斯托芬注疏),《黄蜂》(Guêpes),v. 1007。我们不知道这间制币作坊在哪个地方;不过,可以参阅 C. Flament 的说法,《货币化经济:古典时代的雅典(公元前 440—前 338 年)。对古希腊货币现象的研究》(Une économie monétarisée:Athènes à l'époque classique [440—338 av. J. -C.]. Contribution à l'étude du phénomène monétaire en Grèce ancienne),Louvain,Peeters,2007,p. 249。

② Rhodes/Osborne,n°25,1. 53—55:"今后,他的薪水与制币工人的薪水都用同一笔经费支付。"

③ 参阅 J. Pouilloux,《希腊铭文选编》(Choix d'inscriptions grecques),Paris,Belles Lettres,1960,n°12,1. 12(=FD III,3,233)。

④ J. Fournier 与 C. Prêre,"服务于塔西安女神的资助者:任命斯提邦的法令"(Un mécène au service d'une déesse thasienne:décret pour Stilbôn),BCH 130,2006,p. 487—497,1. 9—12。

⑤ 德洛斯有关独立的文献提出了一个很严重的问题:所有奴隶都不得被视为 dêmosios。不过,Hupêretês kath hieron 这一表达法(IG XI 2,147,A,1. 13;IG XI 2,159,A,1. 64;IG XI 2,161,A,1. 83;IG XI 2,162,A,1. 46;ID 290,1. 108)有可能指的就是 dêmosioi。此外,我们还从中区别出某个名叫多洛斯的人(IG XI 2,161,A,1. 84,279),他被视为 Hupêretês,还向他支付了 156 个德拉克马。同样,公元前 200 年,城邦用来在神庙里干活、全年领取薪水的三个人 Nouménios、Apollonios 和 Chrésimos 无疑就是公共奴隶(ID 372 A,1. 97—98)。公元前(转下页注)

　　没有什么比希腊世界里的工地更生动的形象了,公元前 4 世纪中,雅典人就将厄琉息斯的工地账目雕刻下来。在工地上干活的奴隶人口的身份可以说形形色色。有的奴隶在有活干的时候被主人租给市政官员,有的被称作 chôris oikounteis——住在远离主人的地方——的奴隶则具有一定的自主性,可获得一笔补助。在神庙干活的奴隶中间,dêmosioi 是很重要的一队人马。dêmosioi 受 épistat(监工)管理,他们处境相同,但干的活却有很大差别:有的将石块从潘图洛斯一直运往厄琉息斯神庙,有的要在举办厄琉息斯女神秘仪的地方建造泰勒斯台里昂神庙;有的负责记录工地上的开支,有的则负责为建筑师精确称量各种工具的重量,这么做是为城邦的利益考虑,以免建筑师犯错。①

　　雅典人也将一部分公共奴隶吸收进得墨忒尔的秘仪之中:"在清理神庙的 dêmosioi 中,我们为其中五个人传授了秘仪"②,公元前330 年的报告上明确这么说。理由很好猜:这些奴隶在泰勒斯台里昂神庙内部干活,而那地方只有接受秘仪的人才能进入。③ 但在工地上干活这一点还不足以解释为什么只有他们才享有这样的特权。我们必然会注意到在神庙里干活的所有奴隶当中,这份工作以及作

　　(接上页注)179 年,Karpos 和 Stéphanos 提到了一个名叫 Apollonios 的人(ID 442,A,1.96)。城邦给他们发放餐食与着装津贴,好几个迹象表明他们还从事将物资运送到神庙的工作(参阅 V. Chankowski 的评论,"德洛斯独立时代末期公元前 174 年祭献品行调查员的报告与阿波罗神庙的管理"[Le compte des hiéopes de 174 et l'administration du sanctuaire d'Apollon à la fin de l'Indépendance délienne], BCH,122,1998,p. 213—238,p. 235)。

①　关于 lithagôgountês dêmosioi:IE 177,1. 49—50,无疑还有 1. 62(336/335 或 333/332);dêmosioi 的监工:IE,177,1. 62(329/328)和 IE 159,1. 58(336/335 或 333/332);负责账目的奴隶:IE 177,1. 12(329/328);负责为工具称重的奴隶:IE,157,1. 26—29(336)。

②　IE 159,1. 24—25(336/335 或 333/332),然后,又讲到几年后的两个 dêmosioi:IE,177,1. 269—270(329/328)。

③　参阅 O. Jacob,《雅典的公共奴隶》,前揭,p. 41—42。

为必要条件的秘仪传授都只有公共奴隶才能享有。城邦对 dêmosioi 还挺照顾，给他们提供献祭用的牲口，这样，他们甚至都能参加考阿夷节，那是花节中最重要的庆典时刻。① 事实上，向 dêmosioi 传授秘仪也说明他们的特权地位得到了认可，从而将他们与在工地上干活的所有其他奴隶区分开来。而且，我们注意到在帝国时代小亚细亚的拉吉纳神庙也有一项赋予 dêmosioi 的相似特权，与祭司手下的奴隶不同，他们有权进入神庙的核心地带。②

为城邦服务的祭司？

最后，我们也无法忽略 dêmosioi 参与城邦宗教生活的情况。无论为献祭的财物编制清册，还是参与建造这样那样的建筑，我们发现公共奴隶在神庙里的存在没什么突出的地方。从许多例子可以发现，他们的存在本身也要求将一部分公民权力让渡出去，使一部分劳动力也能拥有进入神庙的权限。而这就是所谓的 dêmosioi Eleusinothen，就是指雅典城邦用来使之为得墨忒尔及珀耳塞福涅神殿服务的奴隶。③ 公元前 2 世纪末，德尔斐城邦为纪念比提尼亚的尼科美德三世及其王后拉俄狄刻而颁布的一道敕令规定奴隶会被国王献给“神与城邦”。因此，这儿的奴隶就像划拨给神庙的公民财产。④ 在希腊化时代和帝国时代的小亚细亚，有时很难

---

① 　*IE* 177，1. 266.

② 　参 J. Crampa，《拉布兰达：瑞典考古挖掘与研究》(*Labrunda. Swedish Excavations and Researches*)，卷 3.《希腊铭文》(*The Greek Inscriptions*)，卷 2，Lund，P. Alström，1972，60。

③ 　*IE* 159，1. 44.

④ 　D. Rousset，《德尔斐的领地与阿波罗的土地》(*Le Territoire de Delphes et la terre d'Apollon*)，Paris，École Française d'Athènes，2002，铭文 n°31，1. 9 与 1. 11—12（公元前 102/前 101）。

确定 dêmosioi 与所谓 hierodouloi 的献于神庙的奴隶之间有什么区别。因此,帝国时代初期,在小城米拉斯辖下的拉布拉翁多斯宙斯神庙里,公共奴隶和圣奴并肩工作。两者都从神庙领取报酬,若没有完成委派给他们的任务,也会遭受同样的惩罚。①

此外,神庙里的碑铭也让人了解到存在大量公共奴隶协助祭司管理神庙。在公元前 2 和公元前 1 世纪的雅典德洛斯,dêmosioi 在库特山四周组织祭拜异邦神祇的活动中起到相当重要的作用。② 公元前 2 世纪末,在祭司和 zacore(辅祭)的身边,有一个名叫欧图基德斯的人在叙利亚库特山上的阿芙洛狄忒神庙里连续工作了三年。③ 在不知位于何处的德洛斯的一座小神庙里,一名公共奴隶在那地方连续做了两年的 épimélète(总管),④而在阿斯克勒皮奥斯神庙里,一名 hupêrêtês(仆人,无疑就是公共奴隶)在祭司和 néocore(负责维护库房)的身边工作。⑤

在神庙里服务是一回事,担任司祭又是另一回事。即便祭司一职首先在古典时代的雅典被认为是一种官职,但为公民信仰举行祭仪的祭司却仍然占据着共同体与诸神之间中间人的地位,因而要求任此职者具备无可置疑的名声。因此,像两处铭文所说的那样,有时将司祭之职委派给 dêmosioi 担任,确实会令人震惊。在公元前 2 世纪下半叶(公元前 139 至前 137 年)的德洛斯,雅典

---

① 参阅 J. Crampa,《拉布兰达》,前揭,n°56 与 59、60,1.7—8 与 69。

② 参阅 A. Weiss 的评论,《城邦的奴隶》,前揭,p. 151—155。

③ *ID* 2232(107/106);*ID* 2234(106/105);*ID* 2249(107/106);*ID* 2250(108/107);*ID* 2251(108/107),*ID* 2252(108/107),*ID* 2253(106/105),*ID* 2628a(108/107)。在 Zeus Kynthios 神庙与 Athena Kynthia 神庙里,起到同样作用的 dêmosios 这个名字脱漏了(*ID* 1892,97/96)。

④ *ID* 1913.

⑤ 参阅 P. Bruneau,《希腊化时代与帝国时代德洛斯祭拜信仰的研究》(*Recherches sur les cultes de Délos à l'époque hellénistique et à l'époque impériale*),Paris, De Boccard,1970,p. 363。

人连续两年将萨拉皮斯负责举办祭仪的祭司一职委派给一名
dêmosioi。① 这份极为特殊的决议无疑证明公民当局只会暂时管
理一下神庙，但原因如何，我们并不知道。② 在尚未将祭司一职最
终委派给公民之前，城邦应该会将管控祭仪的任务交给公共奴隶
负责。无论如何，该铭文确证并不存在任何禁令禁止 dêmosioi 担
任祭仪的祭司一职。

　　帝国时代初期的罗得岛提供了一个更为激动人心的例子。
宙斯·阿塔比里奥斯的都市神庙出土了一份某个文化团体的献
辞，这是一个 Diosataburiastai 社团（koinon），献辞中出现了"城邦
的奴隶"（tôn tas polios doulôn）的字样。这份献辞明确表明
dêmosios 欧里迈诺斯就是宙斯·阿塔比里奥斯的祭司，其司祭的
职能受罗得岛当局管理（huper tôn kuriôn Rodiôn）。在奴隶担任
祭司一职时，该团体为纪念宙斯·阿塔比里奥斯祭献了一尊青铜
制的牛，它是几尊供罗得岛宙斯祭拜之用的大型雕像中的一尊，
这尊青铜牛就安放于阿塔比里奥斯山上，置于都市神庙内部。③
那这个祭拜仪式是公开的还是私设的呢？很难解答这个问题，但
既然这份献辞明确表明公共奴隶"受罗得岛当局管理"，那我们就
可以认为城邦已经委派整合为团体的 dêmosioi 担任公民治下的
司祭一职。④ 最后，我们也无法彻底排除指定这些公共奴隶代表
罗得岛上全体私奴，负责宙斯·阿塔比里奥斯祭拜仪式的这种
情况。

　　委派给 dêmosioi 的任务如此丰富，倒是第一时间让我们想起

① 　ID 2610，1. 2—3；之后，关于该铭文，参阅 L. Bricault，"德洛斯萨拉皮斯的祭司"
　　（Les prêtres du Sarapieion C de Délos），BCH 120，1996，p. 597—616。
② 　A. Weiss，《城邦的奴隶》，前揭，p. 186；L. Bricault，前揭，观点更为谨慎。
③ 　关于都市神庙：Appien，Mith. ，26。
④ 　IG XII，1，31.

一件显而易见的事：douleia 根本没有定义生产活动的特殊地位，而是首先划定了法律地位。数十名公共奴隶可以在同一座工地上干活，或服务于同一个机构，他们的职业可以说形形色色。事实上，除了具有奴隶身份这一共同点之外，要将护送厄琉希尼翁神庙石块的奴隶与工地上负责编制账目的奴隶整合起来几乎不能。那些工作所需的专业化程度与专业技能——从而还有购得他们的价格——至少会千差万别。城邦制币作坊里的奴隶并没掌握像 dokimastês 那样令人觊觎的稀有能力，而后者负责的是查验城邦流通货币的真假。① 同样，某些公共奴隶因为经公民大会投票而选定他们从事这样那样的工作，故而为雅典人所熟知，但那些清扫马路或将石块运往工地的奴隶却只能湮没无闻。因而，共同的奴隶身份也就掩盖了大相径庭的状况。

获 取 奴 隶

那我们是否可以估算出城邦中 dêmosioi 的数目呢？这么做其实很危险，因为我们只掌握了古典时代唯一一座城邦雅典的两份涉及数目的资料，而且同样都很不确切。一方面，我们知道西徐亚弓箭手指的是由数百名奴隶构成的军队，数目无疑应该介于 300 人到 1200 人之间。另一方面，公元前 4 世纪，色诺芬说城邦获取了数目极其庞大的奴隶，以便随后可以出租给个人使用。② 照色诺芬的说法，这个可以使公共财富增收的项目需要城邦拥有的 dêmosioi 比公民多三倍，当时就等于要获取 9 万至 10 万之多的公共奴隶。这个从未执行过的项目毫无疑问得到了公元前 4 世

---

① 参阅第四章。
② 色诺芬，《方式与手段》（Poroi），17。

纪上半叶一位雅典统帅的响应，此人名为狄奥方托斯，他希望所有的公共事务都委派给 dêmosioi 去从事。[①] 一份并不完整的资料只提及有一批 dêmosioi，另一份资料则作了粗略的估算，依据的是一项从未实行过的政治规划，这位史学家面对这两份资料，只能给出一个极为模糊的数字：在古典时代的雅典，大约有 1000 到 2000 名公共奴隶为城邦服务。

雅典的状况是否也能代表希腊世界的其他城邦呢？我们永远也不会知道。不过，亚里士多德有两段文字提到在某些城邦，dêmosioi 的比例要远高于雅典。在埃披达米诺斯和卡尔奇底开，所有受雇从事公共事务的人都是公共奴隶，在卡尔奇底开，立法者法里亚斯规定所有匠人都拥有城邦奴隶的身份。[②] 但这两个说法尚未得到其他任何文献资料的佐证，故而仍旧存疑。现在仍然无法排除亚里士多德在说到埃披达米诺斯的时候，指的是希洛人类型的奴隶制，这与雅典建基于商品奴隶的奴隶类型截然不同。

相反，在关于获取 dêmosioi 方面，铭文和文学作品倒是都说得很明白。城邦获得大多数奴隶，一方面通过在市场上购入，一方面通过有钱人的捐赠。而且，某些 dêmosioi 会有孩子，奴隶群体便很有可能因添丁而更换血液。[③] 德谟斯提尼的一则演讲还提到有的因债务方欠下公共债务而被籍没的奴隶也成了城邦的财产。但这种获取方式仍然是个例外，城邦最常做的还是将奴隶

---

① 亚里士多德，《政治学》，1267b。

② 亚里士多德，《政治学》，1267b。此外，很有可能，关于法里亚斯的这则轶事也再次说明在僭主的统治之下，整个政治共同体都会成为奴隶。

③ 在公元前 1 世纪初罗得岛的一处铭文上，一个名叫 Sôklês 的人就被视为 eggênês dêmosios（ASAtene 22, 1939/1940, p. 168, 21, face B, col. I, 1. 29）。而其他出现在这份认购名单上的 dêmosioi 都会提到出生在哪个城邦（一般都是罗得岛），但 Sôklês 这儿却根本没有提到，我们认为他应该也出生于罗得岛。

转卖出去[①]：就像奥斯卡·雅各布所说,在雅典,肯定有一种经过周密考虑基于恐惧的政策,担心这些奴隶曾经有主人,在城邦里无疑又有千丝万缕的关系,今后不会端正心态,为城邦的利益工作。[②] 不管怎么说,只要出现一个实例就行,尤其是关于罗马共和国公共奴隶(servi publici)方面的情况,就更是如此了,但我们并没有任何公民的证明文字说明因受惩罚而变为 dêmosios。[③] 同样,因与城邦打仗而成为战俘,也不会被整合入公共奴隶的行列。[④]

因此,绝大多数铭文在提及获取公共奴隶时,都明确说明城邦会从市场上购买今后的仆人。比如,公元前 375/前 374 年,尼科丰颁布的关于货币流通的法律是这么说的:"为了在比雷埃夫斯港

---

① 德谟斯提尼,18(《驳尼科斯忒拉托斯》[*Contre Nicostratos*]),22—24 与 27。照诉讼人的这番说辞,对方拥有的应被城邦籍没的奴隶会成为 dêmosioi,从而也就回答了这个问题。但辩护词在这儿并未提到籍没奴隶的法令,也未明确这些奴隶在服务城邦中将起什么作用。公元前 5 世纪末,Hermocopides 的石碑明确无误地说了这样一个事实,即这些奴隶通常都会被转卖出去。套用诉讼用语的话,在帝国时代的吉布拉,107 名奴隶都会成为城邦的财产,那种做法与上面那种做法是否又有不同呢(I. von Kybira 41,1.5—6)? 很有可能,事实上就像 J. Nollé 所说(《各类碑铭汇编》[*Epigraphica varia*], ZPE 48,1982, p. 267—273),在这种情况下,这样的奴隶之前应该都是公共奴隶,后则被某个公民独占。最后,我们还要注意,在公元前 2 世纪的帕加马,尽管王室奴隶(basilikoi)是王室通过籍没而来,却丝毫没有表明 dêmosioi 也会是这种情况:OGIS 338,1. 20—26:"在长居的外国人(paroikoi)中间,有获得自由身份的奴隶的孩子和成年及幼年的王室奴隶(basilikoi),同样,也有妇女,但那些在费拉德尔甫斯和菲洛美托尔国王治下购入的奴隶除外,也不包含那些本属私有财产、后成为王室财产者(ek tôn ousiôn tôn gegenêmenôn basilikôn)以及公共奴隶(dêmosioi)。"

② O. Jacob,《雅典的公共奴隶》,前揭,p. 10—11。

③ 关于公共服务(servi publici),参阅 W. Eder,《公共服务:罗马公共奴隶的兴起、发展与功能之研究》(*Servitus Publica. Untersuchungen zur Entstehung, Entwicklung und Funktion der öffentlichen Sklaverei in Rom*), Wiesbaden, F. Steiner, 1980, p. 6—33。

④ 参阅 L. Halkin,《罗马人中间的公共奴隶》(*Les Esclaves Publiques chez les Romains*), Bruxelles, Société belge de librairie, 1897, p. 16—18。

为 nauklêroi[船东]、emporoi[商人]和其他所有人设立 1 名查验
员,若公共奴隶中有这样的人,议事会便指派其担任此职,[……]
也可去购买 1 名。"①公元前 3 世纪中叶,德洛斯人购买了一名奴
隶,让他在城邦的体育场内干活。② 文学作品也证明购买奴隶的
盛行程度。埃斯基涅斯清楚无误地指出公元前 5 世纪初的西徐亚
弓箭手都是城邦买来的,③而色诺芬认为如果需要一支奴隶组成
的军队,除此方法之外便无他途了。④ 完全可以想象存在相对专
业化的奴隶市场,市场上可以按照各项工作的明确需求向城邦提
供奴隶。而且,亚里士多德在《政治学》中也在城邦的富有程度与
公共奴隶的发展程度之间挂了钩:"某些不重要的'职能',而且又
是盛世(an euporôrosi),就可让奴隶从事这些工作。"⑤从这方面
看,公元前 5 世纪,雅典公共奴隶的发展与城邦的繁荣及其帝国主
义的扩张政策密不可分。

　　但在奴隶的获取途径中,异邦施主有钱有势,慷慨捐赠也是常
有的事。这种捐赠有两种不同的形式。施主会向城邦捐赠奴隶,
如公元前 2 世纪比提尼亚的尼科美德或帕加马的欧迈尼斯向德尔
斐城邦捐赠奴隶一事。⑥ 但将自己家产所获的收益捐于城邦,供
其购买奴隶,也是一种同样通行的方式。公元前 2 世纪中叶,在创
建库迈城邦期间,阿基佩用自己所获的进项定期购买公共奴隶来
充实这座小亚细亚的小城邦:

---

① Rhodes/Osborne,n°25,1.36—40.
② ID 290,1.113.
③ 参阅埃斯基涅斯,2(《论使团》),173,也有没这么直白的,安多基德斯,3(《论与拉
　凯代蒙人缔结和约》),7.
④ 色诺芬,《方式与手段》,18。
⑤ 亚里士多德,《政治学》,1299a。
⑥ 参阅上文。

等到阿基佩的继承人支付了这笔费用，而该笔费用一旦贷出，其利息就可用来获取奴隶（katagorasmon tôn sômatôn）及维持议事会的运转，公民大会将使该项法令生效，该法令由各统帅及公民大会成员提议，他们负责管理遗赠与有息贷款，每年任命监工（epistatês），维持议事会的运转，获取奴隶及负责他们的餐饮、服装及支付其薪水；条款同样规定若购来的奴隶生了病，当职的监工就应另购奴隶，俾使在岗人员最少不得低于 4 人。①

但将属于私产的奴隶转让给城邦这种做法与严格的无私捐赠的逻辑并不见得合拍。在公元 1 世纪的特洛斯小城邦，负责档案管理的 dêmosios 就由某个叫帕塔拉的阿波罗尼奥斯的人"提供"给城邦，他从国库那儿收到了 300 个德拉克马的报酬。②

一旦被城邦获取，dêmosioi 无疑就会被公民当局登记在册，他们的名字也就会被列在名录里，供官员查阅。有了登记簿册，公民就能选择合适的奴隶来履行委派给他们的各项工作。因为古典时代与希腊化时代的好几处雅典铭文说得很明确，在公民大会上或议事会的会议上，通过举手表决来指定 dêmosioi 完成这样那样的职能。这个事实并非无关紧要：它证明某些 dêmosioi 的能力获得了公民共同体全体人士明确无误的认可与赏识。③

---

① SEG 33,1039,1.68—77。参阅 I. Savalli-Lestrade，"施主库迈的阿基佩"（Archippè de Kymè la bienfaiteur），见 N. Loraux（主编），《女性的希腊》（La Grèce au féminin），Paris，Belles Lettres，2003，p. 415—432。有一个相似的例子，阿塔莱亚有个不知名的施主写下遗嘱，遗赠奴隶，这无疑应该是帝国时代的事情：SEG 17，588，1.3—4。

② SEG 33,1177,1.19—23.

③ 公元前 4 世纪的 Euclès 与 Telophilos：IE 159,1.60—61；IE 177,1.12 与 1.205；公元前 3 世纪的 Démétrios：IG II² 839,1.52—53。公元前 2 世纪末，议事会议员举手表决选定 Sôpatros 负责为委员会在雅典卫城将部分祭品进行重新熔铸（IG II² 840,1.35）。

古典时代城邦的"公共服务"？

确保由专业人士而非官员来管控公民共同体，取代公民来执行得罪人的工作，为大型工地提供必不可少的劳动力大军；这些理由都能解释城邦为何要让奴隶从事这些服务性工作。有些职务事实上赋予一部分 dêmosioi 高于公民共同体成员的权力。不过，就像小苏格拉底所说，他们的职能并不属于 archê 的领域。Dêmosioi 并非官员，他们的工作也被视为与政治场域没有关系。

当然，公共奴隶能得到报酬，数目与古典时代官员领取的薪水颇为相似。[1] Dêmosioi 与官员的区别其实在别处。因为城邦的官员每年都要更换，按照不能重复任职的原则，对所有通过抽签任命的官员来说，任何一位公民均不得连续两年担任官职。相反，由于专业能力之故，dêmosioi 却经常在同一个工作岗位上一干就是好几年。在公元前 4 世纪的雅典，奥普希戈诺斯在城邦的军械库工作，先后听命于两个官员，同样，公元前 2 世纪，欧图基德斯在德洛斯的神庙里也连续工作了三年。在帝国时代的阿科摩尼亚，某个名叫赫尔墨吉尼斯的人负责统计公民大会的选票，在这一工作岗位上竟连续工作了十七年！还必须补充的是他们的职务并非集体负责制。从绝大多数铭文可以看出，dêmosioi 经常都是一个人负责一个岗位。即便由好几名公共奴隶一起负责一项共同的工作，

---

[1]　可参阅 IE 177，1.4—5，以及 IE 159，1.60。参阅 W. T. Loomis 的评论，《古典时代雅典的工资、福利与通货膨胀》(*Wages，welfare costs and inflation in classical Athens*)，Ann Arbor，University of Michigan Press，1998，P. 11—12。约公元前449—前447年的厄琉息斯的监工每天的报酬是 4 个奥波尔（1 个奥波尔合 1/6 个德拉克马。——译注）。公元前 5 世纪中叶，misthos dikastikos 每天肯定能得到 2 个奥波尔；从公元前 424 年起到公元前 322 年，薪水提高到了 3 个奥波尔。

也并不能认为他们采取的是共同负责制的形式,成员均需独自负责。最后,所有迹象都表明对官员的管控是城邦运转的核心所在,但这项工作并不会交给 dêmosioi 去做。

如果说公共奴隶的职能并不属于政治场域,那希腊人会怎么看待他们呢? 古典时代与希腊化时代的城邦是否明确指出"公职人员"的身份需要祭献何种祭物? 我们发现在柏拉图那里,有其自己的"服务"(hupêresia 或 hupêreteia)范式,这便与拥有指挥权,即 archê 的官员区别开来。① 在《政治学》第四卷中,亚里士多德统计了公民生活必需的各种职能,最后对官员(archê)得出了一个最为公允的定义;这位乌塔吉洛斯的哲学家将政治职能与经济职能以及通常属于奴隶领地的次要职能(hupêretikai)作了区分,然后明确无误地将 archai 领域的最后一个范畴区隔开来:"首先,必须认为所有赋予官员的职能都处于决断的领域内,商议权、决策权与下命令的权力,尤其是最后一项权力,也就是下命令的权力,正是领导者的标志。"②因此,与属于 archê 的指挥领域相对,公共奴隶工作领域的特征就显得不那么正面了。

但柏拉图或亚里士多德说的那些话与雅典民主制的观念体系并不等同。我们先不去管古典时代的政治哲学,而来看一下雅典公民所用的修辞,比如公民大会投票通过的那些政令,就能让人看明白这一点。特别是有一个表述说得相当清楚。公元前 2 世纪末,雅典的一条政令规定负责管理砝码与量尺的 dêmosioi 必须将前任所获物品的清册复制一份,存放到公民档案里,再把清册交给下一任。若没做到这一点,"他们在 eleutheria leitourg-

---

① 参阅 C. Castoriadis 的评论,《城邦与法律:希腊的形成,2。研讨班(1983—1984 年)》(*La Cité et les lois. Ce qui fait la Grèce*, 2. *Séminaire*[*1983—1984*]),Paris,Seuil,2008,p. 55—56。

② 亚里士多德,《政治学》,1299a。

ia 期间就不会获取任何薪水"。① 从字面意义上看,eleutheria lei-tourgia 这个表述意指"自由服务",但令人难以理解。不管怎么说,它与公民政令中远为通行的表述 politikê leitourgia 有别,后者的意思是"服务于城邦",用来指为同胞服务的公立医师或某个大官的作为。就这个传统的表达来看,eleutheria leitourgia 指一种略有不同的现实情况,有些人肯定会将它翻译成"公共服务"。② 但译者的问题出在这儿:如果 eleutheria leitourgia 就是指城邦内的"公共服务",那也是用公共领域和自由领域等价替换得来的。

从此以后,这个表述就能让人隐约看见出现了一种极其特殊的考古学,在古代的城邦里,它将公民的身份,尤其是自由人的身份与公共领域关联起来,所以这点并不是无足轻重的小事。扬·托马斯(Yan Thomas)洋洋洒洒地阐释了作为古希腊和古罗马城邦基础的这层关系。对希腊人而言,自由并非与生俱来的现象,有了它,权利就能得到保障。照古代的城邦世界看,我们的自然主义自由观实在是怪异,我们认为个体的这种权利内嵌于世界的自然秩序之中,要早于政治共同体的形成。"人生而自由,却无往不在枷锁之中":卢梭《社会契约论》第一章的这句有名的开场白,苏格拉底或西塞罗的同时代人根本无法理解。恰恰相反,公民自由被视为是城邦存在本身的产物,是全体机构与公民生活建构性的实

---

① 这个表述是经过重构之后的结果,现在不会再有任何疑问了,毕竟同一个铭文两个版本之间的关系如今已经厘清了:事实上,*IG* II² 1013,1.53—54 只有以 *SEG* 24,147,1.5 为基础,才能得到重构,这是 B. Meritt 的观点,"希腊铭文"(Greek Inscriptions),Hesperia,7,n°27,1938,p. 77—160。

② 特请参阅 M. Austin 建议的译文,《从亚历山大到罗马政府时期的希腊化世界:古代文献翻译选编》(*Hellenistic World from Alexander to the Roman Conquest. A Selection of Ancient Sources in Translation*),Cambridge,Cambridge University Press,2006 [1981],P. 240。

践行为导致的结果。用法律术语来说,公民自由被认为是公共事务,城邦无人可以霸占之:就像不得将公共财产或神庙财产占为己有一样,公民就算将自己卖给了第三方,也无法剥夺其自由。西塞罗写道,"存在着具有公共利益的事务,我们称之为公共事务"①,而这就是整个城邦的基础。这些具有公共利益的事务就是指所有的公共场所和公共财产,对它们的运用便规定了公民群体的身份。换言之,与公民身份紧密相连的首先是对公共事务的共同运用,而非个体与生俱来的品质,城邦的法律有责任保护它。从这层意义看,扬·托马斯便赋予这个原则意料之外的、极为丰富的当代视野。他写道,"公民身份与某些集体服务,也就是我们如今所谓的公共服务,无法分隔开来,但我们看得很清楚,它们在一开始就以此对城邦做出了限定,使之永远无法还原成原来的状态"②。如果国民与自由等同,那公民群体最终也就成了对共同事务拥有权利的群体。

但这个表述在将公共奴隶的工作与"自由服务"同等对待的时候,也以一种笔误的形式指出这种状况的独特性:因为它将居于"希腊奇迹"核心地位的悖论作了浓缩处理,而这个悖论就是指要体验政治自由的特性就必须取决于奴隶的工作。没有公共事务,公民身份便不可想象,若要使公共事务得以出现,就必须有奴隶。这个简单的事实便将 dêmosioi 置于一个吊诡的境地,即将第三方排除在外,就能确保公民秩序。他们查验流通的货币,确保城邦的秩序,管控官员打仗时的开支,或在 Metrôon 核实公民的档案,这些为城邦服务的奴隶就成了共同自由的保管人。

---

① 西塞罗,《为塞斯提乌斯辩护》(Pro Sestio),91。

② Y. Thomas,"罗马法中无法自由支配的自由"(L'indisponibilité de la liberté en droit romain),《假设》(Hypotheses),2006,p. 379—389,p. 387。

＊　＊　＊

若想评估公共奴隶在古典城邦的特殊性，显然就必须根据其他奴隶体制中公共奴隶或王室奴隶的工作，对委派给他们的所有工作进行研究。掌管公民档案，编制公共财产的清单，将官员的开支造册，这经常都是公共奴隶或王室奴隶权限范围之内的工作，公共文书也是。[1] 西徐亚弓箭手的治安职能在其他好几个奴隶制社会中也能找到，而且成了王室秩序的维护者。[2] Dêmosioi 对于城邦经济生活管理的参与，如收税、确保流通货币的成色或保护砝码与量尺等度量衡，从这个角度看，都已很普遍[3]，将奴隶派往工地

---

[1]　例证，见 Andalousie omeyyade：S. Kentaro，"倭马亚王朝时期安达卢斯的奴隶精英与斯拉夫奴隶"（Slave Elites and the Saqaliba in al-Andalus in the Umayyad period），见 T. Miura 与 J. E. Philips（主编），《中东与非洲的奴隶精英》（*Slave Elites in the Middle East and Africa*），Londres，Kegan Paul International，2000，p. 25—40，p. 36；19 世纪的索科托哈里发：S. Stilwell，《权力的悖论》，前揭，p. 181—182；关于突尼斯的高级官员：M. Oualdi，《奴隶与主人》，前揭，p. 163—166。

[2]　因此，关于雅丹加的王室俘虏，M. Izard，"古代雅丹加的王室俘虏"（Les captifs royaux dans l'ancien Yatenga），见 C. Meillassoux（主编），《前殖民时期的非洲奴隶制》，前揭，p. 281—296；中世纪时期的柬埔寨（15—19 世纪），K. Sok，"中世纪时期柬埔寨的奴隶制：法典、吴哥窟的现代铭文与王室编年史"（L'esclavage au Cambodge à l'époque moyenne à travers les codes，les inscriptions modernes d'Angkor et les chroniques royales），见 G. Condominas，《依附性的极端形式》，前揭，p. 315—341，p. 325。

[3]　例证：基歇玛雅国：R. M. Carmack，《乌塔兰的玛雅基歇人：危地马拉高地王国的演变》（*The Quiché Mayas of Utatlàn. The Evolution of a highland Guatemala Kingdom*），Norman，University of Oklahoma Presses，1981，p. 516；19 世纪约鲁巴王国：T. Falola，"伊巴丹奴隶之间的权力关系与社会互动，1850—1900 年"（Power Relations and Social Interaction among Ibadan Slaves，1850—1900），《非洲经济史》（*African Economic History*），16，1987，p. 95—114；萨法维时期的伊朗：S. Babaie et alii（主编），《国王的奴隶：萨法维时期伊朗的新式精英》（*Slaves of the Shah. New Elites of Savafid Iran*），Londres，I. B. Tauris，2004，p. 49—79；突尼斯高级官员的奴隶：M. Oualdi，《奴隶与主人》，前揭，p. 184—189。

或派去维护公共建筑也同样如此。①

　　保留给王室奴隶的所有那些宫廷职务有时讲究得令人难以置信②,这点与受雇于城邦大型机构的奴隶从事的所有那些工作截然不同,后者履行的只是日常职能而已。此外,dêmosioi 不种田这倒是一个颇为独特的特征,可以解释为城邦本身并不直接从事公共土地或神庙土地的开发。尤其是,公共奴隶的军事特征在伊斯兰世界相当普遍③,可在古典城邦的世界里却闻所未闻,后者认为保卫城邦(polis)确为要务,这种义务均由公民来完成。

　　但就算把委派给 dêmosioi 的职权范围全部罗列出来,也丝毫无法说明他们在城邦里享有的真实权力。首先,这取决于他们的职能在社会内部各项权力的总体组织架构中嵌入多深。很显然,成为公民共同体的仆从与成为君主个人的仆从截然不同。为整体的公民共同体服务,服从官员的权威,希腊城邦的 dêmosioi 拥有的自主性并不多,而经常赋予王室奴隶的那种自主性是君王意志的直接体现,所以后者的自主性会更多。专制权力的扶持可将奴

---

① 15 与 16 世纪的马六甲,参阅 P. -Y. Manguin,"马六甲的人力与劳力范畴"(Manpower and Labour categories in Malacca),见 A. Reid(主编),《东南亚奴隶制、束缚与依附性》,前揭,p. 209—215,p. 210。

② 例证,参阅 C. Perrot,"恩杰涅的安义王国的俘虏"(Les captifs dans le royaume anyi du Ndényé),与 E. Terray,"吉亚曼的阿布隆王国的俘虏"(La captivité dans le royaume abron du Gyaman),见 C. Meillassoux(主编),《前殖民时期非洲的奴隶制》,前揭,分别见 p. 351—388 与 p. 389—453,或完全不同的背景,M. Oualdi,《奴隶与主人》,前揭,p. 172—175。

③ 综合文论,参阅 D. Pipes,《奴隶士兵与伊斯兰:军事体制的诞生》(*Slave Soldiers and Islam. The Genesis of a Military System*),New Haven,Yale University Press,1981。关于王室奴隶与公共奴隶军事特征方面伊斯兰世界的独特属性,可特别参阅 J. E. Philipps 的评论,"索科托哈里发国的奴隶官员"(Slave officials in the Sokoto Caliphate),见 T. Miura 与 J. E. Philipps(主编),《中东与非洲的奴隶精英》(*Slave Elite in the Middle East and Africa*),Londres,Kegan Paul International,2000,p. 215—234。但这种现象显然并非伊斯兰独有:例证,参阅塞内冈比亚王国内奴隶-战士 tyeddo 的职能(P. Lovejoy,《奴隶制的演变》,前揭,p. 73)。

隶提升至与由自由人构成的整个社会平起平坐的地位,公共奴隶则无法利用这样的扶持。尤其是这样的职能并不会使之拥有实际的权利,除非能使之具体享有所有法律规定的特权,从而使得公共奴隶不仅可成为君主意志的代理方,也可成为共同体的代理方,这样才有可能使他们在社会中主张自身的利益。那古典时代与希腊化时代的城邦究竟是怎么一回事呢?

第三章　异邦奴隶

每个奴隶主都会拿到三张免费的印刷纸，上写他们的**姓**和**名**，出生地与出生日期，职业[……]；他们所拥有的奴隶的**姓**、性别、年龄和确认其身份的特殊标记；[……]同姓的黑人需用编号或**绰号**来加以区分。

瓜德罗普岛设立奴隶登记制度的法令，1839 年 6 月 11 日

16 世纪初，阿方索·德·阿尔布克尔克在远征途中夺取了马六甲，葡萄牙征服者惊讶地发现马来君主的奴隶，即 hamba Raja（"国王的奴隶"）竟然享有极高的特权："所有人都享有自由，可以抚养孩子，享有自己的财产；只有受到征召的时候，才会去干活"，探险家若昂·德·巴罗斯如此说道。葡萄牙的文献资料证明这些奴隶享有特权。相比所有私奴，侵犯他们的人身会受到远为严厉的惩罚，而且法律规定他们的价格要比其他所有奴隶价格的总和高七倍。这些外国仆从似乎从来就没受过什么奴役，为了确定他们的身份，殖民地当局匆忙之中费尽心思地造出了一个词 aliberdados，即"准自由人"。而且，征服之后不久，葡萄牙王室立马就将这些奴隶收归王室所用，但颁布敕令，确保他们会"受到公正对待，

像以前那样享有自由，除了他们在马六甲国王当政时期所做的那些工作之外，不会再让他们做其他工作"①。从现代人的角度看，征服者有个麻烦，即"王室奴隶"的地位有个令人困扰的特点。横跨大西洋的奴隶贩运日复一日地将越来越多的人运往新世界，那对于纯粹依附于君王的这些奴隶拥有财产、合法养育后代的做法，他们到底该怎么看呢？

　　在描述王室奴隶的身份时，并非只有探险者和传教士不知所措。雅丹加王国是莫西人建的其中一个王国，也就是现在的布基纳法索，18 至 19 世纪，雅丹加王国的"王室俘虏"约占人口的10％。他们都被称为"宾戈人（bingo）"②，主要担负几种对王国的生活必不可少的职能。除了在宫廷里当差、保护王室圣物之外，他们还会征收商品税，负责治安，维护王权。米歇尔·伊扎尔（Michel Izard）专门研究这个领域，他在一项专门研究中将"王室俘虏"视为奴隶的说法持保留意见。因为"宾戈人"可支配自己的人身，可以"结婚、种田"③。他们没人可被卖来卖去，而且他们的身份根本不会让人觉得他们"缺乏法律人格，得经由诉讼获得解放"④。但有了这些差异，是否就可以否认这些王室俘虏具有奴隶的身份呢？对此，我们表示怀疑。米歇尔·伊扎尔本人认为这些"既无历史亦无土地的"俘虏，其宿命就是社会性死亡。被俘后，他

---

① 参阅 L. F. Thomaz，"葡萄牙文献所示的公元前 16 世纪马六甲的奴隶制"（L'esclavage à Malacca au XVIᵉ siècle d'après les sources portugaises），见 G. Condominas（主编），《依附性的极端形式》，前揭，p. 357—386，P. 365—366，与 V. Matheson 与 M. B. Hooker，"马来文献中的奴隶制：依附与补偿的类别"（Slavery in the Malay Texts：Categories of Dependency and Compensation），见 A. Redi（主编），《奴隶制、束缚与依附性》，前揭，p. 182—207，p. 184 与 p. 196。
② 动词 bingi 的意思是"聚集、重聚、放到一边"（M. Izard，"古代雅丹加的王室俘虏"，前揭，p. 282）。
③ 同上，p. 281。
④ 同上，p. 294。

们在人世间的存在也就"离死"不远了，国王只要有这个意愿，就能彻底变换他们的人格、身份和名字，剃光头就是这样的象征。① 研究了陪葬习俗之后，阿兰·特斯塔（Alain Testart）则建议将"宾戈人"的事例纳入王室奴隶的范畴。②

自由人和奴隶泾渭分明，必须让这些王室仆从选边站，赋予他们明确的身份，可人类学家和征服者在这上面同样束手无策。我们对奴隶制自发的认识其实和新世界殖民地社会的形象一脉相承，所以想不通某些仆从身为奴隶，又怎会拥有权力，享有特权。但许多非洲学学者和研究东南亚的学者的著作却表明服务于君主的奴隶拥有的特异性经常会受到法律的认可。③ 从家奴的角度看，"王室奴隶"或"国有奴隶"获得特权地位似乎就是一个基本不变的方针。

奴隶的肉身

希腊城邦的公共奴隶是否也如此呢？城邦的法令规定 dêmosioi 在没有完成工作的时候应受刑罚，但对这些法令进行快

---

① 同上，p. 289。

② A. Testart，《自愿为奴》，卷 2，《国家的起源》，前揭，p. 48—49 与 p. 75。

③ 关于前殖民时期奴隶制的人类学研究，参阅 C. Meillassou（主编）的大部分论述，《前殖民时期非洲的奴隶制》，前揭，与 G. Condaominas（主编），《依附性的极端形式》，前揭。近来，关于 19 世纪印度北部的苏丹国或索科托苏丹哈里发国各异的背景，参阅 S. Kamar，"德里苏丹国的服务、身份与军事奴隶制：13 与 14 世纪"（Service, Status, and Military Slavery in the Delhi Sultanate: Thirteenth and Fourteenth Centuries），见 I. Chatterjee 与 R. M. Eaton（主编），《奴隶制与东南亚历史》，前揭，p. 83—114，p. 102—107，与 S. Stilwell，《权力的悖论》，前揭。关于罗马共和国时期的公共服务（service public），参阅 J. Zlinsky 的评论，"公共奴隶的公有制例证"（Gemeineigentum am Beispiel der servi publici），见 T. Finkauer（主编），《罗马法中的奴隶制与奴隶的释放》（Sklaverei und Freilassung im römischen Recht），Berlin，Springer，2006，p. 317—326。

速解读的时候,却发现情况完全相反。在希腊城邦的世界中,首先法律规定奴隶是一具身体,即 sôma。在使奴隶成为自由人的时候,主人会解放奴隶,将他献给神祇,所以在这一点上,没什么能比那些解放奴隶的文件更有说服力。公元前 2 世纪,在德尔斐的阿波罗神庙里,可以参看一些经过广泛证实的文献,"卡利克拉忒斯,卡利努斯之子,普拉霍,克列奥美奈斯之女,两人均为埃里奈奥斯人,献给比提亚的阿波罗一具男性身体,待从他这儿征收由敌人预收的赎金之后,便给此人起名安提奥科斯(sôma andrein ôi onoma Antiochos),且准予其自由"①。经由身体、性别与姓名的分离,便否弃了奴隶身份:给无个性的身体-商品添加姓名,纯粹的人造之物或幻影不可能具有法律上的存在。

作为完全缺乏法律身份的简单的身体,奴隶无法在公民逻各斯的圣地之中占有一席之地,只会受尽折磨,而圣地就是法庭,就是证人。雅典一则法律上的著名格言是这么说的:"您是否想就此寻找奴隶与自由人之间的差别呢?您会发现,主要差别如下:奴隶用身体为他所犯的所有错误负责,而自由人即便受尽磨难,也永远会想尽办法保全自己的人格。"②这则格言是要从本体论上将奴隶的身体与公民的身体区隔开来:奴隶的身体-商品与公民不可侵犯的,尤其是不可剥夺的身体相对立,从梭伦以来,雅典的立法便严令禁止公民自售为奴。

公民犯下轻罪,只需缴纳罚金,奴隶则会遭受鞭刑,城邦的大部分法律就是这样来同等量刑的。公元前 1 世纪,在伯罗奔尼撒的安达尼亚,若奴隶在圣林里砍伐树木,就会由 hieroi 对其施行鞭

---

① L. Darmezin,《希腊化时代比奥提亚因献祭而获得解放的奴隶》(*Les Affranchissements par consécration en Béotie et dans le monde hellénistique*),Nancy,De Boccard,1999,n°143。

② 德谟斯提尼,22(《驳安德罗提翁》),55。

刑,而犯下同样罪行的自由人则只会被课以罚金。① 历史往往会发生巧合,极具规律,1863 年,同样在奥康尼河里洗澡,佐治亚州的雅典镇对黑奴和年轻白人采取了两种不同的惩罚措施:白人只需缴纳十美元罚金,而奴隶就得遭受二十下鞭刑……②

法律上作了这样明确的划分,自由人的身体和奴隶的身体其实才是其中的关键,公共奴隶似乎并不享有任何特权。和城邦所有的 doulos 一样,dêmosioi 也必须用自己的身体为工作中所犯的错误负责。因为法令说得很清楚:dêmosioi 若不尊重法令的各项规定,就会对其施行鞭刑。③ 公元前 375/前 374 年的雅典法律明确规定了担任货币"查验员"的公共奴隶的权限,比如:"若查验员未完成工作或未依照法律查验,则国民征税员(syllogeis tou dêmou)可对其施行五十下鞭刑。"公元前 2 世纪末,根据负责保管城邦的砝码与量尺的 dêmosioi 所犯错误的严重程度,五百人议事会议员和

---

① 参阅 N. Deshours 近期就此出版的著作,《安达尼亚的秘密:碑铭学与宗教史研究》(*Les Mystères d'Andania. Étude d'épigraphie et d'histoire religieuse*),Bordeaux,Ausonius,2006,1. 79—80。也可参阅公元前 4 世纪末阿提卡埃里塔塞奥斯的阿波罗神庙里的规章(*IG* II2 1362,1. 7—13),公元前 3 世纪刻奥斯的波埃萨神庙里的规章(*IG* XII,5,569,1. 5—8)或帕加马的市镇监督法(M. -C. Hellmann,《希腊建筑铭文译文与评注》[*Choix d'inscriptions architecturales grecques traduites et commentées*],Lyon,Maison de l'Orien méditerranéen,1999,2,1. 188—196)。

② E. Merton Coulter,"佐治亚州雅典的奴隶制与自由,1860—1866 年"(Slavery and Freedom in Athens,Georgia,1860—1866)《佐治亚历史季刊》(*The Georgia Historical Quarterly*),49,1965,p. 264—293,p. 276。

③ 参阅 Rhodes/Osborne,n°25,1. 30—32。关于对公民所课的罚金和惩罚奴隶所施的鞭刑之间具有相似性,例证可参阅 CID IV,1. 127。关于惩罚奴隶所施的鞭刑,参阅 M. -M. Mactoux,"奴隶、鞭刑、仪式"(Esclaves,fouet,rituel),见 L. Bodiou、V. Mehl、J. Oulhen、F. Prost 与 J. Wilgaux(主编),《古希腊的途中:神话、崇拜与社会:纪念皮埃尔·布吕勒的合集》(*Chemin faisant : mythes, cultes et société en Grèce ancienne. Mélanges en l'honneur de Pierre Brulé*),PUR,2009,p. 59—70;G. Glotz,"希腊的奴隶与鞭刑"(Les esclaves et la peine de fouet en Grèce),*CRAI*,1908,p. 571—587。

统帅均可酌情对其实施鞭刑。① 同样,德谟斯提尼有一篇演讲也明白无误地证明公共奴隶会受雅典法庭的惩罚。② 法律制度明确对自由人与奴隶区别对待,dêmosioi 与其他奴隶没什么两样。

享有特权的奴隶

不过,公共奴隶也享有一些颇为引人注目的特权,至少从古典时代奴隶-商品的理想形态来看是这样。③ 因为后者有三个特点。首先,由于在法律上只是少数群体,除非特殊情况,奴隶都不得介入诉讼进程:奴隶不得发起诉讼,尤其不得成为指控对象。其次,作为主人的财产,奴隶可以保留一些基本权利,这是雅典法律赋予财产主体的权利:主人可以使用或虐待奴隶,可以买卖奴隶,也可以赠送奴隶,但认为存在一种保护奴隶不受主人暴力侵犯的法律的看法,至今仍然只是一种假设。最后,奴隶被排除于作为雅典社会基础的亲缘血统关系之外:他们无法遗赠,也不可继承遗产,夫妻同居的形式一概不受法律承认,能否同居主要得看主人是否通情达理。

从这三个方面看,dêmosioi 的身份有好几个特点,但主要具有公共财产的性质。再三提及这些特性,让史学家们颇为尴尬,他们采取了两种不同的进路。有些人仅限于认为 dêmosioi 尽管是奴隶,但他们被"视同侨民",也就是异邦居民。④ 进行这样的对比,

---

① *IG* II² 1013, 1. 45—49。

② 德谟斯提尼,18(《驳尼科斯特拉托斯》),22—24。参阅 O. Jacob,《雅典的公共奴隶》,前揭,p. 156—157。

③ 参阅 M. I. Finley,《古代奴隶制与现代的意识形态》,前揭,p. 100。

④ L. Beauchet,《雅典共和国私权史》(*Histoire du droit privé de la république athénienne*),Paris,Chevalier-Marescq,1897,卷 2,p. 463。

是想使 dêmosioi 具有众所周知的法律地位,但从侨民身份的实质看,这样的对比并不可靠:公共奴隶根本不会受到身为公民的主人(prostatês)的保护,也无法在诉讼时代表并捍卫自身利益。此后,有些史学家就倾向于认为公共奴隶占据自由人与奴隶之间的中间地位。① 初看,这个观点无可辩驳,但从作为基础的雅典社会的结构图谱来看,这种观点却颇成问题。因为"中间地位"这一概念指的是从"上"往"下"连续不断的等级阶层的中间状态。可地位的有序等级原则却根本没法用来说明古典时代的社会机能。当然,再怎么不完整,我们仍然可以经常观察到不同公民群体之间等级划分中的种种要素,但帝国时代以前的希腊社会最常见的仍然是层状结构和法律上极其丰富的多元性,几乎没法把它们凑成一个完整有序的等级体。刚纵向细究了各种身份之后,研究古典时代与希腊化时代城邦的史学家仍然很难辨明何为同质结构,依据等级范畴,这种同质结构完全否弃各种法律地位的完整性。

关于这一点,我们可以同旧制度时期的社会相比较,史学家在用秩序或等级来描绘等级制社会时,旧制度时期对史学家的反思为其提供了充足的养分。② 现代社会是统揽式的,从这个方面看,它用等级制的思路,将社会视为一具身体,将所有的个人身份都纳入一个框架中;这就是法兰西王国时期的人头税原则,有些人认为

---

① 参阅 Hunter,"引言:雅典法律中的身份差异"(Introduction: status distinction in athenian laws),见 V. Hunter 与 J. Edmonson(主编),《古典时代雅典的法律与社会身份》(*Laws and Social Status in classical Athens*),Oxford,Oxford University Press,2000,p. 1—29,p. 12,与此观点相同的有 S. C. Todd,《雅典法律的形成》(*The Shape of Athenian Law*),Oxford,Clarendon Press,1993,p. 173。

② 关于秩序与等级之间的争论及其认识论上的僵局,参阅 N. Koposov,《论历史想象》(*De l'imagination historique*),Paris,EHESS,2009。

能从中辨认出旧制度时期的社会是"真正的等级制社会"①。相反，古典城邦世界的个人身份只是某个远景，围绕排除与接纳这样的逻辑建构起来：城邦里的奴隶、侨民和公民并不"构成社会"。在《尼各马可伦理学》中，亚里士多德认为主人及其奴隶并不分享对整个共同体(koinônia)而言必不可少的那种友情(philia)连结。② 宽泛言之，只有公民的身体轮廓都已勾勒出来的时候，政治空间才会成型：在这空间内部提出了一个问题，权力是由所有人分享，还是只是某些人的专利，于是公民共同体的构成又成了一个极其突出的问题。因此，柏拉图在规划理想社会的时候，涉及城邦不同的构成要素，它们功能互补，服务于被视为有机体的社会机体，却并未将奴隶包含在内。从这层意义上看，奴隶身份并不在于其低下的地位，从等级范畴来看的话，奴隶的地位要比雇工这种雅典最末一等的纳税级别还要低。这其实就是将奴隶彻底排除在外，使之成了绝对统治的产物。

Dêmosioi 的地位远非反常这么简单，后来它就对地位同质、各等级彼此交叠重合且由各个群体构成的传统社会表现形式提出了质疑，并揭示出古典时代与希腊化时代城邦崭新的社会图景。

拥有财产……与奴隶的奴隶

同一个人不可能既是财产，又是财产所有者，对因跨大西洋奴

---

① 　F. Bluche 与 J. -F. Solnon，《法国古代的真正等级制社会：第一次人头税(1695 年)》(La Véritable Hiérarchique sociale de l'ancienne France. Le tarif de la première capitation[1695])，Genève，Droz，1983。

② 　亚里士多德，《尼各马可伦理学》，VIII，1159b 与 1161a—b："如同匠人和其工具之间的关系，灵魂与身体、主人与奴隶之间的关系也是如此。我们使用它们的时候确实会尽心呵护之，但与无生命的物体不可能产生友情，也不会产生公平感，对马和牛也同样如此，奴隶只是奴隶，所以对奴隶也是同样情况，因为奴隶与其使用者并无共同之处。奴隶其实就是有生命的工具，而工具，就是无灵魂的奴隶。"

隶贸易而形成的拥护奴隶制的社会而言,这成了他们的一个原则。1685 年颁布的《黑奴法令》第二十八条规定"凡主人有的,奴隶不得拥有",之后又明确声称"任何通过贸易或他人赠与的奴隶,或由其他方式获得之奴隶,均成为其主人的绝对财产,奴隶之子及其父母、亲属,以及其他所有自由人或奴隶,无论生者之间,抑或因死亡之故,均不得继承财产"。这个条文相当明确地表明法令的这一条款涉及奴隶赎身费,按照罗马法的传统,赎身费具有使用收益,主人凭一己之愿,可暂时授予奴隶该用益权,也可单方面剥夺之。①

　　可是,古典时代与希腊化时代城邦的公共奴隶却拥有财产。在埃斯基涅斯的辩护词中,一个名叫皮塔拉科斯的 dêmosios 似乎就拥有一栋房子②;但诉讼者的说法太模糊,似可从中读出他拥有的是财产权,而非仅仅占有一栋房子这么简单。相反,说 dêmosios 拥有奴隶就让人很震惊了。这一说法出现在公元前 330—前 317 年/316 年的一篇鸿篇巨制却又是断简残篇的铭文中,铭文调查了在 dikê apostasiou 的诉讼中打赢官司的赎身奴隶的名单。与要求收回其人身扣押权的公民相反,这些赎身奴隶为巩固其自由人的身份,向雅典娜献上了一只价值 100 德拉克马的银杯。有关这一诉讼的确切章程,可谓众说纷纭。一些史学家认为这只不过是虚构的法律文本,事实上,这篇铭文很可能只是对公元前 340—前 330 年履行的赎身契约作了合法化处理,并没有得到公民法庭的认可。③ 这

---

① 参阅 J. -F. Niort,"奴隶:论 1685 年《黑奴法令》中的人类学与奴隶的法律地位" (Homo servilis. Essai sur l'anthropologie et le statut juridique de l'esclave dans le Code Noir de 1685),Droits,50,2010,p. 120—141,特别是 p. 140—141。

② 埃斯基涅斯,1(《驳提马库斯》[*Contre Timarque*]),59。

③ J. Vélissaropoulos-Karakostas,《从亚历山大到奥古都时期的希腊法律(公元前 323 年—公元 14 年)》(*Droit grec d'Alexandre à Auguste*[*323 av. J. -C. —14 apr. J. -C.*]),Athènes,Centre de recherches de l'Antiquité grecque et romaine,2011,卷 1,p. 369—378。

一诉讼无论真实也好，虚构也好，其实都没太大差别。因为该铭文说得很清楚，它调查的正是奴隶赎身的情况，"克拉忒亚，居住于基达特纳翁，他是〈…〉dêmosios 的赎身奴隶，敬献了一个重达 100 德拉克马的杯子"[①]。公元前 4 世纪下半叶，雅典的某 dêmosios 拥有一个名叫克拉忒亚的奴隶，可惜他的名字已经佚失。

从经济学的角度看，这个事实没什么好令人震惊的：dêmosioi 还是有那么一点积极性的，毕竟城邦也向他们支付报酬。真正令人震惊的是，从这一长串赎身奴隶的名录中，似乎根本无法区分 dêmosios 的财产与公民或侨民拥有的财产，后者在铭文里也提到了。照这么看，dêmosios 的权利毫无疑问要远大于所谓 chôris oikounteis 的那些奴隶，后者不住在主人的房子里。那些奴隶介入雅典的经济生活，他们的主人会让他们管理店铺，就像公元前 4 世纪雅典的香料商阿特诺多鲁斯所做的那样。[②] 他们拥有相对的自由，但根本不会达到拥有财产这样的法律权利，chôris oikounteis 承担的债务最终会计到主人头上，由于主人收取奴隶的收入，所以他也得负责与那些债权人打交道。[③]

1 世纪的以弗所也向我们提供了公共奴隶拥有奴隶的证明。

---

① 　*IG* II² 1570（＝E. Meyer，《侨民与雅典酒杯铭文：对雅典碑铭与法律的研究》[*Metics and the Athenian Phialai-Inscriptions. A Study in Athenian Epigraphy and Law*]，Stuttgart，F. Steiner，2010，n°20），1. 78—79。第二个例子以对 DHMO 这一缩略语的翻译为基础，IG II² 1566（＝E. Meyer，同上，n°16），1. 33。我坚持对该铭文作传统阐释，认为 dikê apostasiou 说的是赎身奴隶，而非侨民（驳 E. Meyer，同上；参阅 K. Vlassopoulos，照我看来，他的说法有说服力：*Bryn Mawr classical Review*，2011—2—48）。

② 　Hypéride，3（《驳阿特诺多鲁斯》[*Contre Athénogénès*]）。

③ 　关于阿特诺多鲁斯（Athénogénès），参阅 A. Dimopoulou，"雅典经济中奴隶的角色：对爱德华·科恩的答复"（Le rôle des esclaves dans l'économie athénienne: réponse à Edward Cohen），《希腊与古希腊法学史研究文集 23》（*Symposion 2011. Akten der Gesellschaft griechische und hellenistische Rechtsgeschichte 23*），Vienne，Verlag der Österreichischen Akademie der Wissenschaften，2012，p. 225—236。

44 年,罗马总督保卢斯·法比乌斯·佩西库斯下了一道敕令,宣称"我们认为 dêmosioi 以低价购入儿童,将之献于阿尔忒弥斯,他们自己的奴隶(douloi)即可因女神之所得而得到供养,此后他们便可供养自己的奴隶"①。因此,公共奴隶在获得年轻的奴隶之后,就把他们献给女神一段时间,后者之后便会回来侍奉自己的主人,这种做法相当普遍。公共奴隶由于可从女神的宝库里支取所需,因此也就减轻了供养奴隶的费用。②

至少,在希腊化时期的罗得岛,有一则墓志铭就讲到一个名叫埃皮戈诺斯的人,他先是公共奴隶,后成了侨民,两次负责出钱组织城邦的合唱队活动,这说明他有一大笔家产。很有可能,其中一部分财产应是埃皮戈诺斯还是服务城邦的奴隶时获得的。③ 1 世纪初,同样也是在罗得岛,5 名公共奴隶和侨民一道参加了公开认捐活动,尽管他们没有绝对的财产权,但仍然具有相对的财务自主性。④ 同样,希腊化时期与帝国时期之交,在伊奥尼亚的梅特罗波利斯,一个名叫菲利波斯的人贡献了一台 triclinium(用餐的沙发椅),用来布置体育馆。⑤

那该怎么理解公共奴隶也可拥有奴隶这件事呢? 这一现象并不像现代立法说的那么独特,所以必须驱散该现象表面上的不协调之处。人种史证明"有住所的奴隶",由于不住在主人的房子里,

---

① *IEphesos* Ia, 18c, 1. 18—22.

② 参阅 B. Dignas 的分析,《希腊化时期与罗马时期亚洲的圣地经济》(*Economy of the sacred in Hellenistic and Roman Asia*),Oxford, Oxford University Press, 2002, p. 153。

③ *IG* XII, 1, 383。参阅 D. Morelli 的评论,"罗得岛的外国人"(Gli Straniero in Rodi),*Studi Classici e Orientali*, 5, 1956, p. 126—190, 此处见 p. 137—138。

④ G. Pugliese Carratelli, "古代罗得岛社团史"(Per la storia delle associazioni in Rodi Antica), *ASAtene*, 22, 1939—1940, p. 168, 21, face A, col. III, 1. 3, 1. 19, 1. 25—26, face B, col. I, 1. 29, col. IIi, 1. 11。

⑤ *SEG* 49, 1522, 1. 20.

所以经常会拥有奴隶。① 但这一现象尤其和公共奴隶或王室奴隶有关。无论是 16 世纪马来亚的 hamba Raja，19 世纪卡诺埃米尔的奴仆，还是奥斯曼苏丹 devshirme 制度范围内的奴隶，王室奴隶拥有奴隶的例子相当丰富。②

　　罗马的决疑论长期以来思考的是财产拥有财产的法律性质。奴隶用自己的赎身费购入的奴隶是否最终仍然属于主人所有？罗马的法学家在这个问题上采取的是自相矛盾的立场，正如《民法大全》所说："小涅尔瓦说他们可以用奴隶的赎身费来占有且获得那些奴隶；但其他人反对这种看法，认为他们并不拥有这些奴隶。"③不过，这个问题在涉及由主人管束的私奴时，与涉及公共奴隶时所用的说法并不相同——令人惊讶的是，我们发现竟然有这样的立法，即专门授予公共奴隶转让财产的权利。因此，在帝国时代的罗马，乌尔比安认为 servi publici 可以通过遗嘱将自己的大部分赎

① 关于"有住所的奴隶"，参阅 C. meillassoux，《奴隶制的人类学》，前揭，p. 118—119，与 A. Testart，《奴隶、债务与权力》，前揭，p. 124—125。

② 几个分散的例子：19 世纪的约鲁巴王国：T. Falola，"伊巴丹奴隶的权力关系与社会交往，1850—1900 年"（Power Relations and Social Interactions among Ibadan Slaves, 1850—1900），*African Economic History*, 16, 1987, p. 95—114, p. 98—99；卡诺酋长国，它是 19 世纪索科托哈里发国的一部分：S. Tilwell，《权力的悖论》，前揭，p. 192；马六甲苏丹的 hamba Raja：L. Thomaz，"葡萄牙文献中 16 世纪的马六甲奴隶制"，前揭，P. 367；17 世纪末爪哇亚齐苏丹的奴隶：B. Milcent，"论爪哇的依附性概念：几条评论"（De la notion de dépendance à Java: quelques remarques），见 G. Condominas（主编），《依附性的极端形式》，前揭，p. 388—398，P. 390；奥斯曼帝国的 devshirme：D. Ze'evi，"我的奴隶，我的儿子，我的上帝：伊斯兰中东的奴隶制、家庭与国家"（My Slave, my Son, my Lord: Slavery, Family and State in the Islamic Middle East），见 T. Miura 与 J. E. Philips（主编），《中东与非洲的奴隶精英》（*Slave Elites in the Middle East and Africa*），Londres, Kegan Paul International, 2000, p. 71—79。关于突尼斯大公手下的马穆鲁克，也可参阅一些具有启发性的评论，M. Oualdi，《奴隶与主人》，前揭，书中认为"法学家眼中的奴隶，只限于起管理作用"，用来管理大公的财产，事实上，这种说法更像是"理论上的幻觉"（p. 185）。

③ Paul，《学说汇纂》（*Digeste*），41. 2, 1, 21。

身费转让出去。①

　　在古典时代与希腊化时代的城邦,似乎没有一个私奴可以绝对占有财产或奴隶。因此,这肯定是专属 dêmosioi 的特权,私人财产权的严苛条件并不适用于他们。由于城邦的法律缺乏这方面的明确规定,所以公共奴隶就易于成为自己的主人(despotês),dêmosioi 的财产权只能使用特定的措辞来表达,与私奴的财产权不可同日而语。

"血亲特权"?

　　尽管很难精确地加以辨别,但聚居在主人家里的那些奴隶家庭就算无法得到法庭所颁法律的认可,这种现象事实上在城邦里仍然存在。② 男奴与女奴的结合同为奴的父亲与他儿子之间的关系完全一样,都不具有任何法律价值。从这个角度看,有三个特征可以将 dêmosioi 的状况与绝大多数商品奴隶的状况区分开来,应该认为存在一种专属于他们的"血亲特权"③。

　　古典时代雅典所有公民的身份取决于三个具有关联性的要素:父亲起的名字,姓氏和通行语,它们都与城邦的行政区划相对应,以便登记成为公民身份。科拉基的克桑提普之子伯里克利是公元前 5

---

① 乌尔比安,*Reg.*,20,16。参阅 W. Eder 的评论,《公共奴隶》,前揭,p. 113—114。

② 参阅 W. Schmitz,"古希腊的奴隶家庭"(Sklavenfamilien im antiken Griechenland),见 H. Heinen(主编),《童奴与奴童:古希腊罗马与文化比较中好感与剥削间的命运》(*Kindersklaven-Sklavenkinder:Schicksale zwischen Zuneigung und Ausbeutung in der Antike und im interkulturellen Vergleich*),Stuttgart,F. Steiner,2012,p. 63—102,与 M. Golden,"奴隶制与希腊家庭"(Slavery and Greek Family),见《剑桥奴隶制世界史:古代地中海世界》(*The Cambridge World History of Slavery. The Ancient Mediterranean World*),Cambridge,Cambridge University Press,2011,p. 143。

③ 我们借用的是 M. I. Finley 的说法,《古代奴隶制与现代观念形态》,前揭,p. 98。

世纪这位伟大战略家的全名,克桑提普之子,为科拉基镇区公民身份登记表登记之名。大部分铭文通常在后两个要素中只提到一个(姓氏或通行语),碑铭学家传统上都认为只要提到姓氏,即便并不总是表明此人的公民身份,仍然说明那人是自由人。

但在希腊化时代的铭文中,某些 dêmosioi 的名字后面似乎跟的都是属格名。在公元前 2 世纪雅典的德洛斯,我们调查了名为戴达洛斯(Dédale/Daidalos)的人的财产,他是德米特里奥斯之子,担任岛上小神庙的财务总管。[①] 在公元前 1 世纪的雅典,某个名叫阿波罗尼奥斯之子阿波罗尼奥斯的人就出现在城邦的官员名录上。与所有先前出现的那些名字不同,这名 dêmosios 的名字后面并未跟着雅典公民身份的传统标志——通行语。[②] 可是,对奴隶来说,属格无法事先指出奴隶与其主人之间的财产关系。[③] 在这种情况下,属格与公共奴隶的名字相连,或许是指管辖 dêmosios 的某个官员。从公共角度看,姓氏表明奴隶与官员之间暂时具有的私属关系,后者对奴隶负有法律责任,就像主人对其私奴负有法律责任一样。不过,若没提到负有这个责任的官员的通行语或姓氏,这种假设就会变得不太可靠。属格事实上除了指称姓氏之外,没法指称其他事物。

奴隶的名字后跟姓氏:这个情况颇为怪异,好几个史学家都认为自希腊化时代起,部分 dêmosioi 已成为自由人,甚至公民。[④] Dêmosioi 一词本身此后也就指某个职能——服务城邦——而非奴役身份。在帝国时代,负责公共事务的公民似乎

---

① *ID* 1913.

② *IG* II² 1717 与 *IG* II² 1720。从这方面来看,这个人物不可以和 *IG* II² 1717 里提到的与之同名的阿泽尼亚镇区司令官相混淆。

③ 例证,参阅 *IG* II² 1951 中调查的那些奴隶。

④ 对此,可参阅 G. Cardinali,"铭文术语杂记:I. Dêmosioi",前揭,p. 161—162 与 L. Robert,*BE* 1981,558。

都能被称为 dêmosioi。① 不过,提及姓氏并不足以表明 dêmosioi 的公民身份,毕竟这与所有古代文献的说法相矛盾,那些古代文献一直都将 dêmosioi 的身份与奴隶身份关联起来。我们提到的这两种情况都具有说服力:德洛斯财务总管名叫戴达洛斯(Dédale/Daidalos),正如这个雅典 dêmosios 后面没跟通行语,可以表明这两个人肯定都是奴隶。所以必须认为使用姓氏也就等于承认具有本来用在公共奴隶身上的血亲关系。②

如果首先没法对两种 dêmosioi 之间的血亲关系进行区分,使人认为存在着服务于城邦的奴隶家族,那这个假设就没有丝毫价值。因此,公元前 221/前 220 年负责对阿斯克勒皮奥斯神庙编制财产清册的 dêmosios 德米特里奥斯,③肯定就是小德米特里奥斯(ho neoteros)的父亲,五年后小德米特里奥斯也在这座神庙里负责同样的事务。④ 此外,还必须指出在古典时代的兴盛时期,从某些论辩的上下文来看,有些公民就是公共奴隶的子嗣。⑤ 依据吕

① 关于帝国时代后跟姓氏的所有 dêmosioi,参阅 A. Weiss,《城邦的奴隶》,前揭,p. 82—83。许多情况事实上都很难加以辨明。唯一一个 dêmosioi 拥有公民身份的例子是菲拉德尔甫斯之子提奥菲洛斯,他是体育赛事官,曾在希拉波利斯为对皇帝表示敬意而组织过比赛(参阅 H. Pleket,“自由的 demosios”[A free demosios],*ZPE* 42,1981,p. 167—170,L. Robert,*BE* 1981,558,与 A. Weiss 的保留意见,《城邦的奴隶》,p. 169)。

② L. Beauchet,《雅典共和国私权史》,前揭,p. 464,该书也急于认为 dêmosioi 也能缔结具有法律效力的婚姻、生育孩子以便继承他们的财产。

③ *IG* II² 839,1. 52—53.

④ *IG* II² 1539,1. 10—11。帝国时代的斯巴达无疑也有相同的例子:*IG* V. 1,116,1. 16—17。

⑤ 对奴隶咒骂的通论,参阅 D. Kamen,“古典时代雅典的奴隶咒骂”(Servile invective in classical Athens),Scripta classical Israelica,27,2008,p. 43—56,与 K. Vlassopoulos,“古典时代雅典的奴隶制、自由与公民身份:超越法律途径”(Slavery, Freedom and Citizenship in classical Athens: beyond a legalistic approach),*European Historical Review*,16,3,2009,p. 347—364。不过,这两位作者也认为城邦各种身份之间具有渗透性和不确定性。

西阿斯的辩护词，公元前 410 至前 404 年以及之后的前 403 至前
399 年负责修订法律的名人尼科马库斯的父亲也是 dêmosios。这
由"他有这样的父亲，所以并不属于城邦"①清楚地表明，这位演说
家声称尼科马库斯在很晚的时候才被引入他所在的胞族。② 如果
这份答辩词（antigrapheus）所说的先祖为奴一事为真，则尼科马库
斯融入胞族，就等于是在法律层面上拥有了公民身份。但辩护词
并没有说清楚尼科马库斯的父亲是被城邦解放后，使儿子融入了
公共体，还是使儿子获得了公民身份，而自己仍然是 dêmosios。
不管说的是什么人物，我们必须注意到从奴隶身份到公民身份之
间并无过渡阶段这个相当例外的特点，它忽略了赎身奴隶这一中
间阶段的身份。③

　　尽管尼科马库斯的父亲拥有公共奴隶身份这一点毋庸置疑，
但公元前 5 世纪末雅典有名的"煽动家"希帕波鲁斯的情况就很难
确定了。阿里斯托芬的注疏里引用了雅典演说家安多基德斯演讲
稿的一个段落，文中声称希帕波鲁斯的父亲是个奴隶，在制币作坊
干活："唉，关于希帕波鲁斯，我实在羞于启齿：他的父亲身上烙有
火印，现在还在制币作坊（argurokopeion）里像公共奴隶那样干
活，而他本人，是个异邦人，又是个野蛮人，是个做灯的。"④这个指
控在整个喜剧传统中多有回响，大多取笑希帕波鲁斯是弗里吉亚

---

① 吕西阿斯，30《驳尼科马库斯》），29。

② 吕西阿斯，30《驳尼科马库斯》），2："尼科马库斯的父亲曾是公共奴隶，他自己
　 小时候也这么过来，他到底是在什么年纪被引入了所在的胞族，那就说来话长
　 了。"

③ 著名的福尔米奥、帕西翁和阿波罗多鲁斯因德谟斯提尼而知名，德谟斯提尼，36
　 《驳福尔米奥》），对此进行了很有意思的对比。福尔米奥其实原先是个奴隶，后
　 来赎身为奴，成了侨民，后又最终获得了公民身份。阿波罗多鲁斯则相反，是奴隶
　 的子嗣，而帕西翁也是后来成为侨民的。

④ 阿里斯托芬注疏，《黄蜂》，v. 1007。

人或叙利亚人。① 不过，希帕波鲁斯的佩里托代伊镇区的公民身份应该是确定的。但就喜剧传统来看，安多基德斯的话说得更明确，他并不像大多数诗人那样，凭空虚构对方的种族，而是追溯对方祖先为奴一事而使对方失去信誉，这位演说家还说对方祖先为奴一事可以得到核实。

最后，代纳科斯有篇公元前 4 世纪 20 年代的残篇，指责二流演说家和政客阿加西克莱斯："他父亲是西徐亚负责砝码与量尺的核查员，从小生活于公共奴隶中间，他本人也是市场上的核查员，一直工作到现在。"②阿加西克莱斯在哈利蒙特镇区的登记可能有诈，所以受到 eisangelia（"严重失职罪"诉讼）的指控。③ 尽管遭到这样的指控，但我们并不怀疑阿加西克莱斯已经成为公民共同体的一分子。那是否可以认为他先以 dêmosios 的身份担任核查员，后来成了公民呢？就像佩里德斯的那个例子一样，这位演说家也说了一个明确的职位，而这个职位通常都由 dêmosioi 担任。

这三篇文本在公共奴隶身份方面都是很宝贵的证词，虽然它们都是论辩文字，但可以通过人种学层面的比对来对此进行澄清。确实，在许多社会中，公共奴隶的孩子构成一个特殊的人群，他们都是自由身。尽管公共奴隶成为自由身的做法都是特例，甚至经常遭到禁止，但他们的孩子却能获得自由，这等于享有得到提升或得到荣誉的特权。在 16—17 世纪奥斯曼帝国的叙利亚，马穆鲁克的孩子都是自由身，还有一个特殊的称号 aw-lad

---

① 参阅 P. Burn，《希帕波鲁斯，"黑色传奇"的创造物》（Hyperbolos, la création d'une "légende noire"），DHA，13，1987，p. 183—198。喜剧诗人柏拉图说希帕波鲁斯是吕底亚人（PCG VII, fr. 185）；波利泽鲁斯将他丑化为弗里吉亚人（PCG VII, fr. 5）。

② 代纳科斯，fr. 7（代纳科斯，《演讲录》[Discours]，译文有改动，Paris, Belles Lettres, "CUF"，1990）。

③ Hypéride，3（《为尤西尼普辩护》[Pour Euxénippe]），3。

al-nâs("人民之子")。① 他们融入了穆斯林世界,却与父辈相反,有了阿拉伯语的名字,从而构成一个特权群体,享有占有土地的权利;该群体通常都和高层的精英人士过从甚密,能在国家内部捍卫自己的利益。在 13 至 14 世纪的德里苏丹国,王室奴隶的孩子本身就享有自由身,而且可以兼任多个重要职位。他们的称号是 maul-azagdan,构成一个封闭的团体,最关心的就是如何捍卫自身的特权。② 列昂·哈尔金(Léon Halkin)的观点与希腊城邦的现实更接近,他认为到了罗马共和国后期,公共奴隶的孩子都会自动成为公民。③ 但如果认为古典时代的城邦存在这样的规章制度,就太冒失了,我们只能假设存在为城邦服务的 dêmosioi 家族。不过,我们可以自问,定期将公民身份赋予城邦的某些奴隶已成为一种荣誉,那赋予 dêmosioi 的孩子公民身份的做法是否并非如此。

使用姓氏,奴隶家族的存在,使 dêmosioi 的孩子不经过赎身奴的阶段即拥有公民身份:这三个要素都是 dêmosioi 拥有特权的标志,关涉血亲领域,属于"血亲特权",而这便与雅典的绝大多数奴隶区别开来。

---

① 参阅 L. Layish,"马穆鲁克时代末期阿勒颇人民之子获赠土地的家庭档案"(Waqfs of Awlad al Nas in Aleppo in the Late Mamluk Period as Reflected in a Family Archive), Journal of the Economic and Social History of the Orient, 51, 2008, p. 287—326, 与 R. Amitai,"马穆鲁克体制,或伊斯兰世界持续千年的兵役制"(The Mamluk Institution, or one thousand years of military service in the Islamic World),见 C. L. Brown 与 P. D. Morgan(主编),《武装奴隶,从古典时代到现代》(Arming Slaves, from classical time to the modern ages), New Haven, Yale University Press, 2006, p. 40—78。

② S. Kamar,"德里苏丹国的服务、地位与军事奴隶制:13 与 14 世纪"(Service, Status, and Military Slavery in the Delhi Sultanate: Thirteenth and Fourteenth Centuries),见 I. Chatterjee 与 R. M. Eaton(主编),《奴隶制与南亚历史》(Slavery and South Asian History), Bloomington, Indiana University Press, 2006, p. 83—114, p. 102—107。

③ L. Halkin,《罗马人中间的公共奴隶》(Les Esclaves publics chez les Romains), Bruxelles, Chevalier-Marescq, 1897, p. 118—120。关于 servi publici 的"血亲特权",可特别参阅 J. Zlinsky,"公共奴隶的公有制例证",前揭, p. 323。

"作为自由人"

　　进入公民法庭就等于进入古典时代城邦法定等级制的核心地带。极有可能,尊重他人拥有发起诉讼的权利或在法庭上慷慨陈词的权利,本质上就是将公民身份与侨民身份或赎身奴身份作了区分:公民可以在城邦法庭上以自己的名义发言,侨民或赎身奴只能由公民庇护方(prostatês)"代表"他们发言,只有这样他们才能用雅典的法律捍卫自身利益。所以从这个层面看,dêmosioi 似乎又拥有某种特权地位,就像公元前 345 年埃斯基涅斯在法庭上宣读《驳提马库斯》这篇著名的辩护词中所说的那样。① 这位演说家针对的是德谟斯提尼的一个亲友,他意图剥夺后者在公开场合发表观点的权利。他的这个策略获得了成功,因为提马库斯输了官司,被剥夺了公民权。辩护时,埃斯基涅斯提到一个名叫皮塔拉科斯的人,此人是个公共奴隶(dêmosios)。提马库斯盛气凌人,有许多人为此遭殃,皮塔拉科斯也是其中之一,因为提马库斯伙同海格桑德洛斯对他进行了性虐。史学家对皮塔拉科斯的法律地位众说纷纭,有些人怀疑他其实有奴隶身份,或者倾向于认为他是个赎身奴,要不就是一个地位极其低下的公民。②

---

① 埃斯基涅斯,1(《驳提马库斯》),54—64。
② 认为皮塔拉科斯就是奴隶的人有:E. Cohen,《雅典国家》(*The Athenian Nation*),Princeton,Princeton University Press,2000,p. 137—139;V. Hunter,"皮塔拉科斯与欧克莱斯:雅典公共服务领域的奴隶"(Pittalacus and Eucles:Slaves in the Public Service of Athens),Mouseion,6,2006,p. 1—13;之前,还有 S. Waszynski,"论雅典国有奴隶的法律地位",前揭,p. 554—555。O. Jacob,《雅典的公共奴隶》,前揭,p. 162,与 N. Fisher,《埃斯基涅斯:驳提马库斯》(*Aeschines. Against Timarchos*),Oxford,Oxford University Press,2001,p. 191,相反的是,这些作者都认为皮塔拉科斯就是赎身奴或地位极其低下的公民。

在埃斯基涅斯有声有色的叙述中，有三个要点需要记住，这些要点证明皮塔拉科斯千真万确就是一个公共奴隶。首先，我们注意到诉讼方清楚无误地说他就是 dêmosios，后来的文献资料也这么说①，只是没有明确说明他为城邦服务担负什么职责。此外，诉讼方还详尽无遗地提到皮塔拉科斯所说的侮辱：一天晚上，海格桑德洛斯与提马库斯来到他家中，砸了他家里的东西，然后又用鞭子抽他，抽完再把他绑到柱子上。② 这种暴行并非无关痛痒，因为暴行的目的就是要通过鞭打来羞辱皮塔拉科斯，让他明白自己的奴隶地位。埃斯基涅斯在结尾处说的话值得特别关注，因为他将dêmosios 领到了雅典司法的舞台上。皮塔拉科斯在自己家中受到羞辱之后没过多久，就对两名施暴者提出司法诉讼。③ 诉讼期间，提马库斯的同谋海格桑德洛斯变出花样，请求将皮塔拉科斯收为他的奴隶。为了驳斥这个请求，一个名叫格劳孔的公民提起了"自由收回"（aphairesis eis eleutherian）的诉讼，支持皮塔拉科斯。由于不想在全体公民面前出丑，海格桑德洛斯和提马库斯最终不再起诉皮塔拉科斯。

发起"自由收回"诉讼的做法让史学家们困惑不解。这一做法让某些饱学之士对皮塔拉科斯的公共奴隶身份提出质疑：由于初看，aphairesis 只能与自由人（eleutheroi）搭配，尼克·费舍与奥斯

---

① 参阅埃斯基涅斯，1（《驳提马库斯》），54，59，与《苏达辞书》，*Timarchos* 词条。

② 埃斯基涅斯，1（《驳提马库斯》），59。

③ 埃斯基涅斯，1（《驳提马库斯》），62。但诉讼方的说法并非没有含糊之处：我们完全可以想象由其他人为他提出诉讼的情形。关于这一点，参阅 L. Beauchet，《雅典共和国私法史》，前揭，p. 464—465（驳 S. Waszynski，《论雅典国有奴隶的法律地位》，前揭，p. 560，作者认为 dêmosios 绝对有办法提起诉讼）。N. Fisher，《埃斯基涅斯：驳提马库斯》，p. 199—200，作者倾向于认为是皮塔拉科斯的一个亲戚提出针对人身攻击的公诉（graphê hubreôs）。或许，为了与诉讼方的说法更相近，必须简单地设想存在着一种尚未在他处证实的针对人身攻击的法律（dikê hubreôs）……

卡·雅各布都认为皮塔拉科斯不管是侨民、地位低下的公民还是赎身奴,反正都拥有自由人的身份。[1] 这种解释根本没认清这样一个事实,即文中好几次都提到皮塔拉科斯是 dêmosios,用鞭子抽打他的那个插曲也清楚无误地说明他的奴隶身份。[2] 我认为这件事可有另一种解读。对奴隶皮塔拉科斯发起的诉讼通常情况下只能针对自由人身份遭到质疑的公民。关于 aphairesis 的诉讼这儿由格劳孔提出,因为对手想将这名奴隶收作自己的财产,所以格劳孔这么做是为了让这奴隶成为公共财产。从法律程序的层面看,皮塔拉科斯也就成了等同于 eleutheros(即自由人)的公共奴隶,这也就解释了他自己想要对提马库斯和海格桑德洛斯提出法律诉讼的做法。从法律程序的层面看,将 dêmosios 视为拥有自由身份的人没什么好让人大惊小怪的:这种做法无疑从法律层面上解决了公共奴隶并不具有传统意义上私有祖产特性的问题。换言之:正是 dêmosioi 非财产的性质——并非某种财产,而是城邦法律意义上的抽象实体——在法律程序的层面使他们被视“为自由人”。

部分历史文献无法通过皮塔拉科斯的“例子”对古典时代城邦的奴隶身份进行反思,我们对其中的原因理解得很清楚。公民与奴隶之间泾渭分明的设定认为存在两种同质的法律身份,这种看法便使评论者无法认清 dêmosios 身份的特殊性,这种身份根本无法与其他所有雅典奴隶等同。只有这个身份才能解释

---

① O. Jacob,《雅典的公共奴隶》,前揭,p. 162:“他就是赎身奴:否则 aphairesis eis eleutherian 诉讼就毫无存在的理由”;N. Fisher,《埃斯基涅斯:驳提马库斯》,前揭,p. 191。

② 还要注意的是,照德谟斯提尼的说法,公元前 4 世纪的雅典,一个名叫科提克莱斯的人因“将自由人视为奴隶”,对后者施以鞭打,而被判处死刑:德谟斯提尼,21《驳米底亚斯》[*Contre Midias*]),180。

清楚埃斯基涅斯描绘的那幅令人震惊的场景。皮塔拉科斯当然是奴隶，但作为公共财产，他也拥有一定数量的难得的特权，从雅典的某些诉讼程序看，他也可以被视为与自由人具有等同的地位。

城邦的礼遇

希腊化时代初期，由雅典城邦和驻扎于厄琉息斯的驻军投票通过的两条法令也揭示了雅典人赋予公共奴隶以某些礼遇的做法。公元前 4 世纪末，雅典人颁布法令，给予一个名叫埃皮克拉忒斯的人以礼遇。[①] 这条法令还同时提到另一个公共奴隶，此人名叫安提法忒斯，在议事会工作。后者在雅典的公民大会上提到埃皮克拉忒斯的请求，说埃皮克拉忒斯二十年前在拉米亚战役期间（公元前 322 年）在利奥斯提奈斯统帅麾下的雅典军队里供职。毫无疑问，埃皮克拉忒斯就是那种 dêmosioi，跟随统帅参加大大小小的战役，负责管控军队的开支。这条法令残缺不全，无法辨明投票赞成给予其礼遇的性质。不过，我们注意到同时期，在每年颁发的赋予五百人议事会议员礼遇的那些法令中，服务于议事会的dêmosioi 也和公民一样不分轩轾地被提到。[②]

又过了约三十年，在公元前 267/前 266 年发生的克列摩尼德斯战役初期，雅典一队驻扎于厄琉息斯的驻军投票通过一条法令，要向一个名叫狄翁的人致以敬意。[③] 在雅典与马其顿王国开战的

---

① 参阅 G. J. Oliver，"雅典公共奴隶的礼遇"，前揭。

② *Agora*，XV，62，V，1. 10—18，与公元前 281/280 年，*Agora*，XV，72，I，1. 5，II，1. 67，211，III，1. 83，266。

③ 可参阅 *IE* 182（K. Clinton，《厄琉息斯：石碑上的铭文》［*Eleusis. The Inscriptions on Stone*］，卷 1，Athènes，Archaeological Society at Athens，2008，n°182）。

最初几年,阿提卡各个地区的小麦供应显然对城邦来说是件头等重要的事情。[1] 法令声明狄翁连续好几年担任司库,负责供应及分发小麦。士兵夸奖他在分发小麦时所作的种种努力,便决定授予他"橄榄冠,以奖励其恩慈仁厚(eunoia)及献身精神(philodtimia)"。法令最后还说"鉴于他工作时忘我的热情,特(赋予)他理当获得的种种利益"[2]。狄翁的职责应与古典时期及希腊化时期一般委派给 dêmosioi 的那些职责相同。由于完全没有提到他的姓氏和通行语,所以很难确定他是否就是雅典公民,但允诺他今后可以获得种种特权的做法却比较少见,因为很少有公民被给予这样的礼遇。因此,很有可能狄翁就是公共奴隶,公民允诺今后为他保留的那个礼遇应该就是使他成为自由人。[3]

就雅典公民的观念形态看,他们很容易对公共奴隶不吝赞美之词。由于这样的法令从来没针对过私奴,所以这一事实就更引人注目。毫无疑问,这都是些"日常礼遇",城邦或其所属各区通常都会投票表彰许多认真完成工作的官员。从来没有公共奴隶被授予金冠,或为之竖立雕像以示表彰,他们与城邦的那些大慈善家不可同日而语。但从我们所有的文献看,这两条法令的存在都是例外,它们向 dêmosios 的身份投射了一道崭新的光亮。有些人类学家和史学家认为礼遇是一个区分自由身份的终极标准。对奥兰多·帕特森(Orlando Patterson)而言,首先是永世不得翻身的耻感规定了奴隶的身份。[4] 而研究西非奴隶制的专家马丁·克莱恩

---

[1] 参阅 G. J. Oliver,《希腊化初期雅典的战争、食品与政治》(*War*, *food*, *and politics in early Hellenistic Athens*),Oxford,Oxford University Press,2007。

[2] 参阅 G. J. Oliver 的评论,同上,p. 258—259。

[3] 同样,可参阅 S. Waszynski,"论雅典国有奴隶的法律地位",前揭,p. 565—566,与近期 K. Clinton,《厄琉息斯:石碑上的铭文》,前揭,卷 2,p. 247。

[4] O. Patterson,《奴隶制与社会性死亡》,前揭,p. 13。

(Martin Klein)则认为礼遇在自由人和奴隶之间划了一道分隔线；礼遇本质上确定了"非奴隶的身份"①。但古典时代雅典 dêmosioi 的身份与这样一条严苛的分隔线并不相符。②

　　专门针对 dêmosioi 的特殊礼遇也可以在公元前 4 世纪中叶色诺芬写的《方式与手段》(*Poroi*)那里得到验证，色诺芬认为有一系列措施可以重新提振雅典的实力。这位作家认为公共奴隶可以在雅典军队里服役，不仅可以在舰队里当划桨手，公元前 5 世纪雅典人好几次都同意这种做法，而且可以在由公民构成的军队里担任步兵。伊冯·加尔兰(Yvon Garlan)注意到，色诺芬是"希腊唯一一位保持冷静头脑，要求战时系统使用奴隶的作家"③。菲利普·戈蒂耶(Philippe Gauthier)认为这个新颖的说法颇有道理，它应该颠覆了城邦的传统区分法，从理论上而非实践上看，这种传统做法只让公民在地面战争中带兵打仗。④ 可是，色诺芬这项从未得到推行的措施只涉及城邦的公共奴隶，却排除了所有私奴。因此，又不得不再次承认只有公共奴隶才能获得礼遇或特权。

---

① 　M. Klein，《法属西非的奴隶制与殖民统治》(*Slavery and Colonial Rule in French West Africa*)，Cambridge，Cambridge University Press，1998，p. 249。持同样观点的有：E. Steinhart，"安可勒的奴隶制与其他镇压形式"(Slavery and other forms of oppression in Ankole)，见 H. Médard 与 S. Doyle(主编)，《东非大湖地区的奴隶制》(*Slavery in the Greak Lakes Region of East Africa*)，Oxford，James Currey，2008，p. 189—209。

② 　关于这一点，也可参阅德里苏丹国相反的例证：S. Kumar，"奴隶成为贵族：德里苏丹国早期受礼遇的军队奴隶"(When Slaves were Nobles：the Shamsi Bandagan in the Early Delhi Sultanate)，*Studies in History*，10，1994，p. 23—52。

③ 　Y. Garlan，"战时的希腊奴隶"(Les esclaves grecs en temps de guerre)，*Actes du colloque d'histoire sociale de Besançon*，1970，Paris，Belles Lettres，1972，p. 29—62，p. 45。

④ 　P. Gauthier，《对色诺芬〈方式与手段〉的历史评注》(*Un commentaire historique des Poroi de Xénophon*)，Paris，Droz，1976，p. 176。关于奴隶士兵参与战斗的情况，参阅 P. Hunt，《希腊历史学家的战争与观念形态》(*Warfare and Ideology in the Greek Historians*)，Cambridge，Cambridge University Press，1998。

在一些诉讼中被认定为"自由人",占有财产,显然还拥有形式还很难加以界定的"血亲特权",甚至还能让自己的子嗣融入公民共同体之中,古典时期与希腊化时期的 dêmosioi 拥有如此令人瞩目的特权,与大量私奴形成鲜明对比。此外,公民当局赋予他们的礼遇也证明他们是一个特殊的等级。但仍然需要确定的是,我们已经认定的所有那些特权究竟如何明白无误地赋予其形式上的法律地位。

我们来稍微看下希腊化时代末期小亚细亚的两个城邦。在以弗所,dêmosioi 似乎构成一个边界得到清晰划定的等级,介于私奴与定居的异邦人之间,初看之下,很像名副其实的等级制。在第一次米特瑞达忒斯战争期间(公元前 88—前 86 年),以弗所人向拿起武器保卫城邦的公共奴隶承诺会给他们自由和 paroikoi(定居异邦人)的身份。① 而法律明确规定,享有同额纳税居住权的人(即享有财税特权的侨民)和 paroikoi、圣地奴隶(hieroi)、赎身奴或异邦人(xenoi)如果参加军队保卫城邦,他们就会被宣布为拥有全权的公民(pantas politas)。② 因此,dêmosioi 似乎就在城邦里占据一个介于中间地位的合乎法律规定的地位,居于非公民的自由个体、侨民和赎身奴与私奴之间。

五十年前,帕加马城邦在阿里斯东尼克斯战役期间(公元前133—前131 年)颁发了一道法令,规定 dêmosioi 与赎身奴的孩子以及王室奴隶(basilikoi)一起都能取得定居异邦人(paroikoi)的身份。③

---

① *I. Ephesos* Ia,8,1.48—49:"拿起武器的 dêmosioi 将成为自由人(eleutherous)和 paroikoi"。

② *I. Ephesos* Ia,8,1.44—46.

③ *OGIS* 338,1.20—26:"在定居外国人(paroikoi)中间,有赎身奴的孩子和成年及未成年的王室奴隶(basilikoi),同样,除了在费拉德尔甫斯和菲洛美托尔国王时期购入的妇女以及出身私奴的妇女之外,其他妇女均为王室财产,公共奴隶(dêmosioi)同样如此",与1.37—38"关于将赎身奴的孩子与王室奴隶及公共奴隶归入定居外国人(paroikoi)中间"。

罗得岛的一则墓志铭似乎也证实了这样的身份等级制度。某个名叫埃皮戈诺斯的人原先曾是公共奴隶，后被城邦解放，于是就成了 xenos（异邦人），死前还获得了侨民（定居异邦人）身份。[1] Dêmosios 的身份似乎还是低于大多数定居的异邦人（kataikoi、paroikoi，还有被称为 epikouroi 的雇佣兵），后者被赋予所有的公民权。[2] 但这个决策仍有含糊不清之处，因为它赋予 dêmosioi 和赎身奴的孩子同等的权利，而从理论上说，他们都应该被视为公民。我们无法排除这样一个假设，即这两则铭文至少证明 dêmosioi 的法律地位要比定居异邦人或赎身奴低，而且也证明城邦单方面颁布法令剥夺自己仆从时迟疑不决的心态。

　　这样的身份等级制观念似乎与古典时代的雅典格格不入。照当时的环境看，dêmosios 可以被视为自由人（至少用法律语言说是这样），也可以明确表明就是奴隶，可用鞭子惩罚之。从不同身份之间传统的区分法来看，dêmosios 的地位很不确定，我们会本能地认为那是一种从奴隶通往公民的持续不断的层级模式。那之后又该如何解释公共奴隶身份具有的那种独特性呢？这种身份是否纯粹就是一种反常状态，虽然独特，却并不具有古典时代城邦法定等级制的那种现实意义呢？是否会导致我们重新修订古典时代城邦等级制的概念呢？

作为公共财产的奴隶

　　公共奴隶身份的特殊性与赋予他们的特权首先在于其作为公共财产的特性。公共：这个概念在古典时代的城邦并不像现代

---

[1]　*IG* XII, 1, 383.

[2]　*OGIS* 338, 1. 11—20.

人认为的那样理所当然。因为在古典时代的希腊世界，城邦并不具有法人身份。公共财产并不具备我们惯于认为的公共产业那样的性质，不像我们认为的那样，作为权利主体的国家可以占有财产，并尊重私人的财产权。这个简单的说法由于涉及城邦维护的产业及其奴隶之间的关系，所以导致了许多后果。有一本研究希腊奴隶制的大部头著作在说到 dêmosioi 时，也这么写道："他们不管是动产还是不动产，反正都是民众的产业，民众以集体之名拥有与私有产业主同样的权利。"①他对公共产业的理解与对私有产业的理解相似，这种说法并不能令人满意：主人及其奴隶之间的关系，其特点就是财产制度，对此必须小心对待，否则就无法将之应用到关联整个公民群体及其 dêmosioi 的财产制度上，②因为国家并未化身为拥有权利和义务的人身形式，所以雅典的整体财产权便无法应用到城邦的奴隶身上。比如，我们很难辨别整个公民群体在涉及与 dêmosioi 的关系时是否易于以城邦的形式体现出来。

　　Dêmosios 身份的复杂性使我们遇到一个棘手的问题，即城邦是否是权利主体。③扬·托马斯多次认为就共和国与帝国时代的罗马法而言，城邦的司法制度就存在这样的困境。这位史学家对罗马法中公共产业的基质作了出色的阐释，并认为城邦无法被定义为法人："城邦对某物的占有并不能以直接的归属关系加以分析，否则就会认为存在一个真正的主体，而是通过不得占为己有这

① Y. Garlan,《古希腊的奴隶》(*Les Esclaves en Grèce ancienne*)，Paris, La Découverte, 1995[1982]，p. 46—47。

② 关于这一点，可参阅 J. Zlinsky 在研究 servi publici 时启发性的评论，"公共奴隶的公有制例证"，前揭。

③ Y. Thomas, "城邦的公民制度"(L'institution civile de la cité)，*Le Débat*, 74, 1993，Y. Thomas 的《权力的运转》(*Les Opérations du droit*)中也出现过这个观点，Paris, Gallimard-Seuil, 2011, p. 103—130。

样的观念来进行迂回表达,并以某种方式导致出现空白。对这层
关系的规定其实采取的是否定的方式,从而使得主体问题变得悬
而未决。"[1]因此,为了了解属于城邦的财产具有哪些特点,法律就
采用了 res nullius in bonis 这一概念,意为"并不属于个人财产的
物品",而公共奴隶就属于这个范畴。[2]

这个说法间接阐明了古典时期雅典公共财产的地位,除了这
个引人注目的差别之外,不得占为己有并未从本质上对古典时代
城邦的公共产业作出规定。[3] 尽管皮塔拉科斯在几起诉讼中都能
被视为自由人,但那主要是因为城邦无法扮演财产人这样的角色,
这个角色等同于私有人格。公共奴隶唯一的主人并非被视为某个
主体或人格的众多公民的合体,而是法律层面上极具幽灵气息的
实体性的产业:即城邦。

更难界定的是 dêmosioi 拥有产业的能力,毫无疑问,这种能
力正是起源于希腊的公共产业概念。首先,我们要注意到公共产
业与神庙产业之间的边界在古典时代的城邦特别脆弱。[4] 这样的
混淆绝非无足轻重之事:毫无疑问,必须认为公共产业与神庙产
业,即 hiera 与 dêmosia 本质上具有相似性,这么做并不是为了强
调它们会听命于公民共同体的决策,而是为了说明它们两者都无
法化约为私有财产,而且会与决定其运转的法律的种种规定保持
一致。此外,还需注意的是色诺芬在《方式与手段》中将 dêmosioi、
神庙土地和公共土地放在同一个层面上,这三者均受公民共同体

---

① 同上,p. 118。
② 尤可参玛奇阿努斯,《学说汇纂》,1,8,6,1 与乌尔比安,《学说汇纂》,48,18,1,7,
   以及 N. Rouland 的评论,"论罗马的公共奴隶"(À propos des *servi publici roma-
   ni*),*Chiron*,7,1977,p. 261—278,与 Y. Thomas,"城邦的公民制度",前揭,p. 116。
③ 参阅 D. Rousset 的评论,"希腊城市的圣地产业与公共产业"(Sacred Property and
   Public Property in the Greek City),*JHS*,133,2013,p. 113—133,p. 122—124。
④ 参同上,尤其是 p. 124—129。

的支配,后者会如其所愿地使之产生收益。①

此外,在管理神庙产业这样的背景下,dêmosioi 似乎经常会被不加区别地归到神祇和城邦名下。因此,公元前 2 世纪末,在德尔斐宏伟的泛希腊神庙里,公共奴隶都是被国王比提尼亚的尼科美德斯献给"神祇与城邦"②的。德尔斐人决定指派奴隶去监管阿波罗神庙的畜群。这些公共奴隶似乎是作为神庙财产而受城邦的管理,但他们作为拥有财产的法人,既不受神庙,亦不受城邦的独家管束。此外,德尼斯·卢塞(Denis Rousset)认为他们是神祇与城邦"共同且共有"的财产。③ 在帝国时代小亚细亚的拉布兰达,神的财富用来给 dêmosioi 发工资④,而 dêmosioi 的工作似乎和 hieroi 的工作完全一样⑤——有一则铭文甚至还提到有神的 dêmosioi 存在。⑥ 在 1 世纪的以弗所,dêmosioi 一律都由城邦的财库和阿尔忒弥斯的库房支付报酬⑦:神庙财产与公共财产之间的区别这次仍然难以界定。不过,神庙既然可占有留待出售的财产⑧,那毫无疑问,dêmosioi 经由授权,同样也构成可占有财产及

---

① 色诺芬,《方式与手段》,IV,21。和出租神庙土地一样,城邦在出租 dêmosioi 的劳动力时,也会要求抵押。

② D. Rousset,《德尔斐的领地与阿波罗的领地》,前揭,n.°31,1.9 与 1.11—12(公元前 102/101 年,德尔斐人为纪念尼科美德斯三世与拉奥狄刻而颁布的法令)。关于这个说法,可参阅 D. Rousset 的评论,p. 267—268。

③ D. Rousset,同上,p. 268,他后来又作了修正,"希腊城市的神庙产业与公共产业",前揭,p. 129—130。

④ J. Crampa,《拉布兰达》,前揭,II. 56,1.11—12。

⑤ 同上,II. 59,C. ,1.6。

⑥ 同上,II. 60,1.7—8。

⑦ 参阅 B. Dignas 的评论,《希腊化时期与罗马时期亚洲的圣地经济》,前揭,p. 153,作者指出罗马总督佩西库斯在提到向 dêmosioi 支付报酬的时候,对这两个资金库未作区分。

⑧ 如需了解希腊世界有关神庙更为完整的清单,可参阅 Y. Thomas,"事物的价值:宗教之外的罗马法"(La valeur des choses. Le droit romain hors la religion),*Annales HSC*,6,2002,p. 1431—1462。

奴隶的某种产业形式。

dêmosios 的身份

　　宽泛言之，dêmosioi 身份的特殊性可以根据一个有名的说法，即作为"正常而特殊"①的例子加以理解，表明尽管它能揭示古典时代雅典各类身份的功能，但它仍然具有特殊的构型。其实，分析专属 dêmosioi 的那些特权肯定不会降低公民生活运转过程中法律区分的重要性，从古典时代雅典的部分历史文献中也能看出这一点。这样一种解读肯定会让人产生古典时代社会运行变幻莫测的想法，而且时常会将伯里克利治下民主与自由不可分割的城邦视为美国梦的雏形。② 将当代的理念投射到雅典城邦身上，就使之成了古老的希腊奇迹的翻新版本，但谬误不见得更少。

　　城邦的不同身份有一个更为复杂的形式，肯定不会像传统上将侨民、赎身奴、奴隶和公民区分开来那样简单。但社会中多元的法律身份丝毫无法说明作为其一员的个体为何具有这样的社会流动性。雅典社会整体仍然由不同的身份交叉建构而成，它构成许多屏障，每个个体都占据城邦的不同空间。不过，还是要对"身份"这个词好好定义一番。身份并非阶层，大家都这么理解：这个词并不是要对生产机构中的特定地位作出规定，而是要对合法的权利划定界限。身份绝非等级，这是从旧制度赋予该词的意义而言的，它要求的社会有机论这样的概念，希腊城邦从来就没提出过。那

---

①　E. Grendi，"微观分析与社会史"（Microanalisi e storia sociale），*Quaderni storici*，35，1977，p. 506—520，此处见 p. 512。

②　驳 E. Cohen，《雅典国家》，前揭。参阅 J. Ouhlen 的评论，"雅典社会"（La société athénienne），见 P. Brulé（主编），《古典时代的希腊世界》（*Le Monde grec aux temps classiques*），卷 2，"公元前 4 世纪"（*Le IVe siècle*）Paris，PUF，2004，p. 275。

个体身份究竟是什么意思呢？

　　研究希腊世界的史学家事实上难以对该词作出严格的规定，虽然这个词他们都会用到。英美世界杰出的历史学家摩西·芬利对个体身份的各种定义也踌躇不定。芬利在《古代经济》(L'Économie antique) 一书中重新使用了"极不准确的一个词，包含许多心理上的因素"，这个词同时包含"价值系统和行为模式"①，所以他希望在反思古代社会时首先能够超越等级一词。身份的这个定义关涉生活方式和声誉的好坏，所以它应该指的是"行列"，甚至是与每个个体相关的声誉，而非城邦特定的法律地位。不过，如此使用"身份"一词，其意义会显得暧昧不明，而且还会掩盖芬利年轻时几部著作所持的另一个观点，他当时依据各式各样的权利，将城邦的各种身份分解成"一组特权与资格"②。身为法学家与历史学家的芬利那时想将"传统的权利观分裂成各式各样的概念，其中就有权利、特权、豁免权、资格及其相反概念"。

　　这样的定义会让人难以描绘古典时代的社会，因为这等于提出一个假设，即有多少个体就有多少身份。不管怎么说，这么做确实对雅典社会作出了精细的解读，而不再是粗线条地将身份按属性来分类——奴隶，公民，侨民，赎身奴——使它们彼此之间互不渗透。"Timê"这个词意指荣誉、权利或资格，更适于理解与雅典

① M. I. Finley，《古代经济》(L'Économie antique)，Paris，Minuit，1975[1973]。
② 参阅 M. F. Finley，《古希腊的经济与社会》，前揭，p. 216。关于芬利式的历史解读及其接受过程，可参阅 J. Zurbach 的评论，"希腊城邦的形成：身份、等级与不动产体制"(La formation des cités grecques. Statuts，classes et systèmes fonciers)，Annales HSC，4，2013，p，957—998 与 P. Ismard，"等级、秩序、身份：芬利式社会学的法国接受过程与皮埃尔·维达尔-纳凯的例子"(Classes，ordres，statuts：la réceptions française de la sociologie finleyenne et le cas Pierre Vidal-Naquet)，Anabase，19，2014，p. 39—53。

每个群体类别相关的各种权利。当然,拥有全权的公民就是 epitimos,他们拥有所有的 timai,可以全方位参与 politeia(公民生活)。但除了绝对的公民身份之外,其他各式身份就是 timai,亦即各种各样权利与资格的聚合体,它们并不具有同质性。

所以,很清楚,拥有全权的绝对公民身份的反面肯定就是丧失公民权。丧失公民权处罚的是各种犯罪行为或不法行为,公民一旦犯了罪,也就不再履行(宽泛意义上的)公民义务:战场上当逃兵、偷盗公共财产、作伪证、不休通奸的妻子、从事卖淫或不赡养年老的父母,都会受到惩罚。但丧失公民权并非指纯粹的丧失公民身份,也不是指在等级制的身份体系中降级,沦落到侨民或奴隶的地位。

当然,atimos 肯定是指剥夺参与政治的权利:再也不能参与公民大会的讨论,不得被指派为法官或官员。① 侨民享有的某些权利,如在法庭上作证②或进入公共广场,他都享受不到。但 atimos 并不是指丧失公民身份。他仍然享有法律赋予每一个公民不受杀害这样的权利,同样,大多数 atimoi 仍可继续拥有城邦的土地,而侨民原则上无法享受这种权利。因此,atimos 仍然保有拥有全权的公民身份享受的特权,而不享有某些专属侨民的权利。所以,丧失公民权(atimie)等于使城邦由各类个体身份组成的等级体系落了空。

而且,atimia 并不是指一种同质的法律身份,它是一个类别概念,"包揽一切",就像史学家罗伯特·华莱士(Robert Wallace)说的

① 参阅 M. H. Hansen,《押送、检举与捉拿犯罪、丧失公民权与控告》(*Apagoge, endeixis and Ephegesis against Kakourgoi, Atimoi and Pheugontes*),Odense,Odense University Press,1976,p. 55—75。

② S. C. Todd,《雅典法律的形成》(*The Shape of the Athenian Law*),Oxford,Clarendon Press,1993,p. 96。

那样,按照 atimos 无法享有的荣誉或资格(timê)这样的类别将各种情况重新整合起来。① 安多基德斯在一篇辩护词中明确认为丧失公民权可分为全部丧失或部分丧失两种。② 在后一种情况下,政治参与(成为议事会议员,在公民大会上发言)受限或被剥夺权利的公民都无法享有特定权利。比如,atimia 可归结为不得进入雅典的公共广场,或说得更明确,不得在赫勒斯滂或伊奥尼亚旅行。

尽管丧失公民权从来不是指丧失某些 timai,但就像芬利年轻时认为的那样,个体身份其实就是不同资格与不同权利的聚合体,既可以进入政治机构,也可以管理私人事务。涉及 atimia 的诉讼让我们隐约见到由法律身份构成的一个概念,dêmosioi 就是这样一个例证,因为他们的身份将雅典不同类别民众的各种资格聚合起来。在城邦的法庭上,dêmosioi 可以被视为自由人,而在被判刑后,又会像奴隶那样受到鞭刑。而赋予他的“血亲特权”及荣誉又将他置于难以界定的地位上,这种地位显然既不属于享有全权的公民身份,又与私奴的身份地位没有关系。

从这层意义上看,雅典社会并没有按照等级分解成一簇簇同质的身份。它也不是什么开放社会,可以不受法律约束,因功绩卓著或好运照临而从一种身份过渡到另一种身份。它就是一个多维度的社会空间,万花筒般的各式身份贯穿其间。Dêmosios 就是其中一种身份的名字。

* * *

文化比较的视角再一次让研究古典时代城邦的史学家觉得浑

---

① R. Wallace,“古代雅典未判罪的或潜在的‘Atimoi’”(Unconvicted or potential “Atimoi” in ancient Athens), *Dike*, 1, 1998, p. 63—78, p. 65。

② 安多基德斯,1(《论神秘》[*Sur les mystères*]),74—76。

身不自在,这种视角可对理所当然的现象作出意想不到的阐释。伊斯兰世界(地中海地区的中心地带及其周边地区)王室奴隶制的历史和西非的庞大王国一样,到处充斥着君主的仆从发动宫廷政变的故事,趁王权衰弱之际,为自己所属的共同体夺取权力。在研究非洲王国的专家或研究奥斯曼帝国的史学家眼中,希腊城邦的dêmosioi 这方面显得相当古怪:尽管 dêmosioi 拥有特权,可他们并没构成铁板一块的共同体,在城邦里为自己的利益摇旗呐喊,这究竟该作何解释? 我们可以这样概述这个相当天真的问题:"马穆鲁克范例"在希腊城邦为什么就不可想象呢?

尽管有许多原因,但市场因素应该在其中排第一位。城邦主要在市场上获取 dêmosioi,说明人员补足并不是靠 dêmosioi 的孩子添丁,而是靠购买来获取新的奴隶。这种定期补足的方式很难形成集体意识,让 dêmosioi 聚集到一起。Dêmosioi 在雅典社会内部的条件千差万别,所以很难形成一种经久的团结感。

但这种解释很不完整。因为许多例子表明奴隶群体中有许多人靠贩卖而来,这应该能形成一种利益共同体或使之形成某种"团体精神"①。可即便确实存在公共奴隶家族世代相袭从事同一种工作这种情况,dêmosios 的身份也根本不可能使之"家族专有化"(dynastisation),亦即通过群体内部继承的形式,垄断某种特权。这是因为希腊城邦世界的法定等级制概念很难使公共奴隶群体成为共同体,并使之彰显其自身的利益。社会严禁公民圈之外的人依凭法定特权而形成封闭团体,受到法律承认,成为一个共同体。就像不可能存在侨民"共同体"或赎身奴"共同体"一样,也不可能存在 dêmosioi"共同体"来确保自己在城邦内的利益。从他们被排除在公民身份领域之外这个现象来看,非公民只能受到消极对待,

---

① 参阅 M. Oualdi 的评论,《奴隶与主人》,前揭,p. 37—44。

城邦按照身体的形象,以等级制的方式将他们置于社会中的某个特定地位,而且非公民再怎么样也不符合城邦的这种有机论概念。因此,这些奴隶虽有独特的权力,却无法以特定的法定身份为基础,被认可为自治的共同体,他们必须被整合进唯一拥有政治权威的"共同体",即公民的"共同体"之中。

第四章　民主制下的知识等级

要相信什么？什么都别信！那才是智慧的开端。现在必须摆脱各种"原则"，去钻研科学，从事检验。唯一理智的（对我来说简直是醍醐灌顶）只能是教授管理的政府，只要教授有所懂，懂得更多那就更好。民众永远都那么微不足道，（从社会成员的等级制来看）他们将永远处在最末一级，因为他们只是数字，是群氓，是无穷多。①

古斯塔夫·福楼拜

"我们尽可能地通过各种方式，堵塞每一条道路，不让光亮进入奴隶的心灵。如果我们能摧毁他们看见光亮的能力，就大功告成了；所以，奴隶只能沦落到当耕田的牲口，这样，我们才会安全。"②这是弗吉尼亚州议会议员亨利·贝瑞于 1832 年 1 月说的

---

① G. Flaubert，1871 年 4 月 30 日致乔治·桑的信，《福楼拜与乔治桑通信集》（*Correspondance Flaubert-Sand*），Paris，Flammarion，1981，p. 332—333。

② "We have, as far as possible, close every avenue by which light might enter the slave's minds. If we could extinguish the capacity to see the light, our work would be completed; they would then be on a level with the beasts of the field and we should be safe."

话,他谴责的是《反识字法》,那是美国南方蓄奴制酝酿的最阴险的法律。自18世纪中叶起,古老的南方大部分州学南卡莱罗纳州和佐治亚州的做法,渐进式镇压教奴隶读书写字的主人。到1820年代末,《反识字法》已扩展到各种肤色的人群,不论自由人还是非自由人,想要读书写字就得看肤色。

希腊城邦从来没为奴隶尝试制定这样的法律。考虑到美国奴隶的处境,乍一看,德谟斯提尼注疏者一则不起眼的评论截然不同:"雅典人习惯购买有文化的奴隶(grammata epistamenous)。"① 那是否就应该依照19世纪某些废奴者的说法,将两种拥护奴隶制的社会对立起来,古代社会与现代社会相对立,赞颂雅典主人的人道主义精神,揭批当代人的残忍无道呢?显然不能这么看。那位注疏者的话首先只涉及古典时代城邦很小一部分奴隶,他们都是雅典 dêmos 的财产。而且,像那位匿名的注疏者认为所有dêmosioi 都受过教育,这种说法值得怀疑。况且,雅典的主人从来就不关心奴隶是否受教育,这点和美国南方的白人农场主没什么两样。② 最后,还要补充的是,尽管有《反识字法》,但像年轻时的弗雷德里克·道格拉斯之类的奴隶最终都靠自学成才,有时也会得到传教士的帮助学会读书写字。就像有的史学家说的那样,虽然美国只有10％的奴隶能够读写,但研究古希腊的任何一位专家都不管贸然做出这样的估算。③

---

① 德谟斯提尼注疏,2,134。

② 关于年轻的奴隶 oikogenesis 受教育的情况,参阅 R. Descat 与 J. Andreau 的评论,《希腊与罗马的奴隶》(*Esclaves en Grèce et à Rome*),Paris,Hachette,2006,p. 161—163。

③ 依据的是 J. Duttsman Cornelius 的说法,《当我能读懂我的称号时:内战前南方的识字情况、奴隶制和宗教》(*When I Can Read My Title Clear. Literacy, Slavery, and Religion in the Antebellum South*),Columbia,University of South Carolina Press,1991。

不过,德谟斯提尼注疏者的这则评论本身并没错,而且指出从古典时代城邦的奴隶制与种植园殖民世界那儿借用来的某些形式之间有着相当现实的差异。他并没有说存在大量有文化的奴隶,而是指出服务于公民共同体的奴隶都拥有特定的知识,而大部分公民并不掌握那些知识。阿拉巴马州的种植园主或马提尼克岛上的克里奥尔人会目瞪口呆地发现在古典时代的雅典,奴隶专家日常所做的某些公务,部分公民却根本做不来。可是,这种专业的奴隶并非什么反常现象,而是古典时代雅典民主制观念形态的产物。因为只要将城邦管理所需的专业性强的工作委派给遭到排斥的个体去从事,雅典人就能履行部分民主制的规划,从而合理合法地使拥有专业知识的个体无法觊觎权力。公共奴隶制因此就处在古典时代民主制城邦内知识与政治问题之间的核心连接点上。

雅典的经验在此与我们如今的民主制最棘手的一个问题遭遇了。因为从代议民主制的角度看,专业性的政治地位乃是当代人"祛魅"的焦点所在。民主与知识:这两个词经常自相矛盾地出现在演讲中。让绝大多数人参与公共事务的民主制理念与各国政府要求的效率原则并不兼容,效率原则必然会很复杂,从而也就需要知识:我们又有谁会不了解这种不和谐,不正是这种不和谐使政府的"知者治国"(épistocratie)成了所有政治都无法超越的视野?①

我们千万别去重复那种陈词滥调,认为作为合法性唯一来源的人民与精英之间势不两立,精英有这个"能力"找到承认这种能力的委托人,若找不到,就会厄运临头。纷争相当激烈,分歧极为深远。民众合法化形式的支持者与专家政府的推广者一样,事实

---

① Épistocratie 一词,我们借自 D. Estlund,《民主权威:哲学框架》(*Democratic Authority. A Philosophical Framework*), Princeton, Princeton University Press, 2008。

上双方一方面都没有质疑专业技能是否真的就是良好的政治决策的前提条件，另一方面，他们也没有质疑优秀的专业技能是否真的能独立于政治场域和社会场域之外。社会活动分子，如军事团体，在某些专业领域里也是专家，和当局承认的那些专家（比如艾滋平权联盟 Act Up 或难民运动协调委员会 Cimade）没什么两样，但这说明不了任何问题。[①] 专家圈子会不断扩大，成为军事团体，或消息灵通的团体，他们拥有知识，从社会场域的角度看，他们就会要求自己的团体获得基本的自治。认为只要是政治上有用的知识，就可导致与民众共同商议的局面，哪怕只是部分导致这种局面，这种看法显得相当怪异，甚至很不负责任。

雅典人的看法却大相径庭。因为对古典时代的民主观念而言，我们如此熟悉的专家执政者这一形象对他们来说实在是极其陌生。如果说雅典人委派给奴隶的工作有时需要真正的专业技能，那他们这么做显然并不是瞧不起这些工作，而是深知这些工作对城邦的管理而言极具重要性；首先，他们希望将某些专业知识维持在政治场域之外；与现代人相反的是，他们特别认为作为"非专家"或"业余人士"的公民之间通过政治磋商可产生对城邦有益的集体知识。

显然，这是一种社会认识论：所有的知识均被纳入独特的社会构型之中，同时知识本身也是其自身参与塑形过程所致的产物。[②] 作为回馈，"若不去相应地构造知识场域，权力关系便不致存在，若

---

①　尤其可参阅 M. Callon、P. Lascoumes 与 Y. Barthes 的评论，《如何在不确定的世界里行动：论技术民主制》（*Agir dans un monde incertain. Essai sur la démocratie technique*），Paris，Seuil，2001。

②　关于社会认识论及其各种分支，参阅 A. Goldman 的综合论述，"为什么社会认识论是真正的认识论？"（Why Social Epistemology is real Epistemology?），见 A. Haddock、A. Millar 与 D. Pritchard（主编），《社会认识论：基本读物》（*Social Epistemology. Essential Readings*），Oxford，Oxford University Press，2010，p. 1—28。

不去同时预设而且构造权力关系,知识也不会存在"①,米歇尔·福柯(Michel Foucault)说得极好。在特定的掌控体系(雅典社会拥护奴隶制的结构)与知识组织原初布局的交叉点上,公共奴隶提供了一个有利的观测平台,可让人思考雅典民主制内部知识与权力之间的各种勾连形式。民主的观念形态在不同的知识种类及其政治上的用度之间制造出了等级制,而将公共性质的专业工作委派给奴隶就会使人对这种等级制提出拷问——换句话说,这样就会阐明古典时代城邦的"社会认识论"。

奴隶与专家

要辨明古典时代城邦内奴隶专家的形象并非易事。铭文与雅典大部分辩护词中的演说辞经常倾向于对 archê 的占有者,即官员,褒奖有加,从而也就能更好地将那些无名无姓的执行者遮蔽于阴影之中,虽然没有这些无名者,根本就不可能对城邦进行管理。因而,史学家经常只能想象 dêmosioi 的工作性质,却无法依据文献进行建构。同样,正如我们所见,这些奴隶都会去获取知识和能力,而且他们掌握的那些能力有时还很特殊,大部分公民并不具备,可要去确定他们究竟用什么方式获取那些知识和能力却又很困难。比如,档案保管员的工作肯定就要求具备许多人没有的技能:官员只要有要求,他就能提供各种各样的文件,而 Metrôon 的 dêmosioi 则对由自己归类、经常由自己拟定的法令了若指掌。很少有公民能从事这样的工作。遗憾的是,这些管理公共文档的专家,我们都不尽了解……

不过,情况并不像第一眼看去那样令人绝望。由于古典时代

---

① M. Foucault,《规训与惩罚》(*Surveiller et punir*),Paris,Gallimard,1975,p. 36。

与希腊化时代还留存下少量铭文,还有可能使一些奴隶专家的形象复活。

货币"查验员"

为了保护城邦的商业活动,古典时代的雅典人好几次设法阻止假币的流通。由于事关重大,他们便毫不犹豫地假借古风时代最伟大的立法家梭伦之口,督促法官对伪币制造者严加制裁:"若涉及货币,即便只是私人所有的货币,法官也必须对制造与流通严惩不贷。"[1]公元前375/前374年的一则法律指出两名公共奴隶坐镇雅典的公共广场和比雷埃夫斯港,管控流通货币的成色与真假。[2] 甚至有好几个迹象表明公元前5世纪下半叶,这个关键的职位就已委派给一名公共奴隶。[3]

两名公共奴隶各自从事"查验员"(dokimastês)这一工作。五百人议事会还未要求设立 dokimastês 这一职位时,城里的

---

① 德谟斯提尼,20(《驳勒普京》[Contre Leptine]),167,德谟斯提尼,24(《驳提马库斯》),212—213。

② Rhodes/Osborne,n°25。书目颇多,主要可参阅:R. S. Stroud, "雅典关于银币制造的法律"(An Athenian Law on Silver Coinage),Hesperia,43,1974, p. 157—188;T. V. Buttrey, "更多关于公元前375/4年雅典货币制造的法律"(More on the Athenian Coinage Law of 375/4 B. C.),NumAntCl,10,1982, p. 71—94;T. R. Martin, "公元前375/4年的雅典银币与公共奴隶"(Silver Coins and Public Slaves in the Athenian Law of 375/4 B. C.),见《纪念南希·沃格纳文集》(Mnemata. Papers in Memory of Nancy M. Waggoner),New York,American Numismatic Society,1991, p. 21—48;T. Figueira,《货币的力量:雅典帝国的货币制造与政策》(The Power of Money. Coinage and Politics in the Athenian Empire),Philadelphia,University of Pennsylvania Press,1998;C. Feyel, "论尼科丰的法律:对 dokimos、dokimazein、dokimasia 含义的评述"(À propos de la loi de Nicophon: remarques sur les sens de dokimos, dokimazein, dokimasia),RPh,77,2003, p. 37—65。

③ 确实,公元前4世纪初,拉孔(Lacon)毫无疑问做的就是这份工作(IG II² 1388, 1. 61—62;也可参阅 IG II² 1400, 1. 57;IG II² 1401, 1. 44—45;IG II² 1415, 1. 19—20;IG II² 1424a, 1. 311—312;IG II² 1428, 1. 149;IG II² 1443, 1. 207—208)。

dokimastês 就已在公共广场上的货币兑换所及钱庄那儿工作了。而比雷埃夫斯港的查验员设在"波塞冬石碑"（具体地点已不得而知）旁，等待商人和个人前来查验他们的货币；这么做是为了让赝币无法进入城内。不管怎么说，只有两名奴隶才能在查验的时候，确定贸易期间所用的货币是否有效。

　　法律针对两个诉讼做出了裁决："如果有人出示的外国货币与阿提卡货币轧制的方式一样，即可交还；如果是镀银的青铜币与镀银的铅币，或其他假币，即将之剪切后，献给诸神之母，并交给议事会。"[1]雅典人因此就将两种伪造方式与外邦制造的模仿雅典的货币区别开来，后者的货币与雅典货币采用同样的金属，分量相同，而且成色也一样。如果"查验员"见到这种仿币，就有义务将它交给有权使用这种货币的所有人手上。[2] 反之，如若他觉得货币是伪造的，不管是否涂了薄薄一层银以掩盖青铜或铅锭的材质，不管含银量是否低于雅典的标准，dêmosios 都应将之剪成两半，再将它献给公共广场上的 Metrôon。

　　如果雅典人将这么重要的工作委派给一名奴隶，这显然并不是说他们对此漠不关心，或觉得无关紧要，而是正好相反。被排除于雅典社会场域之外的 dêmosios 首先不像公民那样会腐败受贿。这种身份把他放到了确保货币交换顺利执行的中立立场上。[3] 但还有另外一个很简单的理由，解释了求助于奴隶的个中原因：毫无疑问极少有公民能从事这样的工作。将这种工作委派给他们中的一员，雅典人就使个体的专业技能拥有了管理的身份，破坏了在政治共同体内公平分配 archê 的原则。

---

[1]　Rhodes/Osborne, n°25, 1.8—12.

[2]　参阅 S. Psoma 的评述，"尼科丰的法律与雅典的仿币"（The Law of Nicophon［SEG 26.72］and Athenian Imitations），RBN, 157, 2011, p. 27—36。

[3]　参阅德谟斯提尼, 22（《驳安德罗提翁》）, 71, 论公共奴隶是否诚实。

因为查验员这项工作需要特殊的能力。佩特罗尼乌斯《讽刺集》(Satiricon)里的特里马尔西翁认为货币兑换员是世界上最难的工作，堪比医生：

> 他对我们说：那照您的看法，除了写作，究竟哪种职业最难呢？就我来说，我认为医生和货币兑换员的工作最难：说医生，是因为他知道那些可怜人肚子里出了什么毛病，什么时候会发热，虽然我也认识一些医生只知道给我开鸭肉的处方；说货币兑换员，是因为他们得透过银色的涂层发现底下的青铜。①

"透过银色的涂层发现底下的青铜"：货币学家都很清楚这项任务有多棘手。如果货币就是简单地"包了一层"，亦即在铅锭或青铜外覆上一层银色涂层，那这份工作就会比核实"含银量的比率"还要简单，因为银碰到青铜或铅锭容易流失。② 此外，很难想象 dêmosios 究竟如何才能分辨仿币，毕竟就像地下挖掘出来的那些货币一样，仿币与本币两者重量相等，成色相同，所以这种工作就连研究古币的古钱币学家都很难有把握……③那 dokimastês 是将货币敲击硬物靠听声音来辨别？还是给每一个货币称分量？还

① 佩特罗尼乌斯，《讽刺集》(Satyricon)，56。

② 之所以说困难，是因为雅典的许多货币都是私人制造，品质极差：参阅 C. Flament，"雅典的仿币或真币？对雅典某些与仿币一样日常使用的猫头鹰货币的新思考"(Imitations athéniennes ou monnaies authentiques? Nouvelles considérations sur quelques chouettes athéniennes identifiées habituellement comme imitations)，RBN，149，2003，p. 1—10。

③ 参阅 C. Flament，《雅典的银币铸造：从古风时代到希腊化时代》(Le Monnayage en argent d'Athènes. De l'époque archaïque à l'époque hellénistique)，Louvain-la-Neuve，Association de numismatique professeur Marcel Hoc，2007，p. 55—58。

是靠手感?① 不管怎么说,有一件事可以确定:这项任务需要货真价实的专业技能。法律也承认招募这样一名奴隶很不容易:"为了在比雷埃夫斯给 nauklêroi[船东]、emporoi[商人]和所有其他人设立查验员一职,议事会特指定若公共奴隶中有堪当此任者,就在公共奴隶中招募[——],或在外购得。"考虑到雅典有数百名公共奴隶,其中没有一人可做这份工作,城邦就想求助于奴隶市场。

Dokimastês 在雅典公共广场上的工作受到人民监察员(syllogeis tou dêmou)的管理,后者有权对不遵守法律的人实施惩罚:"若 dokimastês 不做工作或查验时不遵守法律,人民监察员可对其实施五十下鞭刑。"不过,查验员事实上在雅典公共广场的运转方面也拥有极大的权力:"如果有人不接受查验员认为有效的货币,则此人的商品即遭没收",法律就是这么规定的。因此,只有公共奴隶才有确保流通货币真实有效的权力。查验员信心十足,唯有他能撤回流通货币,将假币剪成两半,使之无法流通。他们拿到货币的时候都特别谨慎,那些不是这方面专家的人在评估阿提卡货币的真假时,均应求助于公共奴隶的权威,而他就会做出最终裁决,毕竟他宣布有效的货币都应在买卖货物时得到使用。

欧克莱斯,档案保管员和簿记

古典时代的 dokimastai 尽管权力极大,但他们仍然不为人所知。这与我们马上就要提到的公元前 4 世纪雅典的公众人物欧克莱斯的情况截然不同。② 幸好还有三则时间跨度达二十年的铭

---

① 参阅 T. Martin 的评述,"公元前 375/4 年雅典法律中的银币与公共奴隶",前揭,p. 34。

② 关于这个人物,除了 O. Jacob,《雅典的公共奴隶》,前揭,p. 135—137,还可参阅近期的 V. Hunter,"皮塔拉科斯与欧克莱斯:雅典从事公共服务的奴隶"(Pittalacus and Eucles: Slaves in the Public Service of Athens),*Mouseion*,6,2006,p. 1—13。

文,我们方能看清城邦两处最重要的圣地内档案保管员和簿记的工作情形,那两个地方分别是雅典卫城的雅典娜神庙,厄琉息斯的得墨忒尔与珀耳塞福涅神庙。

公元前 353/前 352 年,雅典人指派欧克莱斯负责清点(ex-etasmos)存放于雅典卫城入口处的卡尔科神庙内的物品。由于城邦有太多官员(统帅、骑兵师师长、部落长、步兵指挥官、当年及先前九年的女神神庙的司库!),再加上受议事会书记的管理,欧克莱斯得给存放于该建筑内部的所有祭品进行统计和归类。① 法令提到每次清点应与每年石碑上公示的清点数作对比,从而对任命 dêmosios 之前的情况有一个大致了解。司库应对卡尔科神庙清点的数字与石碑上镌刻的数字之间的差异进行查实,再决定是否委派中立的专家来负责再次清点。② 此外,欧克莱斯的这个工作似乎连续做了好几年,因为约公元前 350 年的雅典卫城还能看到他的行踪。③ 由于对圣地内的财物极其了解,所以对日常管理神灵住地的官员来说,dêmosios 必不可少。

大约二十年后,欧克莱斯又出现了,在厄琉息斯的得墨忒尔与珀耳塞福涅神庙里工作。从公元前 330 年的神庙账目可以看出,这名 dêmosios 应该负责的是记录官员的开支。为了有人来完成这项 anagrapheus 的工作,城邦给欧克莱斯开出的薪水高达每天 3 个奥波尔。④ 尤其是,当时的记录表明他是经过公民大会"举手表决"通过任命的,这也就意味着他的能力得到了全体雅典人的

---

①　*IG* II² 120.

②　J. Sickinger 的假设很有说服力,《古典时代雅典的公共记录与档案》(*Public Records and Archives in Classical Athens*),Chapel Hill, University of North Carolina Press,1999,p. 126。

③　*IG* II² 1440,1. 6—7.

④　*IE* 159,1. 60—61。我们与 Oscar Jacob 与 Virginia Hunter 的看法一致,也认为这肯定指的是同一个人。

认可。

　　欧克莱斯毫无疑问就像 dêmosios 佩里塔斯的远亲，此人原籍马其顿，公元前 2 世纪中叶在德洛斯的神庙供职。① 佩里塔斯负责提供阿尔忒弥斯神庙里有关银盘的信息，②还要统计阿斯克勒皮奥斯神庙里打碎的银器祭品③，他在神庙里从事这项不可忽视的工作整整三年。他的这项任务不是仅仅在物质上管理神祇的财物这么简单。佩里塔斯的职责似乎与司库的职责颇为相像，因为他在管理神庙的时候，同时也会以神庙的收入作为报偿。④ 公元前 4 世纪欧克莱斯在雅典从事的这份工作与两个世纪后佩里塔斯的工作都表明他们拥有独特的专业技能，由于这种专业技能（欧克莱斯得到了公开认可），公民便在好几年时间内委派他们担任此职。他们负责编制的清册对 paradosis 的流程而言更是不可或缺，paradosis 指的是将官员管理圣地的责任移交给另一个人。由于需对存放于神庙的物品作详尽靡遗的记录，所以公共奴隶也就等于间接担任清点神庙产业的簿记一职。

　　公元前 375 年无名无姓的查验员和欧克莱斯：这两位在古典时代雅典活跃的人物只不过是服务于城邦的具有专业技能的全体 dêmosios 的小小样本。他们无论是谁都无法代表全体公共奴隶。

---

① 参阅 T. Linders 的评述，"清点的目的：对德洛斯独立时期清册的解读"（The Purpose of Inventories: A Close reading of the Delian inventories of the Independence），见 D. Knoepfler（主编），《希腊城邦的账目与清册》（*Comptes et inventaires dans la cité grecque. Actes du colloque international d'épigraphie tenu à Neufchatel du 23 au 26 septembre 1986 en l'honneur de Jacques Tréheux*），Genève，Droz，1988，p. 37—47。正如 Tullia Linders 注意到的，德洛斯的铭文都提到祭品都是"带给"祭品监察员的，所以必然可以认为做这项工作的肯定都是公共奴隶，因为做这个工作的人必须熟悉神庙的内部构造。

② *ID* 1444 Aa, l. 54.

③ *ID* 1444 Ba, l. 20.

④ *ID* 1442 B, l. 76.

除了拥有同等的法律地位之外,事实上,这样的专家与将石块运往厄琉息斯工地上的 dêmosios 鲜有共同之处。从他们的工作情况来看,这些奴隶专家常常需与担任下级官职的公民合作共事。[①]不过,这些专业工作之所以让奴隶来做,是因为这些工作需要专业技能,而这个简单的事实也颇具代表性地论证了古典时代民主观念形态的基本构成要素:刻意将专业知识隔绝于政治场域之外。

当然,为了使拥有公开表达自己的能力以及拥有政治野心的某些个体与 idiotai 区分开来,公元前 4 世纪的雅典人有时会使用 politeuomenoi 这个词。但"政治阶层"这一概念与古典城邦世界可以说有着天壤之别,而 politeuomenoi 也从未在政治上获得"专业的"地位。尤其是,民主观念形态也绝不允许官员选举制建立于任何一种专业技能之上。[②] 毫无疑问,雅典人只要有可能就会求助于某个领域的专家,用他们的技能为城邦服务。公元前 4 世纪,有些政治家偶尔会因为他们的专业技能而从事专业性的工作,如欧布洛斯,在公元前 350 年左右,他受指派连续三年负责 theorikon 的库房管理工作[③],特别是公元前 336 年至前 324 年负责管理城邦财政事务的司库(ho epi tê dioikêsei)吕库古,显然他担任此职正是因为他在财政领域方面的技能。但公民的观念形态却佯装对公民生活运转所需的这些专业知识所起的作用充耳不闻。只要读一读古典时代的演说家的演说辞,听听城堡投票通过的那些法

---

① 关于雅典在管理德洛斯的神庙方面,Véronique Chankowski 给出了一个极佳的例证,V. Chankowski,《古典时代的雅典与德洛斯:对德洛斯管理阿波罗神庙的研究》(*Athènes et Délos à l'époque classique. Recherches sur l'administration du sanctuaire d'Apollon délien*),Athènes,École Française d'Athènes,2008。

② 参阅 J.-M. Bertrand 的评述,"对古希腊政治技能的反思"(Réflexions sur l'expertise politique en Grèce ancienne),*Revue historique*,620,2001,p. 929—964。

③ 但必须注意的是有个名叫海格蒙的公民似乎很快就投票赞成某项不让官员担任该职的法律:埃斯基涅斯,3(《驳泰西封》[*Contre Ctésiphon*]),25。

令的喧嚣声，似乎民主制的城邦从来就不需要专家来从事管理工作。公元前 5 世纪末，经由某个名叫斯特拉托克莱斯的人的倡议，雅典人投票通过一项荣誉性质的法令，赞颂伟大的吕库古忠心不渝、战斗中英勇杀敌，赞颂他的美德、他的正义感以及他对城邦的付出，却没有赞颂他服务于城邦期间所用的那种特殊的 technê。①

法学家尼科马科斯

因此，即便专业知识为城邦所用，公民演说却不准它们成为统治他人的由头，认为那是对民主制的威胁，而宁愿对它的重要性保持缄默。从这方面看，没有什么能比公元前 5 世纪末雅典的重要人物尼科马科斯引起的纷争更能说明问题了。十年间，雅典人一直委派这位法律身份并不明确的 dêmosios 的儿子②将城邦的所有法律编纂成辑。总之，正是因为公元前 399 年吕西阿斯的那份演说辞才使他为人所知，后者那时向他提出了严重失职罪（eisangelia）的诉讼。③ 但公元前 5 世纪末，尼科马科斯已相当出名，所以也就成了阿里斯托芬笔下的活靶子，《蛙》的最后一幕里，哈德斯要埃斯库罗斯给他一根绳子好了结自己……④

公元前 410 年至前 404 年，雅典人任命一个特别委员会负责修订城邦的所有法律并再行出版。⑤ 在这个委员会的成员中，尼

---

① 　*IG* II² 457 ＋ *IG* II² 513.

② 　参阅第三章对他的法律身份问题所作的评述。

③ 　关于 Nicomachos，参阅 S. C. Todd，"吕西阿斯诉尼科马科斯：雅典法律中专家的命运"（Lysias against Nicomachos. The fate of the expert in Athenian Law），见 L. Foxhall 与 A. Lewis（主编），《政治预设下的希腊法律》（*Greek Law in its political setting*），Oxford，Clarendon Press，1996，p. 101—131，p. 104—105。

④ 　阿里斯托芬，《蛙》（*Grenouilles*），v. 1505—1506。

⑤ 　关于大致的流程，参阅 E. Volonaki，"公元前 5 世纪最后数十年雅典法律的再次公示"（The Re-publication of the Athenian Laws in the last decade of the Fifth Century B. C.），*Dike*，4，2001，p. 137—167。

科马科斯占据一个独特的地位，以至于在城邦流传着这样一个谣言，说他在梭伦令人尊崇的法典中添加了许多别人都不熟悉的条款。根据吕西阿斯的辩护词，这位 anagrapheus 窃取了"至高无上的立法权"，好使自己成为立法者。[1] 尼科马科斯本应只限于搜集和誊写城邦现行的所有法律，可他却将公民共同体置于自己的控制之下，严重影响了雅典法律的正常运作："我们只是原封不动地使用日常法律，两造在法庭面前再从中各陈己见，而尼科马科斯却要代替这两造说话。"[2] 公元前 403 年，民主制重新奠定，不管怎么说，雅典人又重新选任尼科马科斯，这次委派他修订城邦的传统历法，而且没有为这项工作设限。[3] 照吕西阿斯的说法，这位 anagrapheus 在城邦的日常历法中又添入了新的膜拜仪式。[4]

从雅典司法的日常运作情况来看，尼科马科斯获得的权力绝对是独一无二的。因为雅典人从不认为法律的实施是一门科学，而是与公民理念共存的实践形式，而且与其他政治实践形式一样，也在 dêmos 的主权范围之内，由全体公民把控。因此，雅典的司法都掌控在非专业人士手中：尽管可以求助于代写诉状的人来修订面对民众裁判所宣讲的演说辞，但人数 6000、每年由全体公民抽签轮换的公民-法官却并非特殊的法律群体，除了定期参与公民机构的活动之外，并无其他用途。从这个背景看，尼科马科斯也就理所当然地成了古典时代熟知雅典法律的唯一一位专家。

正如斯蒂芬·托德(Stephen Todd)所言，这种专家地位将尼科马科斯放到了一个吊诡的境地中。尽管赋予了他相当大的权威，可

---

[1]　吕西阿斯,30(《驳尼科马科斯》),2 与 4。

[2]　同上,3。

[3]　同上,29,见 E. Volonaki 的评述,"公元前 5 世纪最后数十年雅典法律的再次公示",前揭,p. 153。

[4]　同上,17—22。

他并非通常意义上的官员。任期一再延长,违反了不得持续任职的规定,吕西阿斯也不忘指出这一点:"虽然严令禁止同一个人两次在同一个官员手下担任档案保管员,可你们仍然听任此人的摆布,在很长一段时期内将如此重要的事务交由同一个人从事。"①官员任职期满需交出账目,而尼科马科斯或许还被免除了这样的职责。②这篇辩护词之措辞激烈确实可以从 anagrapheus 地位的两重性得到解释:拥有真正的权力,却又不担任官职,这也就破除了将管理或服务(hupêresia)领域与 archê 领域分隔开来的那道屏障。

可是,尼科马科斯选择从事这样的事务绝非偶然。"你们让尼科马科斯负责修订祖辈的法律,可他的父辈却并不属于城邦",这位演说家说道:anagrapheus 的奴隶谱系,dêmosios 之子,都清楚地说明为什么会将这样的任务委派给他。尼科马科斯的父亲是 dêmosios,所以他身上仍然沾染着难以抹去的奴隶污痕:"你如此肆无忌惮,竟想将这座城市视为自己的私产,而你只不过是个奴隶"③,这位诉讼者不失时机地大喊大叫,进而又说他的位置本应在奴隶市场上。我们再次发现雅典人之所以将这样的职务委派给一个身份不明的个体,是想避免大权旁落到毫无争议拥有专业知识的公民手上。此外,这篇辩护词的结尾也收得斩钉截铁:"奴隶成了公民;穷人成了富人;档案保管员成了立法者。"④将奴隶身份同城邦的管理与服务紧密关联起来,就能更好地反对公民从事立法活动,这种做法也就说明因身世之故不得在城邦从事政治的 anagrapheus 的地位极其模糊。这个做法着实给雅典民主观念形

---

① 同上,29。

② 同上,4:"他不但负责的事务比任何人都多,而且也只有他当官的时候无需交出账目。"

③ 吕西阿斯,30(《驳尼科马科斯》),5。

④ 同上,27。

态的极性构造投下了极其刺目的光亮,它将城邦的管理工作下放给奴隶从事,同时又将专业技能隔绝在政治场域之外。奴隶专家的形象尽管罕见,却也因此成了民主制雅典如何从政治角度采用知识这一独特布局的象征。

民主认识论:
普罗塔戈拉或吹箫者的城邦

公元前431年的这一天,我们推开雅典富人卡利阿斯家的大门,悄悄混入众多宾客之间。在如此多的来访者中间,有知名的智术师,有前来聆听阿布德拉的大师普罗塔戈拉的年轻仰慕者,还有一个不请自来的人早已落座,他就是苏格拉底。苏格拉底是陪年轻的希波克拉底前来的,他也想听听"我们同时代人当中最博学者"[1]讲的课,并直率地问伟大的普罗塔戈拉他的教导包含哪些内容。后者泰然自若地回答道,他的教导"针对的是在私人事务中慎重思考的方式,了解如何有效地管理家庭,以及在处理城邦事务时,了解如何能用行动和话语来更好地处理这类事务"——总而言之,就是"政治技艺"[2]。

苏格拉底对这个定义并不满意,他怀疑政治技艺是否真的能从讲课中习得。因为在雅典,知识绝非参与政治生活的决定因素:在民主的公民大会上,第一个到的人无论掌握了什么样的知识,总归是第一个发言。[3] 苏格拉底觉得遗憾的是,他们造船或造神庙的时候,肯定会求教于最有知识的技术人员,而在涉及共同体的事务时,雅典人却并不看重掌握专门知识的人。为了回答最先提出

---

① 柏拉图,《普罗塔戈拉》(*Protagoras*),309d。
② 同上,318e—319a。
③ 同上,319d。

的这个反对意见，也为了论证自己政治技能观的正确，普罗塔戈拉就给对方讲了一则神话故事，故事讲的是普罗米修斯和厄庇米修斯创造凡人种族的事。但智术师的这个故事却与他之前的赫西俄德或埃斯库罗斯的版本差别很大，他对普罗米修斯的传奇故事作了颇为新颖的再诠释，这样一来，就使之成了名副其实的民主制城邦的创世故事。

对赫西俄德及埃斯库罗斯而言，普罗米修斯的传奇故事是对人类的过度行为进行反思的契机，普罗米修斯遭到惩罚，他的肝脏日夜受到老鹰的啄食，因人类自认堪比诸神，这么做就是专门为了惩罚人类。然而，普罗塔戈拉口中的结局却与普罗米修斯的行为引发的结局大相径庭，他不再受到惩罚，反倒成了人类的恩主。尽管因普罗米修斯窃取火种，人类掌握了生火的知识，可显然仍无法确保人类长久地繁衍生息下去。虽然拥有了 dêmiourgikai technai，他们却仍无法创建长治久安的政治秩序。拥有无上权威的宙斯不得已，只能出手干预，保住人类，并向人类提供了 politikê technê（政治技艺），对这门技术的掌握特别需要具备两个品质，aidôs（节制、虔敬或廉耻）①与 dikê（正义）。但还需要决定如何在人类当中分配这两种品质。是否必须依照医学模式，认为只有一个人能掌握政治能力，并为所有其他人的福祉着想而实现这种能力，还是必须认为宙斯将这种能力在人类当中进行了平等分配？普罗塔戈拉在这故事中借用的就是第二种路径。

普罗塔戈拉的神话故事因此就出现了三个要素，而且又回到当时雅典民主政体的背景上来。政治能力首先因为和 dêmiourgi-kai

---

① 关于古风社会与古典社会这一基本价值观的含义，参阅条目"aidôs"，见 B. Cassin（主编），《欧洲哲学语汇》（*Vocabulaire européen des philosophies*），Paris, Seuil, 2004。

technai 领域断然决裂而产生,而 dêmiourgikai technai 就是指服务于共同体的专门知识,dêmosioi 部分继承了这些知识。有了 aidôs 和 dikê 这一双重面向之后,政治就被视为一种由诸神提供给人类的能力;从这方面看,这种能力完全没有包含专门知识,而是指具备一种可定期得到维护的能力:"这种杰出的政治能力并非与生俱来,也不靠碰运气突然得到,而是通过自我学习而来,通过练习得到。"①它的特殊性在于它在所有人当中平均分配;普罗塔戈拉的故事因此就为雅典民主观念形态的主要价值观提供了传奇故事的底子,这个价值观就是 isonomia(政治职能的"平等分配")。

然后,普罗塔戈拉离开神话故事的领地,接受苏格拉底的邀请陈述他自己的美德观以及教授这种美德的方式。于是,这位智术师举出"吹箫技艺"作为范例,"无论是谁,对此都或多或少懂一点"②。那对美德的学习是否与掌握吹箫(aulos)的技艺类似呢?确切地说,智术师在此提出的是美德的教学模式,通过这种模式,公民就像吹箫者群体那样,最终以集体的形式和个体的形式获取这种品质,若非如此,便没有城邦能够存在:

> 可以想见除非我们全都是吹箫者,每个人都有各自的能力,不然,就不可能存在城邦;每个人都在私下场合或公开场合给其他人教授这种技艺,谁吹奏得不好,就会遭到指责,而且不会拒绝向其他人传授这门技艺,如今,没人会拒绝向其他人传授适合吹奏的正确合适的方法,所以并不会将这门技艺变得神秘兮兮,这与其他职业的窍门不同(因为我觉得我们大家都具有彼此实践正义与美德的优势,正是出于这个理由,每

---

① 柏拉图,《普罗塔戈拉》,323c。
② 同上,327c。

个人都会向别人传授可资使用的正确合适的方法)。①

　　照普罗塔戈拉的说法,美德传授所需的条件与主导手艺世界的 technai 所需的条件千差万别。后者需要的是师傅的知识,师傅向弟子传授掌握技艺的各种窍门,而美德若需教授,则需"在人的任何一个年龄段随时随地反复再三向那人传授"②。掌握 dêmiourgikai technai 需要的是知识一劳永逸地纵向传输,学习美德则不然,需要的是横向循环,彼此交流,且扩及人的整整一生。普罗塔戈拉还举了学习语言为例,他认为掌握这种奇异的能力无需老师:"就好像你想找一个老师教你讲希腊语;可你根本找不到"③,他这么对苏格拉底说。因此,与学习母语一样,并不需要优秀的语言学家来教你,获取美德属于社会化的学习方式,就是向共同体的所有成员学习,那儿的每个人或多或少都拥有这个品质。

　　就这个层面而言,每个公民虽然都拥有并不完满的美德,但只有不再与同辈持续交流,从而使得其能力受限之时,这种不完满的美德才是一种缺陷。尤其是,公民共同体实现这种美德需要大量的循环流通,需要密集的彼此交流,而对美德的任何一种定义都无法成为其先决条件。普罗塔戈拉的思考因此就是一种社会认识论,强调的是知识在人与人之间的循环流通,即便知识并不全面,也没关系。掌握一些知识的人向比他们不如的人传授知识,这么做是为城邦的福祉考虑:这就是这种民主认识论的核心所在,它捍

---

① 　同上,327a—327b。柏拉图还说:"他说,如果我们都能充满热情,满怀意愿地彼此教授吹箫的技艺,那苏格拉底,你认为究竟会是吹箫高手的儿子还是吹箫生手的儿子才能成为吹箫的行家呢? 我觉得并非如此。"

② 　参阅 F. Ildefonse 对柏拉图《普罗塔戈拉》(*Protagoras*)的评述,Paris,Flammarion,"GF",1997,p. 30—31。

③ 　柏拉图,《普罗塔戈拉》,328a。

卫的恰是政治能力的合作主义理论。

政治炼金术

　　这种独特的教育法能在雅典城邦的组织构架中觅得回响。因为雅典民主生活的一个突出特点就是多元的审议结构，所有的决议均从此出。有镇区或胞族的大会，有时是十几个公民齐聚一堂，有公民大会，所有公民都能参与，包括各类私人机构，各类官员群体，全体公民生活都经过各式各样的商讨定夺。依照美国著名史学家约西亚·欧博(Josiah Ober)的说法，正是这种从集体层面将各类相异的知识组织起来的能力，才是古典时代雅典民主体制成功的锁钥。[①] 若缺乏能够制造公共认识的国家机构，那就需要全体审议机构将分散于阿提卡全体民众中间的各类认识聚集综合起来，再将之转换成于城邦有利的政治上行之有效的知识。因此，雅典社会的共同体密度极大，由各类私人(宗教组织、宗教社团、génè)和公共(镇区、胞族、部落)的群体构成，在公民团体各色各样的构成部分之中还穿插着无穷无尽的网络，这对服务于公共利益的各类知识的自由流动起到关键作用。[②] 雅典民主制让各种层级的社会最大化地互动起来，所以也就使政治上有益的公共知识得以成型。

---

① J. Ober，《民主与知识：古典时代雅典的创新与学习》(*Democracy and knowledge. Innovation and Learning in classical Athens*)，Princeton，Princeton University Press，2008。关于法译本，以及 J. Ober 针对该书提出的主要建议及对此所作的讨论，参阅 A. Macé(主编)，《公共知识：古希腊知识的政治使命》(*Le Savoir Publique. La vocation politique du savoir en Grèce ancienne*)，Besançon，Pufc，2013，p. 365—481。

② 关于雅典共同体生活的密度问题，我参阅的是 P. Ismard 的著作，《网络城邦：雅典及其社团(公元前 6—公元前 1 世纪)》(*La Cité des réseaux. Athènes et ses associations* [*VIᵉ-Iᵉʳ siècle av. J.-C.*])，Paris，Publications de la Sorbonne，2010。

依照欧博的说法,有一个机构在聚集综合分散于雅典整个社会的所有知识方面起了主导作用:那就是五百人议事会。确实,在古典时代,该议事会扮演了关键的角色,因为如果未经五百人议事会事先商讨,任何决议都无法在公民大会上投票表决。由五百名公民抽签担任的议事会成员并无财富多寡之分,他们来自阿提卡各个地区,且占比相等,该机构是分散于雅典整个社会的各类认识持续流通的心脏地带。在它的内部,极具多样性的知识经城邦调动使用,用来阐明集体做出的决策。

但雅典的成功并不仅仅由于各类公民机构大规模地将各种能力聚合于一身。它并不是对孔多塞那个著名公理的大型论证,依据那个公理,大多数陪审团成员都会支持最公正的提议,陪审团成员越多,这种概率就越高。对孔多塞而言,要制订中肯的决议,最终都得取决于审议进程中每个参与者的专业知识水准:"我们来看投票过程中的简单多数制。如果每个投票者作出判断时均以求真为上,而且投票者的人数越多,则决策很有可能也就越好;反之,如果投票者欺上瞒下,则决策就很有可能变得一无是处。"[1]换言之,只有每个法官都能证明自己具备能力和独立性,他们中的大多数人才能作出公正的裁决。这个公理忽视了知识本身也具有生产特性,商讨审议本身就能产生知识,这些知识并不取决于每个参与者的认识水平,而这就是雅典政制典范的核心所在。

因为从普罗塔戈拉提出的那个认识论模型来看,重要的并不是将个体的专业知识大规模聚合起来,而是雅典政体经由多元化的商议空间,将截然不同的各个层面的公民悉数囊括进来,从而创

---

[1]　N. de Condorcet,《论对多数票制定决策的概率分析》(*Essai sur l'application de l'analyse à la probabilité des décisions rendues à la pluralité des voix*),New York, Chelsea Pub,1972[第一版,Paris,1785]。

建一种使集体知识得以诞生的炼金术。在《政治学》第三卷中,亚里士多德将自己置于智术师的学派中,以共同体聚餐为模板来描述城邦,照他的说法,参与者越多,就越能创建崭新的集合体,从而也就易于产生更优的判断:

> 多数人,即便每个人均无政治才能,但只要聚合起来,就能比单打独斗的精英更好,这就像用餐,每个人都带来自己的一份总比独自享用要好。因为这儿指的是多样性,每个部分都拥有一部分美德与实践上的智慧,当他们聚合在一起时,就好像人群变成了一个人,这个人有许多脚,许多手,有各种各样的感觉,同理,道德与知识也是如此。这就是为什么在判断音乐和诗歌作品时,多数人的意见总是更好:每个人作出自己那部分的判断,而所有人就能作出整体的判断。①

因此,“不具备政治才能”者的大合唱总归要比精英的抒情独唱好,甚至更深入。当然,公共知识仍可得益于每个公民各自的专业技能,但政治蕴含的炼金术首先依赖共同商议,共同商议能将向来都不完整的个体知识聚合起来,转换成一种有益于共同体的知识。故而,不仅个体的专业技能可以成为统治的资格,而且,更有甚者,只有经由商议这一实践行为,通过不断的澄清,它对公民社会的益处才会显现出来。②

---

① 亚里士多德,《政治学》,1281a—b。关于这段对社会认识论的阐释,可参阅近期 J. Ober 的文章,“民主的智慧:亚里士多德针对集体判断的中庸之道”(Democracy's Wisdom: an aristotelian Middle Way for Collective Judgement),*American Political Science Review*,107,2013,p. 104—122。

② 关于这一点,参阅 B. Cassin,《智术派的影响》(*L'Effet sophistique*),Paris,Gallimard,“NRF Essais”,1995,p. 246。

哲学家 dêmiourgos

这样一来，我们就能更好地理解在苏格拉底眼里民主现象的局限性到底在哪儿。苏格拉底的哲学谴责雅典的体制是"无知者的体制"，他无疑认为这就是民主原则的核心所在，因为这样的民主原则将统治的合法性问题与知识的占有分离开来；但无知者的专政只不过是柏拉图哲学给这一独特的认识论体制起的名字而已，我们从中可以隐约看见普罗塔戈拉的"吹箫者城邦"的影子。这种体制着重的是在城邦多元化的商议机制内人与人之间彼此受教的形式，所以当然会与已被排除到政治领域之外的 dêmiourgikai technai 彻底决裂。它自然也会捍卫公共知识这种雄心勃勃且独具民主风尚的概念。

色诺芬的《回忆苏格拉底》有段文字特别清晰地阐明了苏格拉底哲学与民主体制之间的冲突，表明哲学家因占有知识而顺理成章地受到奴役。他在这儿拿苏格拉底同 dêmiourgos 相提并论，而 dêmiourgos 体现的正是戴达洛斯这个人物。戴达洛斯"因掌握了知识而遭到弥诺斯的绑架，成了他的奴隶"，然后他又被波斯王掳走，成了波斯王的奴隶，而他的命运也就预示了哲学家的命运，因掌握知识而成了民主制下群众的牺牲品。① 在希腊化时代，萨摩斯的杜里斯又再次沿用这种说法，声称苏格拉底当过奴隶，年轻时

---

① 　色诺芬，《回忆苏格拉底》，IV，2，33："他问：你对戴达洛斯怎么看？你难道没有听说弥诺斯因为他有知识而将他绑走，让他成了自己的奴隶，使他失去了祖国和自由，他和儿子逃出去后，既失去了儿子，自己也落入虎口，因为他被野蛮人掳去，又再次成了他们的奴隶？——他回答道，宙斯就是这么说的。——帕拉梅德斯的苦难，你也没听说过吗？所有的诗人都在吟唱，说奥德修斯妒忌他的知识，最终使他丧了命。——他说，别人也这么说过。——那照你看来，还有多少人因为掌握了知识而成了波斯王的奴隶？"见卷1。

做过石工。① 哲学家既是 dêmiourgos，又是奴隶：这种对照极具争议，表明拥有真正知识的人不可能融入民主体制。同时，他还宣称柏拉图哲学早已完成苏格拉底的规划：将专业知识确立为所有政治的原型。当普罗塔戈拉认为政治与 dêmiourgikai technai 水火不容的时候，柏拉图却反其道而行之，将政治直接与专业知识连贯起来，并认为真正的政治家首先必须在有限的专业领域内证明自己有这方面的能力，然后才有权力在城邦内担任最高等级的职务。②

奴隶的知识有什么名称？

从普罗塔哥拉将 dêmiourgikai technai 贬到政治场域之外，到认可由 dêmosioi 专家服务于城邦，归根结底实现的都是同一个政治观。柏拉图哲学以自己的方式清晰地认识到这方面的重要性，甚而使奴隶的知识成为他同民主制城邦认识论体制争议的核心论题。在我们的这段路途上竖着一座哲学传统的纪念碑，这位惊慌失措的史学家不得不小心翼翼地朝着这座纪念碑行进——我想讲一讲柏拉图《美诺》中回忆理论的首次系统阐述过程。这个广受膜拜的场景已经过无数次剖析，所以值得反复阅读，看看针对城邦内的知识体制究竟产生了哪些争议。

我们先来简单说一下背景。帖撒利亚的年轻人美诺是智术师高尔吉亚的仰慕者，他路过雅典的时候，与苏格拉底谈了谈美德："苏格拉底，你是否能对我说说美德是否可教？ 如果美德不可教，

① 第欧根尼·拉尔修，《名哲言行录》（*Vies et doctrines des philosophes illustres*），2，19。
② 柏拉图，《高尔吉亚》（*Gorgias*），514a—b："卡里克勒斯，如果我们想要彼此投入到政治事务的领域内，担任某个公共职务，比如说负责工地建设——没错，有许多建设堡垒、武器库、神庙的工地——那我们难道不应该参加考试，来证明自己首先是否了解建筑的技艺，身边是否有老师可以让我们学习这门技艺？"

那是否可以通过练习来获取?"但苏格拉底将这个问题又抛回给了美诺,这位帖撒利亚的年轻人于是便提出一个悖论,认为只有熟悉美德,才有可能发现美德。为了解决这个悖论,苏格拉底就提出了回忆理论,依照这个理论,学习源于对先前获得的认识的回忆,为了使这个理论更具体化(从普通意义和比喻意义上而言),苏格拉底仔细地问了问美诺的一个小奴隶,引领他通过自己去发现一个几何命题,即给定一个正方形,再画一个正方形,使它的面积是原来正方形的两倍。

许多哲学史家都认为这个场景正是柏拉图最终脱离苏格拉底的教诲、诞生自己的哲学的地方。《斐多》,特别是《斐德若》里得到反复阐述的回忆理论留下了柏拉图年轻时的印记,戴的却是苏格拉底的面具。不过,我们对回忆理论的第一次系统阐述进行思考的时候,最好不要马上从柏拉图形而上学的伟大成就着眼。恰恰相反,这个场景理当受到诘问,因为针对不同的知识在城邦内究竟占据何种地位可以说是众说纷纭。

首先,我们来看一下因苏格拉底的主张而提出的那个悖论:"苏格拉底,究竟怎么才能去寻求你自己也完全不知道的东西呢?既然许多事情都不可知,你对此又有什么特别的建议? 就算你偶然发现了它,可你也不认识它,又如何能认出它呢?"①回忆理论是对这个悖论所作的回答,苏格拉底认为那个悖论就是"诡辩",但研究该哲学的史学家却一致认为不该像柏拉图的老师那样对此持轻蔑态度。② 可是,这个悖论有着公元前 5 世纪智术派的思辨痕迹,

---

① 柏拉图,《美诺》(*Ménon*),80d。

② 尤其可参阅 R. Weiss,《洞穴中的美德:柏拉图〈美诺〉中的道德诘问》(*Virtue in the Cave. Moral Inquiry in Plato's Meno*),Oxford,Oxford University Press,2001,p. 52—76,或 C. Ionescu,《柏拉图的〈美诺〉》(*Plato's Meno*),Plymouth,Lexington Books,2007,p. 41—42。

某些注疏者甚至认为是伟大的高尔吉亚第一个对之提出清晰的阐述。[①] 该悖论表述的肯定是经验主义的哲学,照这种哲学的看法,唯有经验才是认识的源泉。但它其实应该属于普罗塔戈拉范式谱系上的一种特定的认识论,照这种认识论的看法,关于美德的最终知识不见得能够通过传授习得。

苏格拉底否认这样的观点,即无需预先认识本质,便可对美德有所了解[②],相反,对美诺而言,"对定义进行研究会使我们变得彻底无知,无法拥有完整的认识"[③]。但就算无力认识也丝毫不意味着教学上的无能。高尔吉亚或普罗塔戈拉的诡辩术能使悲观的认识理论与乐观的教学论调和起来,前者无法认识事物之所是[④],而后者却有可能使知识得到传输。[⑤] 这些伟大的智术师可以说是约瑟夫·雅克托(Joseph Jocotot)这位有名的"无知之师"遥远的先驱,他们认为根本不需要最终的知识

---

① 参阅 M. Canto-Sperber 对柏拉图《美诺》的评述,《美诺》(*Ménon*),Paris,Flammarion,"GF",1991,P. 247—248。此外,需要注意的是亚历山大的忒拉绪洛斯(Thrasyllos d'Alexandria)将《美诺》归入柏拉图作品集的第六个四篇中。可是,在归入这第六个四篇的对话录中,苏格拉底比柏拉图作品中其他地方都更清晰无误地与他那个时代的智术师唱对台戏,尤其是在关于如何学习优秀这个问题上(参阅 H. Tarrant 的评述,《回忆柏拉图〈美诺〉》[*Recollecting Plato's* Meno],Londres,Duckworth,2005,p. 128—129)。

② 柏拉图,《美诺》,71b。

③ M. Canto-Sperber,见柏拉图,《美诺》,Paris,Flammarion,"GF",1991,p. 72。

④ 关于这一点,重要的文章有高尔吉亚的《论非存在》(*Traité du non-être*),我们是通过塞克斯图斯·恩丕里柯以及亚里士多德学派的《论麦里梭、色诺芬和高尔吉亚》(*Sur Mélissus, Xénophane et Gorgias*)了解到的(参阅 G. Kerferd,《智术派运动》[*The sophistic movement*],Cambridge,Cambridge University Press,1981,p. 93—99,与 B. Cassin,《智术派的影响》,前揭,p. 23—65 与 p. 119—140)。

⑤ 参阅 P. Woodruff,"雄辩与相对主义:普罗塔戈拉与高尔吉亚"(Rhetoric and relativism: Protagoras and Gorgias),见 A. Long(主编),《早期希腊哲学剑桥史》(*The Cambridge Companion to Early Greek Philosophy*),Cambridge,Cambridge Unversity Press,1999,p. 290—310。

来分发给别人。①

为了解决智术师提出的这个悖论,证明一样事物既有可能认识又有可能不认识,苏格拉底分了两步走。首先,他援引灵魂转生的神话故事,毫无疑问故事应出自毕达哥拉斯或俄尔甫斯,②他提到掌握专门知识的人,如司祭和诗人享有的权威:"这是男女司祭的语言,他们致力于对他们着力研究的事物进行阐释。品达也这么讲过,还有其他许多受神灵激励的诗人也这么讲过。"③然后,苏格拉底把美诺的小奴隶叫来,让他进行几何学的推论。讲希腊语的奴隶只不过是为了进行论证而用的道具,真正的对象还是美诺。④ 奴隶靠自己发现了面积是给定的正方形两倍的另一正方形的边长,他凭借自己的演绎能力,"凭他自己的素质对此有所认识"⑤,并最终证明他已经知道自己还不了解的东西。⑥

在对话的紧要关头,奴隶介入进来,经常有人从认识普遍化的角度来阐释这个现象。苏格拉底的诘问表明个人身份或社会地位对认识的获得丝毫没有影响,某些哲学史家便迫不及待地认为这

---

① J. Rancière,《无知之师:智力解放五讲》(*Le Maître ignorant. Cing leçon sur l'émancipation intellectuelle*),Paris,Fayard,1987。

② 参阅 D. Scott,《柏拉图的〈美诺〉》(*Plato's* Meno),Cambridge,Cambridge University Press,2006,p. 94—97。

③ 柏拉图,《美诺》,81a—b。

④ 这个场景完全算不上苏格拉底用辩证法进行驳斥的范例。参阅 H. H. Benson 的评述,"《美诺》:奴童与问诘法"("Meno", the slave boy and the elenchos),*Phronesis*,35,1990,p. 128—158。

⑤ 柏拉图,《美诺》,85d。

⑥ 我们这里先把关于 anamnêsis 理论引申意义的哲学争论放到一边:这是否是从《美诺》,经过《斐多》,再到《斐德若》串联起来的统一理论,而且从一开始起就与形式(Formes)的知识相关,还是《美诺》只是一个有限的版本? 若需了解一进路,参阅 L. Brisson,"《美诺》里的回忆"(La réminiscence dans le *Ménon*),81c5—d5,见 M. Erler 与 L. Brisson(主编),《高尔吉亚-美诺:第七届柏拉图研讨会论文选编》(*Gorgias-Menon. Selected Papers from the Seventh Symposium Platonicum*),Saint-奥古斯丁,Academia Verlag,2007,p. 199—203。

就是"苏格拉底的平等主义"①。这个假设其实相当靠不住,我们
来看看雅克·朗西埃(Jacques Rancière)的观点,他在这个场景中
看出这种哲学一开始就与民主制下劳作的群众处于冲突关系。奴
隶这个人物享受着"获得至高无上的科学青睐"的体验,然后又被
打回冷宫,他的用途就是证明那些从事手艺活的"群众"拥有的都
是些伪知识,并进而宣扬"平民化的苏格拉底学说"这一假设。美
诺的奴隶根本就没有为苏格拉底的辩证法提供普世的视野,因为
他并非"社会主体或共和国治下的人",他首先是民主治下群众这
一形象的对立面,那些群众就是身为公民的手艺人,而他那"虚拟
的无所不知"的能力倒是预先使与手艺人的劳作世界有交集的平
民哲学或民主哲学的假设名誉扫地。②

　　依据我们揭示的公民认识论,这整个场景特别容易产生另外
一种涵义,它与研究柏拉图主义的史学家习惯赋予它的涵义并不
相同。这个插曲无法证明存在一种获取认识的普世化的途径,它
的目的是对普罗塔戈拉的民主认识论提出激烈的质疑,而美诺的
悖论也间接地起到一定作用。让一个没有自身身份、禁止在城邦
发言的人登场,却又要让他获取回忆从中发端的那种认识,对苏格
拉底而言,他这么做就是要反驳智术派的认识论,智术派认为知识
完全不应归功于公民秩序,而应归功于话术(dialogisme)——他是
要用另一种方式来证明货真价实的知识并不存在于民主制城邦
之中。

　　因为经由回忆(anamnêsis)导致的那种认识形式与民主领域
的商议型知识截然相对。"由于灵魂不灭,而且会反复再生,所以

---

① 　D. Scott,《〈柏拉图的〈美诺〉〉》,前揭,p. 106—108。
② 　J. Rancière,《哲学家及其穷人》(Le philosophe et ses pauvres),Paris,Fayard,1983,
　　 p. 63—65。

它就能同时看见此处的事物与冥间[不可见的世界]的事物,也就是说能看见所有的现实,没有它不能学习的东西",苏格拉底如此强调。① 这种知识属于某种视像(vision),某种外在于意识的阳光,"高处的阳光","尊贵的国王、勇武有力者和博闻多识的伟人全都"朝这阳光而去,照这位哲学家引用的品达诗歌的说法,这些人好似"完美无瑕的"英雄。② 这样的"阳光"非他,正是心智中的现实世界,只有按照灵魂与它认识的现实之间先验同一性的原则,才能达到这样的高度。③ 对灵魂来说,自此以后,anamnêsis 便会脱离感官,抵达心智的世界,那才是它真正的家园,而回忆理论便由此而来,与此同时,回忆便会对古风时代拥有真理的各路大师的种种观念和实践进行重新阐释。④ 民主认识论获得的知识,其对象并不具有先在性,而是经由商议行为构建而来,回忆对此却持相反的看法,认为知识具有先在的现实性,而拥有独立生命的灵魂可再三对它造访。

因此,《美诺》中的这个著名场景便展现了两种互不兼容的知识体制,而用奴隶来证明——确切地说,检验——的回忆理论首先便是对雅典民主认识论的挞伐。从这个角度看,这个场景向民主制城邦的知识体制提供了一间回音室,它将经由平等商议而来的公共知识与同城邦世界毫无瓜葛的知识分离开来,甚至使毫无公民身份可言的人也能成为城邦世界的代言人——而对柏拉图的解读却使我们发现正是透过奴隶这样的人物,这两种知识观终究相隔万里。

---

① 柏拉图,《美诺》,81c。

② 同上,81b—c(品达,残篇133)。

③ 同上,81c—d。

④ 同上,86a。参阅 L. Gernet 的评述,"哲学的起源"(Les origines de la philosophie),《古希腊人类学》(*Anthropologie de la Grèce antique*),Paris, Maspero, 1964, p. 415—430,p. 422—425。

＊ ＊ ＊

我们稍稍拉伸一下我们的焦距,借助比较对位法,尝试用另一种方式来观察与身为专家的 dêmosios 这一形象相关的各种挑战。现在我们去一下索科托哈里发国,那是 19 世纪最初十年乌斯曼在弗狄奥建立的国家,就在现今尼日利亚北部尼日尔河与乍得湖相汇之处。哈里发国国土广袤,有 1200 万人口,19 世纪中叶,有 100万到 250 万奴隶活跃在各个生产领域。照摩西·芬利广为人知的说法,研究该地区的专家毫不犹豫地将索科托国归入"拥护奴隶制的社会"范畴。① 卡诺酋长国围绕古老的都市中心组建而成,囊括整个 19 世纪索科托帝国最繁华的地区。领头的埃米尔听命于哈里发,但他也有足够的自治权,所以颇像哈里发国内真正的公国。肖恩·斯蒂威尔(Sean Stilwell)在他那本开创性的著作中对卡诺酋长国的公共奴隶很感兴趣,19 世纪,公共奴隶的权力和自治权不断扩大,甚至全力以赴地参加了 1893 年引燃哈里发国全境的内战。1903 年到 1926 年英国统治的二十年间,这些王室奴隶甚至在新的殖民体系中也占据着特权地位。这位美国的人类学家将某些公共奴隶占有的知识置于 19 世纪奴隶共同体自治化进程的核心地位。②

20 世纪末,埃米尔手下一名奴隶的后人曾宣称:"奴隶会教王子各种各样的知识:怎么上马,怎么和其他人生活在一起[也就是政治]。王子的吃饭穿衣也靠他们。"③统治技艺也是奴隶教的吗?

---

① S. Stilwell,《权力的悖论》,前揭,p. 6。关于拥护奴隶制的社会这一概念,参阅引言。
② 同上,p. 167—203。
③ 这段话由 Stilwell 记录下来(同上,p. 193)。

事实上，委派给王室奴隶的那些工作涉及各种各样的技能。作为君主手下最重要的财务官，也只有埃米尔的奴隶熟稔在他治下各个地区活动的真实情况。埃米尔会在奴隶中挑选部队的各大指挥官，所以奴隶不仅能发展战略方面的知识，也能掌握"军事技能"。对卡诺王家编年史的编订、保存和传播同样也由奴隶掌管。

　　奴隶的各种各样技能可以用一个词，即 sani 表述，该词意指特定的认识，与 ilimi 的领域有别，后者指伊斯兰教和伊斯兰史的理论知识。在由年长的奴隶掌控的奴隶共同体内部传播知识时，均须严格守密，而掌握这些知识也就成了埃米尔治下与奴隶身份相关的那些特权的构成部分。[1] 因此，即便他们的能力有时被自由贵族贬低为"奴隶的知识"，但这些奴隶最终还是获取并传输了他们的"文化资本"，而这样又加强了他们在埃米尔治下的自治地位，有助于使他们建立名副其实的自治团体，从而在国家内部捍卫自身的利益。

　　斯蒂威尔所述的卡诺酋长国的这个进程显然与古典时代的雅典毫无共同之处。Dêmosioi 掌握的专业技能领域毫无疑问远比卡诺酋长国的奴隶掌握的专业技能领域小得多，但问题并不在此。即便 dêmosioi 享有很难被文献证实的"血亲特权"，他们仍然没能形成经久不衰的家系，也未能构建自治共同体，在城邦彰显自身的利益。我们已经发现，我们的所有文献都已表明 dêmosios 靠自己的身份使奴隶团体繁衍扩大的行为，与从市场上直接买来的公共奴隶的数量相比，实在微不足道。

　　这样的规模也就间接表明 dêmosios 掌握的那些知识的特性。

---

[1]　参阅 C. Perrto 背景虽不同却颇为相似的评述，"恩杰尼耶的阿尼王国的俘虏"（Les captifs dans le royaum anyi du Ndényé），见 C. Meillassoux（主编），《前殖民时期非洲的奴隶制》，前揭，p. 351—388, p. 380。

我们很难了解他们获取这些特定能力的方式。也没有任何地方可以让我们认为存在"国立学校"负责从奴隶很小的时候起就培养他们，使之成为公共奴隶这样的情况，就像倭马亚行政管理当局培养奴隶录事那种情况一样①，而与突尼斯大公府第向马穆鲁克这样的奴隶集体教授知识的情况相比就更不如了。② 亚里士多德的《政治学》提到存在某种奴隶学问（doulikê epistêmê），公元前 4 世纪的叙拉古人就向奴隶教过这种知识。③ 古代文献中只有一个地方提及专门教授奴隶知识的机构组织形式④，按照司塔吉洛斯的亚里士多德的说法，我们根本不能认为这种奴隶学问就是指专门针对专业工作的由公共奴隶掌握的那些知识。

同样，认为 dêmosioi 会像卡诺酋长国的奴隶那样传播知识，这样的假设不堪一击。公共奴隶有时也会父传子，就像公元前 3 世纪在阿斯克勒皮奥斯神庙里工作的德米特里奥斯父子那样，但毫无疑问将特定本领传给儿子的做法极其少见。大多数公共奴隶都是买来的，所以认为存在特定的奴隶市场，使城邦可以根据需要从中找到胜任的奴隶这种看法会比较合理。这个简单的事实并不能使我们认为 dêmosioi 掌握的能力向他们提供了在城邦内保持自治的各种资源。与卡诺的公共奴隶相反，卡诺的奴隶能够传承并且传输构成其身份的特定知识，而 dêmosioi 的专业技能却无法使他们的权力在逐渐得到城邦确认的基础上获得特殊的身份。

---

① Y. Ragib，"伊斯兰初始数世纪的公共奴隶"（Les esclaves publiques aux premier siècles de l'Islam），见 H. Bresc（主编），《中世纪与现代世界的奴隶人物》（*Figures de l'esclave au Âge et dans le monde moderne*），Paris，L'Harmattan，1996，p. 7—30。

② 参阅 M. Oualdi，《奴隶与主人》，前揭，p. 102—107。

③ 亚里士多德，《政治学》，1255b："不能因为有学问而把别人称为主人，主人本就是主人，对奴隶和自由人来说，都是如此。但另一方面，也存在主人的学问和奴隶的学问，而奴隶的学问就是指在叙拉古教授的那种学问。"

④ 但我们也可以认为那是专门教授如何管理奴隶的知识。

　　但也可以反过来解释:古典时代雅典的公共奴隶之所以最终没有在城邦内形成自治团体,是因为雅典的民主观念形态在专业技能领域和政治领域之间设了一道屏障,采用各种方式来阻止掌握技能的奴隶操持大权。从这个角度看,雅典的民主认识论贬低专业知识,使之与公民参与政治这种高贵的活动保持距离,那就不仅仅是要捍卫建立在商议基础上的公共知识这么简单了。民主认识论也可间接地使奴隶与自由人之间的根本区别变得合法化,并使雅典社会拥护奴隶制的结构得以合情合理地创建起来。在古典时代的雅典,民主治下的知识等级也是拥护奴隶制的社会的等级。

第五章　希腊国家的秘密

> 国家平静而骄傲，向着法庭席走去，牵着这位成熟丰满的女人的手，而他就是希腊城邦。他为了海伦而发动战争。有哪个胡须花白的法官可以审判他呢？[1]
>
> 弗里德里希·尼采

有人只要一出面就能把人吓得半死，为了形容这样的人，古典时代的希腊人有时会用一个奇怪的表达，即"特奈多斯人"（Tenedios anthrôpos）。9世纪，拜占庭帝国有一部著名的百科全书《苏达辞书》，它源起于传奇的忒奈斯国王设立的法律，忒奈斯曾用自己的名字命名爱琴海北部的一座岛屿，名之为特奈多斯岛。国王刚愎自用，甚至惨无人道，他的法律规定"公共奴隶必须手握斧头，站于作伪证的人背后，将有罪者立马格杀"[2]。按照这本百科全书的说法，就是因为这样的dêmosios激起的恐惧感，才诞生了"特奈

---

① F. Nietzsche，"希腊人的国家"（L'État chez les Grecs），《哲学全集》（Œuvres philosophiques complètes），卷1，1870—1873年，Paris，Gallimard，1975，p. 182。

② 《苏达辞书》，*Tenedios anthrôs* 词条。关于这则轶事，也可参阅 Photius，《特奈多斯》（*Tenedios*）。

多斯人"这种说法。

公共奴隶挥舞的斧子成了古典时代与希腊化时代特奈多斯城邦的象征。双刃斧的形象就刻在货币的背面，正面则是恶魔比夫隆的脸，这恶魔有两个侧面，一为男人，一为女人。特奈多斯人甚至向德尔斐的阿波罗神祭献过作为城邦象征的双刃斧。① 特奈多斯的斧子在古代作家中很有名，它在两个故事中占有中心地位，讲述的都是创建城邦的国王忒奈斯独掌大权的种种独特做法。保萨尼阿斯在《游记》第十卷中说这个故事源自特奈多斯城邦。② 忒奈斯是基奇诺斯和普罗克勒斯的儿子，出生于特洛亚司的科罗奈斯城邦。母亲去世之后没多久，这个英俊潇洒的年轻人拒绝了继母菲洛罗梅的勾引。恼羞成怒的菲洛罗梅就跑到基奇诺斯那儿，说他儿子想要强奸她。为了让忒奈斯远离他的新婚妻子，国王就把他和他的妹妹厄米忒亚一同关入木箱内，让他们沿着特洛亚司河顺流而漂。但诸神庇护着俊美的忒奈斯，箱子奇迹般地来到琉科弗里斯岛的岸边，那儿就成了今后的特奈多斯岛。几年之后，基奇诺斯知道自己犯下了错误，便漂洋过海来到儿子身边，请求他的原谅。但此时已成为特诺斯君主的忒奈斯毫不动情，狂怒之下，一斧头砍断了他父亲停泊于岸边的缆绳。③ 由此就有了这个说法，即"想要严词拒绝，只需用特奈多斯的斧子砍就可以了"，保萨尼阿斯如是说。《苏达辞书》将特奈多斯的斧头与忒奈斯的立法联系起来，法律判定凡是通奸者，格杀勿论。可是碰巧，国王的儿子倒成

---

① 普鲁塔克，《论比提亚的神谕》(*Sur les oracles de la Pythie*)，12(*Moralia*, 399f)。依据普鲁塔克的说法，在特奈多斯，就连螃蟹的贝壳上也有斧子的印痕。

② 保萨尼阿斯，《游记》(*Périégèse*)，X, 14。

③ 同上，也可参阅西塞罗的玩笑话(《致昆图斯的信》[*Lettre à Quintus*]，CXXXI)："特奈多斯人的自由便被特奈多斯的斧头砍断了。"西塞罗这儿指的是特奈多斯人向刚征服他们的罗马人要自由，却遭到无情的拒绝。

了第一个犯下这种罪行的人。固执己见的忒奈斯认为即便是自己的儿子，也应以此法待之，结果他儿子被一斧头砍下了脑袋。①

保萨尼阿斯的这个故事和《苏达辞书》所说的那则轶事，围绕创建城邦的忒奈斯国王，勾画出一个前后条理一致的领地。故事赤裸裸地展示了君权的暴力，如有必要，甚至会转而反对更为神圣的父子关系，而那条将基奇诺斯的船与特诺斯岛相连的绳索就是这样的象征。手握斧头的公共奴隶引发的恐惧感也就明确成为了不知变通、认为国家利益高于一切的权力的象征。当然，在城邦的日常生活中，大多数公共奴隶都不会引发这样的恐惧感……而这个由后来的传说假想出来的 dêmosios 却以夸张的方式揭示了公共奴隶制本质的一个维度：由于是国家的化身，掌握了强制权，所有的 dêmosioi 或多或少都很像特奈多斯城邦的奴隶。因此，特奈多斯那个面目模糊的奴隶引发的这种恐惧感就成了古希腊国家存在中的一个问题。

古希腊的国家问题

研究希腊世界的史学家很久以前就采纳了"邦国"（cité-État）一词（德语为 Staatstadt，英语为 city-state），若用现代语言翻译的话，应译为"polis"。这个概念的通行用法远未具有严格的分析要义，它只是将君主政治公共体统一起来，置于描述性范畴当中，这些共同体都围绕一座城市组建而成，但对环绕四周的乡村区域也有控制权。② 从这个角度看，具有比较性质的邦国概

---

① 《苏达辞书》，*Tenedios xunêgoros* 词条。

② 关于邦国概念不太具有启发性，可参阅 J.-J. Glassner 的评述，"邦国概念的正确使用"（Du bon usage du concept de cité-État），*Journal des Africanistes*，74，2004，p. 35—48。

念就可以使研究希腊世界的史学家一劳永逸地避开 poleis 国家组建方面具体的特定问题。不过，近二十年来，在丹麦史学家摩根斯·汉森（Morgens Hansen）的研究领衔之下，许多引起争论的词都有了新的阐释。他编制的古风时代与古典时代所有希腊城邦的庞大清册，以及对 polis 一词使用方法详尽无遗的调查研究，使人得出几个颇具雄心的主张，想要对城邦的传统概念领域进行彻底翻新。①

在这当中，古典时代希腊的 polis 与现代国家之间的类比占据了中心地位，至少从这个角度看，汉森的著作切入了 1990 年代欧洲历史编纂的脉络，将国家问题放在他们关切的首要位置——而吊诡的是，这样也就楔入了神授国家（État-providence）产生危机的背景之中。② 这种类比建基于一个双重主张：一方面，希腊人本身认为城邦是抽象的、无人格的实体，是"统治者与被统治者之上的抽象的公共权力"③；另一方面，与自甫斯特尔·德·库朗日以降漫长的研究传统确立的东西相反，必须从中辨认出国家与公民社会之间的显著区别，而 polis 和 koinônia 这两

① 对这项集体研究工作的综合性论述，参阅 M. H. Hansen 与 T. Heine Nielsen（主编）编制的清册，《古风时代与古典时代 Poleis 的研究清册》（*An Inventory of Archaic and Classical Poleis*），Oxford，Oxford University Press，2004，除此之外，可参阅 M. H. Hansen，"关于古风时代与古典时代希腊 Polis 的 95 个论题"（95 Theses about the Greek Polis in the Archaic and Classical Periods），*Historia*，52. 3，2003，p. 257—282，与 M. H. Hansen，《Polis 与邦国：古代概念与现代概念》（*Polis et cité-État. Un concept antique et son équivalent moderne*），Paris，Belles Lettres，2001[第 1 版，1998 年英文版]。关于批评论述：P. Fröhlich，"希腊城邦世界的研究清册：总论、方法与历史概念"（L'inventaire du monde des cités grecques. Une somme，une méthode et une conception de l'histoire），*Revue historique*，655，2010，p. 637—677。

② A. Guéry，"历史学家、危机与国家"（L'historien, la crise et l'État），*Anales HSC*，52. 2，1997，p. 233—256。

③ M. H. Hansen，《希腊城邦导论》（*Une introduction à la cité grecque*），Paris，Belles Lettres，2008[2006]。

个词代表的这两个概念想必就能在古典时代的城邦中找到等值
的概念。①

　　但这样一种类比遇到两个很大的障碍。古代文献中提到的
polis 无论是法律意义上的存在，还是人格意义上的存在，反正都
是一种高于社会的实体，拥有权利、责任，能承担各种义务。而
"城邦的公民制度"确实是希腊法律中的一个盲点。② 尤其是，从
存在公民管理的角度看的话，polis 与现代国家之间未必有类比
性。当然，专门研究公民社会文书使用情况的研究成果已经揭示
出城邦具有"官僚主义"的机能，其程度超出我们的想象。③ 不
过，从旧制度时期的官吏到当代的公务员，现代国家首先体现在
公务人员身上，他们"组成机构，因为他们都自行掌握权力"④。
然而，现代国家的官僚主义在城邦世界那儿却根本找不到对等
结构。⑤

---

① M. H. Hansen，《Polis 与邦国》，前揭，p. 132—133。

② 我借用的是 Y. Thomas 的说法，"城邦的公民制度"，《论争》(*Le Débat*)，74，p. 23—
44。可参阅 G. Anderson，"希腊城邦的个性"(The Personality of the Greek State)，
JHS，129，2009，p. 1—22，尽管他认为现代国家与希腊城邦之间具有"绝对的亲缘
关系"，但他并未检验城邦在法律上的地位。Dêmos 是在 polis 这一统一体中的一
个隐喻，但这丝毫不能说明 polis 作为法律主体的存在。此外，正如 Yan Thomas
证明的那样，最重要的是不要将城邦的各种制度视为不同的"机体"，这样很容易
最终将身为统一体的国家作为参照点，并将各种制度悉数收归其下。

③ M. Faraguna，"关于希腊世界的档案：土地与土地登记"(A proposito degli archivi
nel mondo greco：terra e registrazioni fondiari)，*Chiron*，30，2000，p. 65—115；"希腊
城邦的文书与管理：公共档案"(Scrittura e amministrazione nelle città greche：gli
archivi pubblici)，QUCC，80，2005，p. 61—86；C. Pébarthe，《城邦、民主与文书：古
典时代的扫除文盲史》(*Cité，démocratie et écriture．Histoire de l'alphabétisation
d'Athènes à l'époque classique*)，Paris，De Boccard，2006。

④ A. Guéry，"历史学家，危机与国家"，前揭，p. 250。

⑤ 参阅 P. Fröhlich，"希腊城邦世界的研究清册：总论、方法与历史概念"，前揭，p.
670。芬利由此将城邦视为非官僚主义类型的国家(M. I. Finley，《发明政治：希腊
与罗马共和国的民主与政治》[*L'Invention de la politique．Démocratie et politique
en Grèce et dans la Rome république*]，Paris，Flammarion，1986，p. 30—31)。

事实上，雅典的公民观念形态并不能使人认为城邦存在一种公民团体，其职业就是持续专注于管理公共事务。直接民主制要求所有的政治职能交到全体公民手中，他们都会通过投票当选，最常见的是抽签当选。因此，城邦的"官员"并不"代表"dêmos，他们本身需受 dêmos 的委派或委托，任职期间自始至终都受全体公民监督。最好的情况下，整个官僚主义或行政管理机构也只能被认为是不得已为之、但又不得不为的某种制度，它的原则与民主理念并不相容，除了我们已经看过的柏拉图《治邦者》中那个简短的段落之外①，希腊的政治哲学丝毫未曾演化。

无论是确保城邦的砝码和度量衡不受篡改还是监管城邦的档案，无论是核查流通的货币还是在市场上训斥公民，除了官员定期轮换之外，只有靠公共奴隶来确保城邦的管理得以正常运作。他们也以自己的方式体现了希腊城邦的官僚主义特性。从这个角度看，他们的存在会令人想起擅自闯入公民共同体的国家，在想让archê（领导）领域和 koinon（共同体）领域保持一致的同时，还梦想让自己变得清澈如水。这些"公务员"的存在本身就能表明城邦的自行建构（auto-institution）有其局限性。可是，将同样的工作委派给必不可少的奴隶，却又谨慎地将其排除于政治场域之外，雅典人的目的就是要将奴隶塑造成绝对相异的形象，从而掩盖民主体制运行过程中固有的官僚主义或行政管理上的特性。换言之，求助于奴隶掩盖国家与社会之间，亦即必须受到管理的公共生活与民主理念之间难以避免的相异性。

求助于奴隶是为了使伴随国家的暴力和剥夺行为变得不再可见？这种范式也能在社会人类学当中找到颇具启发性的相似情况，社会人类学不停地强调王室奴隶在构建政治权威甚至国家机

---

① 参阅第二章。

构中所起的作用,这样就容易忽略谱系方面的情况。① 在伊斯兰时期初期,无论倭马亚王朝还是阿拔斯王朝,无论殖民征服之前非洲强大的王国还是中国的汉代,同样的历史都一而再、再而三地重

① 借用的几个例子千差万别:关于 19 世纪塞古的班巴拉王国:J. Bazin,"塞古的战争与奴隶"(Guerre et servitudeà ségou),见 C. Meillassou(主编),《前殖民时期的非洲奴隶制》,前揭,p. 135—181;关于 13 与 14 世纪德里苏丹国:S. Kamar,"德里苏丹国的服务、身份、与军事奴隶制:13 与 14 世纪"(Service, Status, and Military Slavery in the Delhi Sultanate: Thirteenth and Fourteenth Centuries),见 I. Chatterjee 与 R. M. Eaton(主编),《奴隶制与南亚历史》,前揭,p. 83—114;关于前殖民时期的雅丹加:M. Izard,"古代雅丹加的王室俘虏",前揭,p. 283 与 p. 296;关于辛德地区的尼日尔的小苏丹国:P. Mounier,"政治关系动力学:辛德地区的苏丹国"(La dynamique des interrelations politiques: le cas du sultanat de Zinder),*Cahiers d'Études Africaines*, 39, 1999, p. 367—386;关于 16 与 17 世纪萨法维王朝时期的伊朗:S. Babaie 等(主编),《沙赫的奴隶:萨法维王朝时期的新兴精英》(*Slaves of the Shah. New Elites of Savafid Iran*),Londres, I. B. Tauris, 2004, p. 2—19;关于近代与 19 世纪的约鲁巴诸国:T. Falola 与 M. M. Heaton,《尼日利亚史》(*A History of Nigeria*),Cambridge, Cambridge University Press, 2008, p. 50—52 与 E. C. Ejigu,"基督纪元之后的尼日尔盆地的国家建筑:1000 至 1800 年中期的约鲁巴"(State Building in the Niger Basin in the Common Era and Beyond: 1000-mid 1800. The Case of Yorubaland),*Journal of Asian and African Studies*, 46, 2011, p. 593—614;关于 19 世纪巴蒙王国(喀麦隆):C. Tardits,"巴蒙王国"(Le royaume Bamoum),见 C. Tardits(主编),《王国的君主与奴仆:非洲君主制研究》(*Princes et serviteurs du royaume. Cinq études de monarchies africaines*),Paris, Société d'Ethnographie, 1987, p. 107—135, p. 131—134;关于桑海帝国:J. -P. Olivier de Sardan,"桑海帝国王室俘虏与帝国奴隶"(Captifs ruraux et esclaves impériaux du Songhay),见 C. Meillassoux(主编),《前殖民时期的非洲奴隶制》,前揭,p. 99—134;关于倭马亚王朝时期的安达卢西亚:S. Kentaro,"倭马亚王朝时期安达卢西亚的奴隶精英和斯拉夫奴隶"(Slave Elites and the Saqaliba in al-Andalousie omeyyade),见 T. Mirua 与 J. E. Philips(主编),《中东与非洲的奴隶精英》(*Slave Elites in the Middle East and Africa*),Londres, Kegan Paul Internatioanal, 2000, p. 25—40;关于 16 世纪奥斯曼帝国的血税(devshirme):B. Tezcan,《第二奥斯曼帝国:现代世界早期政治与社会的转型过程》(*The Second Ottoman Empire. Political and Social Transformation in the Early Modern World*),Cambridge, Cambridge University Press, 2010, p. 91—93。也可参阅 C. Meillassoux 的评述,《奴隶制人类学》,前揭,p. 185—188,与 A. Testart,《自愿为奴》,卷 2,《国家的起源》,前揭,p. 48。

复,当君王斩除其他家族成员,确立自身权力的时候,为王国服务的奴隶便成了君权的完美工具。[①] 由此看来,之所以求助于奴隶也就容易解释了:由于奴隶被排除于血亲领域之外,他们便无法以自己的名义掌控权力,从而也就使他们无法与王权针锋相对。

理想的奴仆

1871 年,古斯塔夫·纳赫蒂加尔(Gustav Nachtigal)横穿撒哈拉沙漠两年之后,这位普鲁士国王手下大名鼎鼎的大使终于来到乍得湖西岸的博尔努(Bornou)苏丹国。威廉一世希望能在欧洲强权瓜分欧洲的时候找到一个盟友,这位年轻的旅行者身负向苏丹赠送礼物的重任,他对伟大的希罗多德心仪已久,于是趁这次出使的机会对沿途所见的各个部族的风俗习惯作了详尽靡遗的描述。纳赫蒂加尔在博尔努苏丹国的首都库卡居住了三年,对于研究非洲撒哈拉沙漠地区的史学家来说他对苏丹国组织构架的描述直至今日仍是宝贵的第一手资料来源。

按照纳赫蒂加尔的说法,苏丹的议事会分成两个截然不同的群体,他们在国王的议事厅内占据对应的地位。一侧坐着苏丹的兄弟和儿子,另一侧坐着议事会议员,其中有相当数量的奴隶。但这种完美的平衡只不过是个伪装,这位人种学家这么解释:

---

① 有一种不同的进路,它并不认为求助于王室奴隶制是因为与谱系决裂之故,而是认为削弱自由贵族制反而能强化谱系,可参阅各种不同的历史背景,E. Terray,《吉亚曼地区的阿布隆王国史:殖民征服的起源》(*Une histoire du royaume Abron du Gyaman. Des origines à la conquête coloniale*),Paris,Karthala,1995,关于 16 世纪奥斯曼帝国的血税(devshirme),参阅 B. Tezcan 的评述,《第二奥斯曼帝国》,前揭,p. 91—96。

　　一切都靠君主的意志定夺,也会受他的宠臣影响;一个普通的奴隶如果受到极大信任,就会变成个人物,就连议事会议员也得对他言听计从。和所有专制君主制一样,宫廷里的大多数职务通常都是奴隶的一亩三分地,主人对他们信任有加,超过对自己的父母或大臣的信任,而他依靠的就是这些忠心耿耿的奴隶。出于同样的理由,保卫国家的事务和军事岗位经常都掌握在奴隶出身的公务人员手上。身为国王兄弟的博尔努的亲王们始终都不太信任他们,因此,也就不会大力支持这些人;这种不信任一般都会扩展到他们的儿子身上,使他们的权力受到限制。①

　　因而,苏丹的统治靠奴隶而非王室家族作为中介。纳赫蒂加尔在这儿描述的这种进程,人种学对之作了大量考证。照他的说法,奴隶的目的就是要使君主的个人权力不受他自己家族的左右,并使他的权力建基于与谱系无关的其他基础之上。所有有关忒奈斯的故事都将奴隶与刚愎自用的个人权力关联起来,既与父亲的形象对着干,也与儿子的形象对着干,所以这两者有相似的视野。

　　但这位马克斯·韦伯(Max Weber)的读者知道得很清楚,整个国家机构若是建立官僚主义体制,用来捍卫自己的利益,甚至在其内部再行建立自主的团体,这样做要冒风险。如果说王室奴隶对创建国家机构必不可少的话,既然君主赋予的特权地位都靠亲缘关系得来,那他们就会成为一种威胁。王室奴隶的胞族化可

---

① G. Nachtigal,《撒哈拉与苏丹》(*Sahara et Soudan*),卷 1, *Tripolitaine*, *Fezzan*, *Tibesti*, *Kanem*, *Borkou et Bornou*, J. Gourdault 翻译,Paris,Hachette & co., 1881,p. 348。

以使他们变成显要人物,并形成自治的团体,构建起新型而稳定的亲缘关系,这种做法与传统的谱系结构颇为类似。[1]　这个进程最终可以由君主手下的奴隶将国家的权力据为己有,克劳德·梅亚苏(Claude Meillassoux)据此创造了新词"ancéocratie"(奴仆的权力)[2]。事实上,除了大名鼎鼎的埃及马穆鲁克之外,王室奴隶篡位成功、创建王朝,暂时或长期控制国家的这方面史实极为丰富。

宦官虽然构成威胁,但也享有特权,他们是王室奴仆的理想形象。[3]　宦官因是阉人,所以无法将自己的权力传给子嗣,于是他就使出浑身解数构建自己的小王国,这样也就使他对太子的反对变本加厉。就像皮埃尔·穆尼耶(Pierre Mounier)所言,"由于无法生育,宦官只能专心服侍主子,也就没法逃避受主子奴役、成为其工具的命运"[4]。从这个角度看,宦官具有成为王室奴隶的相当好的潜质。只要没有牢不可破的谱系牵绊,王室奴隶仍旧完全可以被主子玩弄于股掌之间。吊诡的是,对君主的依赖甚至还可以通过奴隶与具有"王室"谱系的公主的联姻得到加强,16 世纪的奥斯

---

[1]　关于 19 世纪索科托哈里发国(尼日利亚北部)的历史,可参阅 S. Stilwell 描述的那种进程,《权力的悖论》,前揭,特别是 p. 117—166,与 C. Meillassoux 的综述,《奴隶制人类学》,前揭,p. 196—197。

[2]　C. Meillassoux,《奴隶制人类学》,前揭,p. 187。关于突尼斯大公手下的马穆鲁克,参阅 M. Oualdi,《奴隶与主人》,前揭,不过,作者认为君权的延伸与让奴仆独揽大权这两方面相辅相成。

[3]　我借用的是 K. Ringrose 的说法,《完美的仆人:拜占庭宦官与性别的社会构建》(The Perfect Servant. Eunuchs and the social construction of gender in Byzantium),Chicago,University of Chicago Press,2004。关于各类极不相同的文本中的宦官形象,可参 O. Patterson 的综合论述,《奴隶制与社会性死亡》,前揭,P. 299—333,与 S. Tougher,《拜占庭历史与社会中的宦官》(The Eunuch in Byzantine History and Society),Londres,Routledge,2008,p. 36—53。

[4]　P. Mounier,"政治关系动力学:辛德地区的苏丹国",前揭,p. 381。C. Meillassoux,《奴隶制人类学》,前揭,p. 190,作者认为宦官"将奴隶制反血亲的特性演绎得淋漓尽致"。

曼宫廷就是这种情形。尽管会在苏丹的奴隶 kul 当中挑选驸马，使之广受尊崇，但这种联姻丝毫不意味着他们被纳入了王室谱系，因为联姻并未赋予他们"在王室家族等级中的真实地位"①。由于被彻底排除在亲族关系之外，除了君主授予的权利之外，并不享有其他任何权利，而且君主所授之权还可随时撤销，故而，奴隶丝毫不享有任何魅力或威信，根本无法撼动主子的权力基础。这样甚至还有助于消除日常行使权力所致的官僚主义威胁。从这个方面看，他们的地位源于一个悖论：王室奴隶在帮助确立君权，使之不受谱系结构的束缚之时，还需使任何形式的国家机构引发的公愤化于无形。

Polis 反对国家

这幅粗线条的草图，希腊的城邦世界并不陌生。古典时代初期公共奴隶制的发展可以被认为是国家机构出现时 polis 对此所作的反抗，这个观点依照的正是皮埃尔·克拉斯特尔（Pierre Clastres）就"原始社会"提出的那个大胆看法。② 我们先来简单地看一下《社会反对国家》(La Société contre l'État) 中"哥白尼革命"的两

---

① J. Dumas，《苏丹国的螺钿珍珠：奥斯曼帝国的公主，15 世纪中期—18 世纪中期》(Les Perles de nacre du Sultanat. Les princesses ottomanes [mi-xve - mi-xviiie])，2013 年 6 月 19 日社会科学高等学院（EHESS）博士论文答辩，此处见 p. 121。

② C. de Oliveira Gomes，《僭主制城邦：古风时代的希腊政治史》(La Cité tyrannique. Histoire politique de la Grèce archaïque)，Rennes，PUR，2008，作者认为这是古典时代城邦内对僭主模式所作的反抗，依据的是 Clastres 的著作。我的怀疑是说国家机构在僭主制城邦日益做大不假（参阅我在 Annales HSC，2009 年 9—10 月的报告），但 Oliveira Gomes 的观点并没有涉及公共奴隶制这一问题，照我看来，她的观点在论及古典时代的城邦时完全正确，尤其是她的"无国家社会的国家化观念形态"所言极是(p. 148)。

个基本维度。①

　　第一，按照古典时代政治哲学的契约论传统，国家不可能以统一的(或普世的)形式出现，又使公共财产与社会团体的划分对立起来，而首先会以一种分离的力量出现。国家的要义就是创制一种权力关系，它本身就是任何形式的社会划分的起源。② 因此，国家就是"一种社会的分离结构，它从外部将社会分割开来，却又声称将所有特殊性统一了起来"。第二，要使原始社会成为政治得到充分发展的社会，其深层的本质在于那是一个持续推进的进程，在这进程之中，作为整体的共同体会不停地重申自己对各个部分拥有掌控力，从而使权力的形成不会游离在外："原始社会的本质(亦即指触及本质的)属性就是指对所有的构成部分实施毫无例外的绝对权力，就是指禁止任何起构成作用的部分保持自治，并使所有的内部运动，无论是有意识的运动还是无意识的运动，保持运转，这样就能将社会生活维持在限度之内，使之按照社会所需的方向行进。"③从这个角度看，印第安酋长的权力只不过是分离开来的权力的幻象，它本质上也起到统一的共同体的某种作用；只不过"有义务说些不痛不痒的话"④而已，所以酋长并不掌控任何形式的权力。⑤

　　不过，皮埃尔·克拉斯特尔认为西方的特殊性正是源于希腊人，西方历来都掌握"社会划分的政治要义，即统治者与被统治者，

① P. Clastres，《社会反对革命》(*La Société contre l'État*)，Paris，Minuit，1974。哥白尼革命一词可参阅该书第一章，"哥白尼与野蛮人"(Copernic et les sauvages)，p. 7—24。

② 同上，《政治人类学研究》(*Recherches d'anthropologie politique*)，Paris，Seuil，1980，p. 204—206。

③ 同上，《社会反对国家》，前揭，p. 180，作者又补充道："谁也从中逃脱不了的社会不会允许让任何东西从它自身中出离出去，因为所有的出口均已封闭"(p. 181)。

④ 同上，p. 186。

⑤ 同上，《政治人类学研究》，前揭，p. 105，p. 175—177。

有知识的统治者与无知识的服从者之间都是划分开来的",他为了
支持自己的论点,援引了赫拉克利特、柏拉图与亚里士多德的著
作。① 因而,对希腊的参照就成了障碍,使我们无法理解原始社会
中运作的政治逻辑。② 研究城邦的史学家置身于克拉斯特尔的希
腊也会完全不知所措,克拉斯特尔用到了"一"(Un),进一步参照柏
拉图的形而上学,并求证于古典时代与希腊化时代公民共同体的现
实,而我与尼克尔·洛罗(Nicole Loraux)的看法一样,也认为这位
研究希腊的史学家"更熟悉克拉斯特尔的印第安人"③。

古典时代的希腊人是否是图皮-瓜拉尼人的远亲呢? 我们发
现城邦思考政治权威时并没有使用克拉斯特尔所谓的"统治者与
被统治者"、"领导者"与"服从者"、"有知识的人"与"无知识的人"
这样的语汇。④ 亚里士多德会认为政治权力与家庭权力有区别,
"统治者只有自己成为被统治者后才能懂得如何统治"⑤。因此,
城邦中若有人服从,有人发号施令,那这是"奴隶与主子的城邦,而
非自由人的城邦"。⑥ 在城邦中,政治组织的这种相互原则就体现
在职位轮换和抽签任命制身上,这两种制度性的实践方式便奠定

① 同上,p. 104,与《社会反对国家》,前揭,p. 148 与 p. 185。

② 同上,《政治人类学研究》,前揭,p. 148。

③ N. Loraux,"论一、二与多"(Notes sur l'un, le deux et le multiple),见 M. Abensour(主
  编),《野蛮的法律精神:皮埃尔·克拉斯特尔或新的政治人类学》(L'Esprit des Lois
  sauvages. Pierre Clastres ou une nouvelle anthropologie politique),Paris,Seuil,
  1987,p. 155—171,此处见 p. 157。此外,对《社会反对国家》的解读在对这位女历史学
  家作品进行精神分析时也起到了关键的作用,我们发现克拉斯特尔认为的"国家阴
  谋"中有一种可用无意识与压抑来加以表述的进程。因此,社会的"划分"(N.
  Loraux,《被划分的城邦》[La Cité divisée],Paris,Payot,1997)也可以用克拉斯特尔
  的划分概念来加以解读,洛罗认为"这种划分影影绰绰,是明白无误、极尽所能地用摧
  毁性的拒斥之力衡量之后所作的划分"(N. Loraux,"论一、二和多",前揭,p. 164)。

④ N. Loraux,"论一、二和多",前揭,p. 162。

⑤ 亚里士多德,《政治学》,III,1277b。

⑥ 同上,IV,1295b 19—22。

了公民团体平等的基础。最后，我们已经知道：古典时代的雅典人与我们的专家-政府观有着万里之遥，他们并不会认为掌握一门特殊的知识就能合法享占政治权威。

自此以后，我们就能认为 polis 的国家性质问题无需用非此即彼的方式提出，要么是"无国家"的社会，要么属于现代社会。用动态的视角理解的话，polis 与国家形式之间的关系更像一种张力，希腊政治的这种本质就是要让问题悬而未决。当然，polis 是指一种公民共同体，它在明确限定的领土上经由各类政治机构实施主权。当然，在城邦内，权力占据昭然若揭的位置，而从极简主义的角度——并无嘲讽之意①——看的话，城邦就是国家；确确实实存在一种权力，在这权力当中，所有社会成员彼此信赖，虽然这幅场景并没有与共同体分别开来，也没有超越共同体。但确实也存在一种承担管理职责的国家，或者说一种区别开来的管理机构，这对公民共同体而言确实是个问题，因为公民共同体必须在其内在的共同体特性之中维持各种形式的权力。

此后，古典时代初期公共奴隶制的发展就能被视为公民社会对突然出现的国家机构的反抗标志，或按克拉斯特尔的说法，是一种"编码"②，通过这种编码，社会就能保持其不可划分性，而不可划分性其实也就是指"这种划分影影绰绰，是明白无误、极尽所能地用摧毁性的拒斥之力衡量之后所作的划分"③。因为这就是这

---

① 参阅 C. Castoriadis 的评述，《迷宫的十字路口：微不足道的攀升之途》（*Les Carrefours du labyrinthe. La montée de l'insignifiance*），Paris，Seuil，1996，p. 222：
"可以有无国家的社会，以前也有过，我们也希望今后会再有，无国家的社会就是指没有官僚主义机构、也没有等级划分的组织结构，它与社会以及主导性的［……］相区别。但没有明确制度的社会很荒谬，要么会堕入无政府主义，要么会堕入……"

② P. Clastres，《社会反对国家》，前揭，p. 181，与《政治人类学研究》，前揭，p. 109。

③ N. Loraux，《论一、二和多》，前揭，p. 164。

种令人惊讶的制度的意义所在：城邦将实际上需要权力和专业技能的职位委派给奴隶，但又对担任这些职位的人难以改变的卑微地位不加改善。求助于奴隶这种由民众掌管的"有生命的工具"，理论上就能确保没有任何管理机构可以违背 dêmos 的意愿。让那些担任管理职责的人隐身之后，城邦就能驱散国家这一幽灵，因为国家很容易变为独立自治的管理当局，而且会转而反对城邦。换句话说：在古典时代的城邦，国家与 dêmosios 这样的奴隶团体从来就不是纯粹的对立关系。

这样的布局使公共奴隶享有独特的地位，它在城邦这样的体制中处在盲点的位置，它的人格好似一面镜子，从中返照出谜一般的君权。只有从古典时代的政治思想或公元前 4 世纪演说家的演说辞中，才能充分接近这个谜，历史学家惯于从这些演说辞中发现雅典的"公民观念形态"。而恰恰相反的是，只能从公共奴隶或王室奴隶占据中心位置的忽明忽暗的奇异舞台上才能隐约看见这个谜，舞台上出现了索福克勒斯《俄狄浦斯王》中拉伊俄斯的牧羊奴，出现了《斐多》中苏格拉底临死前于狱中与之交谈的 dêmosios，也出现了《使徒行传》中腓利使之皈依的埃塞俄比亚阉人。[①] 皮埃尔·维达尔-纳凯（Pierre Vidal-Naquet）说得极好，匠人就是希腊历史中的秘密主人公。[②] 公共奴隶是否也是希腊国家的秘密主人

① 参阅 P. Legendre 颇具启发性的观点，《论文本中的社会：教义人类学刍议》（De la société comme texte. Linéaments d'une anthropologie dogmatique），Paris，Fayard，2001，尤其是 p. 24："所有社会若需存在，就必须转换且超越逻辑上的空场，要使那场地布满阴影和黑暗，这样，我们才能称之为舞台，上面才会写上与剧情相当的文字，而各色形象的话语就会担负起制度上的功能；换言之，社会正是通过使用蒙太奇，才能设计出基本的舞台布景。"

② P. Vidal-Naquet，"政治话语的文明"（Une civilisation de la parole politique），《黑色猎手：希腊世界的思想形式与社会形式》（Le Chasseur noir. Formes de pensée et formes de société dans le monde grec），Paris，Maspero，1981，p. 31。

公呢?

谜一般的城邦体制

城邦体制仿佛一个谜:我们已经不知不觉间在索福克勒斯的《俄狄浦斯王》里看到了这一点。没有任何一个故事,没有任何一个传奇能让我清楚地看见政治领域的局限性,人类知识在面对陌生事物时的局限性。因为俄狄浦斯走上的那条了解自己身世起源的道路,也是整个政治共同体无可避免地离开它时逐渐显示其局限性的那条道路,诸神与英雄的领域犹如兽性或魔鬼的领域,用这出悲剧的话说,拉伊俄斯的儿子置身其间就已被降格成 pharmakon。① 但索福克勒斯的这个故事也在对权力的双重性进行思考,毕竟权力既是必需之物,也可以成为灾难。这出戏剧一开始,俄狄浦斯的含混处境便彰显无遗:他好几次答出斯芬克斯的谜语,拯救了城邦,可自己却犯下罪孽,使诸神对他震怒不已。从这个方面看,俄狄浦斯无法回答的那个谜不仅指他自己的身份问题,也指极具普遍性的权力之谜。通过王室奴隶之口,清楚地说明只要还保留着完全清醒的意识,他就无法掌权。

我们再来循着俄狄浦斯调查的线索走走。调查伊始,就出现了神的话语,这话语通过"神圣的预言者"②忒瑞西阿斯之口说出,那神的话语说俄狄浦斯才是城邦"渎神的玷污者"③。悲剧一开

---

① 可特别参阅 J.-P. Vernant,"含混与颠覆:论《俄狄浦斯王》谜一般的结构"(Ambiguïté et renversement. Sur la structure énigmatique d'Œdipe roi),见 J.-P. Vernant 与 P. Vidal-Naquet,《古希腊神话与悲剧》(*Mythe et tragédie en Grèce ancienne*),卷 1,Paris,Maspero,1972,p. 99—132。

② 索福克勒斯,《俄狄浦斯王》(*Œdipe roi*),v. 298(J. 与 M. Bollack 译,Paris,Minuit,1985)。

③ 同上,v. 353。

始,国王与预言者之间的相遇便在俄狄浦斯之谜中确立了两个维度,既涉及俄狄浦斯的身世("这世上究竟谁是我的父亲? /——那天,他使你诞生,却又将你消隐于无形"),①也涉及对拉伊俄斯的谋杀者的寻找(忒瑞西阿斯说:"那人就在这里")。② 但神的话语还不足以让拉伊俄斯的儿子承认自己有罪。合唱团甚至明确认为神的话语毫无效力:

> 在人间,神对人占尽上风,
> 这差异毫无道理。当然,
> 　　　　　[我知道有人
> 比别人强
> 但我,在听到这样的话之前
> 　　　从来就不会承认[这样的责难!③

从那时起,整出戏剧便通过忒瑞西阿斯之口说出神的话语,逐渐厘清人类的秩序。剧中,伊俄卡斯忒与科林斯信使的说法相继出现,它们也成了俄狄浦斯之谜的一部分,最后由于拉伊俄斯的老牧羊人道出实情,故事才最终得到解决。

伊俄卡斯忒首先对俄狄浦斯说了一则旧时的阿波罗神谕,神谕说拉伊俄斯会被亲生儿子所杀。她让国王放心,对他说拉伊俄斯跑到远离城邦的荒山上,让人把他儿子的脚绑住,把他弄死了:

> 就此来看,阿波罗并未

---

① 同上,v. 437—438。
② 同上,v. 451。
③ 同上,v. 500—505。

[履行神谕

儿子也未成为弑父的凶手，

[拉伊俄斯也再不用

忍受被亲生儿子所杀这般令他恐惧万分的

[可怕宿命。①

　　但伊俄卡斯忒又对俄狄浦斯说拉伊俄斯是在名为"三岔路口"的地方被杀的。② 俄狄浦斯想起自己就是在这个路口杀了一个身材高大的老年人，于是这才惊恐地意识到他自己正是杀害国王的凶手，只是仍然没想到那人就是他的父亲。科林斯国王波吕玻斯自他出生起便将他收养，前来通告波吕玻斯驾崩消息的信使让俄狄浦斯暂时得到了解脱，他仍以为自己能逃脱弑父的宿命。可是，后来发现俄狄浦斯并非波吕玻斯的亲生儿子，而是以前从喀泰戎一个牧羊人那儿收养过来的，于是他就展开了调查。不过，在这个阶段，无论是伊俄卡斯忒还是科林斯信使都对俄狄浦斯之谜一无所知，他们两人的说法并不必然汇合到一起，指出只有忒拜国王该为他亲生父亲拉伊俄斯之死负责。

　　俄狄浦斯之谜有两个构成部分——谁杀了拉伊俄斯？谁是俄狄浦斯之父？拉伊俄斯的老牧羊人道出实情之后，才最终有了答案，老牧羊人说他既亲眼见了拉伊俄斯被人杀害，也亲手将襁褓中的俄狄浦斯托付给科林斯的那个信使。只有这牧羊人才能证实神的话语，他说正是他从拉伊俄斯手上接过这孩子，本想将他杀死，最终却让波吕玻斯收养了这婴儿。因此，忒拜国王并非波吕玻斯之子，而是伊俄卡斯忒与拉伊俄斯之子。正是听了牧羊人的那番

---

① 同上，v. 720—722。

② 同上，v. 716。

话，俄狄浦斯的调查才"达到顶点，坠入深渊"，让·波拉克（Jean Bollack）如此写道。[1]

而这个牧羊人就是王室奴隶。伊俄卡斯忒第一次对俄狄浦斯说起这个人的时候用的是 doulos（奴隶）这个词[2]，当时，她说正是在俄狄浦斯成为国王的时候，这牧羊人向她提出让自己永远离开忒拜的请求。[3] 俄狄浦斯发出威胁，说要对他严刑拷打，让他道出真相，这种做法与古典时代雅典司法实践要求奴隶作证时要以自己的身体作为担保有直接的对应关系。[4] 但是，面对忒拜国王，牧羊人说自己虽和其他人一样也是奴隶，但他并非被人买来，而是从小就生长在宫中。[5] 正如让·波拉克所言，牧羊人说自己与国王相当亲近，而俄狄浦斯只能"藏着掖着"，可见他的地位更高。[6] 国王都不知道自己的身世，奴隶却对此了若指掌。

作为拉伊俄斯财产的奴隶牧羊人当然不能被看作 dêmosios。所以，还可以补充这样一个说法：从这个悲剧场景提供的"碎裂的镜子"中看去，古典时代城邦的制度与结构从未严丝合缝地等同过。[7] 尤其是，我们还观察到这个牧羊人的形象拥有某些我们在古风时代的 dêmiourgoi 身上发现的迹象——除却这个本质性的差异之外，他完完全全是个奴隶。合唱团也将奴仆与拉伊俄斯本人紧紧联系在一起："他属于拉伊俄斯/远超任何人，是他忠心耿耿

---

① J. Bollack，《索福克勒斯的俄狄浦斯王：文本与阐释》（L'Œdipe roi de Sophocle. Le texte et ses interprétation），Lille，PUL，1990，4 卷本，p. 748。

② 索福克勒斯，《俄狄浦斯王》，v. 764。

③ 同上，v. 760—762："他哀怜乞求，摸着我的手/说让他归隐乡间，照料牲口/到那城里人再也见不到他的地方。"

④ 参阅上文第三章开头。

⑤ 索福克勒斯，《俄狄浦斯王》，v. 1123。

⑥ J. Bollack，《索福克勒斯的俄狄浦斯王》，前揭，p. 733。

⑦ P. Vidal-Naquet，《碎裂的镜子：雅典肃剧与政治》（Le Miroir brisé. Tragédie athénienne et politique），Paris，Belles Lettres，2002。

的牧羊人。"①这个说法与荷马史诗中 dêmiourgoi 的形象颇为相近,比起国王的其他奴仆,他们的依赖性更强。不过,合唱团的这个说法经过许多文献校勘者的阐释后,已有所折中:"他是拉伊俄斯的人,但只是一个普普通通的牧羊人,从他能获得这样的颂扬之词来看,他应该比其他人都要忠心。"②我们会在这儿遇见已相遇过许多次的一个悖论,即奴隶身份和因与政治权威的掌控者亲近而获得声望相冲突。

神的摹本与王的影子

但从这出悲剧揭示的问题来看,这个奴隶所起的作用最大。《俄狄浦斯王》讲的是一个寻根究底的故事,将两种类型的知识对立起来:俄狄浦斯、伊俄卡斯忒与信使未完工的零碎知识和调查从开始直至结束期间两种整全的知识相对,一种是阿波罗神掌握的知识,通过预言者忒瑞西阿斯之口说出,一种是拉伊俄斯曾命其杀死自己儿子的那个王室奴隶的知识。两面镜子彼此处于正好对称的位置,彼此相对,神与王室奴隶是唯一掌握俄狄浦斯之谜整全知识的人。奴隶的知识与神的知识保持一致,这两人消极地给俄狄浦斯占有的知识,泛而言之,也就是给公民共同体占有的知识划定了界限。忒瑞西阿斯本人也像一个奴隶,但他不归俄狄浦斯管,而归阿波罗管:"我生来就是个奴隶,但我并不属于你,而属于罗克西阿斯"③,他这么说道,面对忒拜国王,他毫不畏惧。

1971 年及之后的 1980 年,米歇尔·福柯研读了索福克勒斯

---

① 索福克勒斯,《俄狄浦斯王》,v. 1117—1118。

② 参阅 J. Bollack 的讨论,《索福克勒斯的俄狄浦斯王》,前揭,p. 729—730。

③ 索福克勒斯,《俄狄浦斯王》,v. 410。

的这部悲剧,对权力问题与真理设定机制之间勾连的方式提出质疑。① "多重真理的剧作"②,索福克勒斯的作品展示的是"知识间的争斗"③,最终将忒瑞西阿斯的神圣真理与奴隶的证词蕴含的真理区别开来,后者的真理建立在"看见"的基础上,而且用第一人称讲述出来。因此,福柯最终将忒瑞西阿斯的"通过神谕彰显真理(aléthurgie)"与奴隶牧羊人"通过证词彰显真理(aléthurgie)"对立起来。④ 这种区分不应掩盖神的话语和奴隶的话语之间的对称,只有他们两者才对俄狄浦斯之谜拥有绝对的知识。此外,正如福柯所说,"奴隶卑微的回忆与'不朽的圣音'逐字逐句地对应起来"⑤。因此,牧羊的奴隶并不仅仅是神的辅佐者,他的抗命不从对神谕的完成也必不可少;在人类领域,也只有王室的牧羊人才享有与神相对应的知识,虽然合唱团对神谕秉持怀疑态度,但经他之口的神谕的真实性方能获得公民共同体的认可。

---

① M. Foucault,《俄狄浦斯的知识》(Le savoir d'Œdipe),《论知识意志的讲课:法兰西公学院课程(1970—1971年)》(Leçon sur la volonté de savoir. Cours au Collège de France [1970—1971]),Paris,Gallimard-Seuil,2011,p. 223—253[1971],与《论生者的统治:法兰西公学院课程(1979—1980年)》(Du gouvernement des vivants. Cours au Collège de France [1979—1980]),Paris,Gallimard-Seuil,2012[1980]。福柯这么论及他的研究目的:"如果不对真的领域进行操作,就没法去引导别人,不过,如果使统治有效,就需要实用而且必需的知识,那这些操作肯定就会多余。但总会存在对有效统治目的论的超越,好让真理的宣讲得到接受,或被包含进去,或与统治行为及权力的实施相关联"(《论生者的统治》,前揭,p. 18)。关于两种进路的不同观点,参阅 M. Sennellart 的评述,《讲课的场景》(Situation du cours),见 Michel Foucault,《论生者的统治》,前揭,p. 326—327。
② M. Foucault,《论生者的统治》,前揭,p. 26。
③ 同上,"俄狄浦斯的知识",《论知识意志的讲课》,p. 225,他在 p. 245 又补充道:"索福克勒斯的这出悲剧最想表达的并不是俄狄浦斯的'无知'或'无意识'。而是表明了知识具有的多重性,生产知识的流程的多样性,以及彼此对峙的权力之间的争斗。"
④ 同上,《论生者的统治》,前揭,p. 40。
⑤ 同上,"俄狄浦斯的知识",《论知识意志的讲课》,前揭,p. 229。

　　再者，只有这个掌握了俄狄浦斯权力起源之谜的牧羊的奴隶才可成为权力边界的化身，尽管俄狄浦斯声称自己的权力建立于绝对知识的基础之上。俄狄浦斯破解了斯芬克斯之谜，正是知识让俄狄浦斯登上王位，成了忒拜的万人之主："在重启调查之始，我会对此再澄清一次"①，他开始调查是谁谋杀了拉伊俄斯的时候这么说道。正如让-皮埃尔·维尔南（Jean-Pierre Vernant）所说："起先，俄狄浦斯极具远见，智慧过人，无需他人的辅佐、神的佑助或预言的提示，只需依靠他的 gnômê 这一资源，就能破解斯芬克斯之谜。"②俄狄浦斯对自己的知识颇有自信，于是他就问忒瑞西阿斯："你看见的黑夜一片漆黑/可你无法使我和其他见过白昼光亮的人见识那种黑暗！"③知识与权力之间的关系乃是这部悲剧的核心，从戴达洛斯的传奇故事一直到古典时代城邦的 dêmosios 形象，我们都是循着这层曲曲折折的关系走来的。④ 因为拥有知识（oida）的俄狄浦斯说他拥有 technê 中的 technê，拥有知识中知识，那就是他权力的起源：

> 财富，王权，学问中的
> 学问！你的生命虽饱受艳羡，
> 却也藏着憎恨的祸殃。⑤

　　他就当着忒瑞西阿斯的面说了这番话，认为这个预言者受到克瑞翁的操纵，想要夺取他的王位。但忒拜国王虽拥有权力，却对

---

① 索福克勒斯，《俄狄浦斯王》，v. 132。
② J.-P. Vernant，"含混与颠覆"，前揭，p. 108。
③ 索福克勒斯，《俄狄浦斯王》，v. 374—375。
④ 参 C. Segal，《僭主俄狄浦斯：悲剧英雄与知识的边界》（*Œdipus tyrannus. Tragic heroism and the limits of Knowledge*），Oxford，Oxford University Press，2001。
⑤ 索福克勒斯，《俄狄浦斯王》，v. 380。

自己的身世一无所知,当俄狄浦斯想要找出自己权力的根源时,他却对此蒙上了眼睛。唯有对"智者俄狄浦斯"[①]的宿命这层秘密了若指掌的人,也就是那个王室奴隶才能在俄狄浦斯声称自己就是权力基准的时候,让"知识中的知识"遭到惨败。[②] 悲剧《俄狄浦斯王》是普罗塔戈拉民主认识论同时期的产物,它讲述的正是权力的崩塌,虽然权力自认为自己就是知识——可知识的化身其实是那个王室奴隶。

但王室的牧羊人并不仅仅是神的话语借以在人类领域当中确证其正确性的形象。他也是忒拜国王的摹本,这部悲剧也再次悄悄地使用了荷马史诗中现有的国王是"民众的牧者"(poimena laôn)这一模式。[③] 因为在整部剧作当中,俄狄浦斯与牧羊人都秘密地连结在一起。[④] 俄狄浦斯的行为既拯救了忒拜,同时也将城邦导向毁灭,而牧羊人拯救了交给他的新生儿,而这也是他失败的根源:"他使我/免遭杀害,将我拯救/但他这么做却非好事!"[⑤]悲剧末尾双目失明的俄狄浦斯这么大声疾呼。和忒拜国王一样,牧羊人的宿命也只能是逃走一途:俄狄浦斯逃离科林斯,是为了躲避说他会谋杀生父的预言,牧羊人逃离忒拜是因为新登基的君主实则就是从前本该命绝的那个孩儿。[⑥] 最终,这婴儿在奴隶的心中激起怜悯的情感,而这

---

① J. -P. Vernant,"含混与颠覆",前揭,p. 114。

② M. Foucault,同上,p. 250,他毫不犹豫地认为:"随着俄狄浦斯的败落,睿智的国王这一古老的东方形式也随之销声匿迹,睿智的国王认为只要凭靠他的知识,便能实施统治,引领国家,创建城市,使灾难与瘟疫远离。"

③ 参阅 J. Haubold 所有的论证,《荷马笔下的民众:史诗与社会的形成》(*Homer's People. Epic Poetry and Social Formation*),Cambridge,Cambridge University Press,2000,p. 197。

④ 参 C. Segal,《僭主俄狄浦斯》,前揭,p. 103,尤其是《索福克勒斯的悲剧世界:神圣、自然、社会》(*Sophocle's Tragic World. Divinity, Nature, Society*),Cambridge(Mass.),Harvard University Press,1995,p. 153。

⑤ 索福克勒斯,《俄狄浦斯王》,v. 1350—1353。

⑥ 同上,v. 118,v. 756—762。

与国王对忒拜的居民抱着怜悯之心如出一辙。① 神的镜像与王的影子，这就是王室牧羊人，无所不能的俄狄浦斯在他身上体会到了自己的有限。将王室人物与奴隶——我们只能认为他就是国王的第二身——的形象悄悄连结起来，而想象中的君权结构也由此展开。

无名的弟子

显然，《俄狄浦斯王》中的牧羊人并非 dêmosios，只不过透过"碎裂的镜子"，他在索福克勒斯这出戏剧中占据的独特地位才似乎与古典时代雅典公共奴隶的地位产生呼应。相反，更为真实的 dêmosios 则在苏格拉底那个最著名的故事片段中占据中心地位，那就是柏拉图《斐多》结尾处的场景。

夜幕笼罩着雅典的监狱。被雅典人判处死刑的苏格拉底刚刚向妻儿说了自己的临终遗言，妻儿离开了监狱。按照叙述者斐多的说法，"接下来，也没什么好说的了"。② 再写已属多余，话语杂乱无章：苏格拉底对话中平常所用的规则这儿没有了，时间似乎永无止境地悬滞起来。哲人在牢房里见到一个 dêmosios，他来向苏格拉底宣布马上要执行死刑的消息。这公共奴隶就是听命于十一人的其中一个奴仆，负责管理雅典的监狱和执行死刑事宜。这时便开始了一段奇怪的对话，像是奴隶和苏格拉底在彼此赞扬对方，而且是当着所有聚在哲人身边的那些弟子的面说的。Dêmosios 对苏格拉底说：

> 在你来到这儿的这段时间，我有好多次都想向你承认在

① 同上，v. 13 与 v. 1178。
② 柏拉图，《斐多》(*Phédon*)，116b (我再次使用了 M. Dixsault 推荐的译文，Paris, Flammarion，1991)。

这儿的这么多人当中,你最高贵,最平和,最优秀。即便在这个时刻,我心里也很清楚,你不会责备我,而是会责备他们。事实上,你也很了解那些对此负责的人。可眼下,你也知道我来就是要向你——告别!这事已不可避免,你还是坦然承受吧。

"语毕,他眼噙泪水,便转身离开了",斐多这么说道,然后他又说:"苏格拉底目送着他说:'我也要向你告别!我们会照你的话做的!'"说完,苏格拉底便向弟子们转过身,也开始赞扬起那个奴隶,他说:"这人说得多好听!我在这儿的这段时间里,他来看过我,有时我们也会交谈;他这人可亲得很。现在,他宽厚为怀,还流下了眼泪!走吧,克里同,听他的话走吧,他会拿毒药过来,把毒药捣碎;如果没有的话,就让负责这件事的人去做吧。"①那该怎么理解在苏格拉底即将受死这个当口冒出这个公共奴隶这件事?Dêmosios 与哲人之间彼此互表善意究竟是什么意思?

这段简短的对话就安插在苏格拉底讲述灵魂不灭的故事和他临终时要求克里同给阿斯克勒皮奥斯献一只公鸡的谜一般的说辞——"克里同,我们应该给阿斯克勒皮奥斯献一只公鸡"——之间,从来就没引起过哲学家们的兴趣,他们只是把这看作文采上的修饰之举,毫无柏拉图文本钟爱的那种哲学意蕴。② 只是,这里虽

---

① 同上,116c—d。

② 因此,涉及这段对话时,对《斐多》的评注也就寥寥数语。参阅 R. Loriaux,《柏拉图的〈斐多〉:翻译与评注》(*Le Phédon de Platon. Traduction et commentaire*),卷 2 (84b—118a),Namur,Presses Universitaires de Namur,1975;K. Dorter,《柏拉图的〈斐多〉:一种阐释》(*Plato's Phaedo. An Interpretation*),Toronto,University of Toronto Press,1982;D. Bostock,《柏拉图的〈斐多〉》(*Plato's Phaedo*),Oxford,Clarendon Press,1986;R. Gotshalk,《爱与死:阅读柏拉图的〈斐多〉》(*Loving and Dying. A Reading of Plato's Phaedo*),Symposium and Phaedrus,Lanham,University Press of America,2001。

然不见柏拉图式的博学丰赡，但这个公共奴隶在 18 世纪的画家中却激起了兴趣，这在他们描绘这位哲学家临终一刻的画面中可以看出。[①] Dêmosios 在大卫（David）作于 1787 年的画作《苏格拉底之死》中占有一席之地。这幅画其实围绕公共奴隶和哲人这一怪异的双重组合构成：背对着画面的奴隶眼望左侧，强忍泪水，正面示人的哲人正在对右侧的弟子们讲话，众人手中传递着那杯毒芹汁。年轻奴隶的背影，年老智者的面容，苏格拉底睿智的思想照亮了仍旧没于黑暗中的奴隶的面庞，就像这两个人成了同一个形象的正反两面：大卫在柏拉图的注疏家一直忽视的场景中究竟看见了什么？

显然，要在 dêmosios 充满善意的话语中找出苏格拉底哲学对奴隶制的特定看法会很荒谬。问题在别处。Dêmosios 根本就不是苏格拉底的弟子，就算像哲人所说，他也和他聊过很多次，但 logoi sokratikoi（苏格拉底式言辞）这样的内容刻意没被说出来。受到苏格拉底赞扬的奴隶，他的举动事实上与弟子们的态度形成对照，这些弟子因老师之死而显得不知所措。面对充满挫败感的弟子，奴隶处之泰然，接受了老师的死亡。

可弟子们却为自己的命运潸然落泪，斐多就这么承认，[②]而奴隶为苏格拉底哭泣则是宽厚为怀，充满高尚的情感。比所有聚在一起的弟子们还要好，他完全理解苏格拉底的这个举动。当弟子们因失去老师而倍感无能为力的时候，他的同情则是为哲人而起。

---

① 除了 J. -L. David 的著名画作《苏格拉底之死》（*La Mort de Socrate*；1787）之外，可特别看看 Benjamin West 作于 1756 年的画作《苏格拉底之死》（*The Death of Socrates*）。

② 柏拉图，《斐多》，117c：“直到此刻，我们大多数人都一直克制着没哭；但当我们眼见着他喝下毒酒，眼见着他在喝：就觉得怎么可能发生这事！这种感受很强烈，我也忍不住潸然泪下，只能掩面而泣，为自己流下了泪水——因为我哭并不是为他，而是心里很清楚失去了怎样的一位朋友，为我自己的命运而哭泣。”

况且，苏格拉底向这奴隶告了别（chairê），可他们却没有①，斐多以苏格拉底希望他们比任何人都优秀（aristos）、智慧（phrônimotatos）和公正（dikaiotatos）的祝福话语作结，奴隶赞扬之语的三重结构，认为苏格拉底最高贵（gennaiotatos）、最平和（praotatos）和最优秀（aristos）的说法则与之呼应。

苏格拉底的幽灵

没有姓名，没有过去，也不得有未来的人却两次受到苏格拉底、之后又是斐多的肯定，他们用的是一个通用的词：anthrôpos②，这奴隶被置于极其外缘的地位，既被排除在弟子圈之外，也被排除在投票处死哲人的公民共同体之外。通过他，对苏格拉底的回忆就能远远超出这场景中极其狭小的弟子圈。因为通过这样的证词，这 dêmosios 不仅能证明苏格拉底的无辜，还能使苏格拉底的教诲远远超越公元前 399 年赴死的这一年限。这个场景用特有方式让我们所谓的苏格拉底幽灵学（hantologie）终得诞生——此处有幸使用雅克·德里达（Jacques Derrida）自造的新词③——在其中，dêmosios 可谓功不可没。这无名奴隶绝对的陌生性终于使苏格拉底的伟大达到一个更高的等级，仅靠弟子的那个圈子根本做不到这一点："其他人诅咒我；这人却祝福我"，狄德罗在他对《斐多》

---

① 关于这一点，参阅 R. Burger 的评注，《〈斐多〉：柏拉图的迷宫》（*The Phaedo. A Platonic Labyrinth*），New Haven，Yale University Press，1984，p. 211—212。

② 柏拉图，《斐多》，116d 和 117e。

③ J. Derrida，《马克思的幽灵：债务国家、丧事与新的英特纳尔》（*Spectres de Marx. L'État de la dette, travail du deuil et la nouvelle Internationale*），Paris，Galilée，1993，p. 31—32。德里达用"幽灵学"（hantologie）这个词是想指出幽灵存在的模式，它处于存在与缺席、生与死、可见与不可见的区别之外，与萦念（hantise）的逻辑若合符节。

自由发挥的翻译中让苏格拉底说了这话。经由这个奴隶，柏拉图的这篇文本遂得以向着别处和未来招手示意，苏格拉底思想今后终将获得其正当的价值。

　　但这个场景不仅是对哲学家的颂扬，也表达了苏格拉底与奴隶之间的互相认可。哲人似乎在可亲的 dêmosios 身上发现了他自己的摹本，仿佛这两个个体之间有一根秘密的牵系之线。这段简短的对话发生前不久，苏格拉底对克里同说了一段长篇大论，讲的是死亡一旦来临，肉身与灵魂会发生什么："待到喝下这毒酒，我便再也不会待在你们身边，而是会离开，向着至福极乐的幸福之地走去。"①就在这苏格拉底即将与冥王哈德斯相会的关键时刻，能将这两个人相连的其实就是面对死亡的牵系。此外，我们还极为震惊地发现有关奴隶制与奴隶获得解放的隐喻贯穿整篇对话，使人觉得这是借此来思考从生至死的那条道路，而且一直到文末乞灵于阿斯克勒皮奥斯的那句神秘的话语为止，都借用了希腊世界解放奴隶的种种法令特有的滔滔雄辩之词。② 当苏格拉底的灵魂超离自己的肉身，使自己成了阿波罗神的奴隶之时③，就将自己看作失去肉身的 anthrôpos：哲人之死与成为奴隶命运的"社会性死亡"在此产生呼应。因为这个"幽灵学"的场景也可被视为两个幽灵的相遇：苏格拉底成为回忆之时，就成了今后不停萦绕雅典的幽灵，将自身投射到公共奴隶的形象之中。作为没有任何名字的肉身，亦即"无肉身之躯"④，这个公共奴隶本身就是个幽灵，他的话

---

① 柏拉图，《斐多》，115d。

② D. Kamen，"苏格拉底的解放：重读柏拉图的《斐多》"（The Mnumission of Socates：A Rereading of Plato's Phaedo），*Classical Antiquity*，32，2013，p. 78—100。

③ 参阅柏拉图，《斐多》，85b。苏格拉底想要成为阿波罗的 homodoulos 和 hieros。

④ J. Derrida，《马克思的幽灵》，前揭，p. 27。参阅幽灵的出现导致"面盔效应"，德里达也在 p. 26—27 说到了这种效应："这东西看着我们，我们也在看着，但它就算在那儿，我们也看不见它。"

语来自凡人,即苏格拉底那些可怜的弟子根本无法抵达的他处,因此他甚至拥有绝对真实的权力。

第一个基督徒:
"你所念的,你明白吗?"

又过了好几个世纪,公元前399年的雅典公共广场也已遥若星辰,《使徒行传》却有一个著名的场景,令人意料不到地延续了这样一个戏剧场面。但我们是否真的离经常思考的古典时代的雅典如此遥远? 毫无疑问……除非从书本出发承认新约确实属于我们所谓的"希腊文献",承认新约文本有许多形象和说法均来自古典时代。

我们来看《行传》的第八卷。基督的最初几个门徒遭到耶路撒冷教会的大张挞伐:彼得被押上犹太法庭受审;"希腊化思潮"的主要代表人物司提反被人用石头砸死;许多信徒四散流亡至犹太和撒玛利亚。在这激动人心的时刻,腓利将是第一个往耶路撒冷之外带去福音的人,他前往撒玛利亚人处传福音,撒玛利亚人很久以前便信犹太教,只是教义与耶路撒冷的不同。后来,受到"主的使者"的召唤,这位传福音的人取道从耶路撒冷去了加沙:

> 有个埃塞俄比亚人,是个有权的太监,在埃塞俄比亚女王干大基的手下总管银库,他上耶路撒冷礼拜去了。现在回来,在车上坐着,念先知以赛亚的书。
> 圣灵对腓利说:"你去,贴近这车走。"腓利就跑到太监那里,听见他念先知以赛亚的书,便问他说:"你所念的,你明白吗?"他说:"没有人指教我,怎能明白呢?"于是请腓利上车,与他同坐。他所念的那段经,说:他像羊被牵到宰杀之地,又像羊羔在剪毛的人手下无声;他也是这样不开口。他卑微的时

候,人不按公义审判他;谁能述说他的世代? 因为他的生命从地上夺去。太监对腓利说:"请问,先知说这话是指着谁? 是指着自己呢? 是指着别人呢?"腓利就开口从这经上说起,对他传讲耶稣和福音。二人正往前走,到了有水的地方,太监说:"看哪,这里有水,我受洗有什么妨碍呢?"于是吩咐车站住,腓利和太监二人同下水里去,腓利就给他施洗。①

在腓利于撒玛利亚布道和这次谈话中间,还穿插了彼得与罗马百夫长哥尼流的一段插曲②,这段插曲就成了传布福音这一庞大叙事的奠基者。而埃塞俄比亚太监事实上也就成了第一个受洗的非犹太人。无数注经家认为路加这儿再次使用了"希腊化"圈子里的一个传说故事,证实是腓利而非彼得第一个向异教传播福音。这段插曲将共同体延伸到犹太地区原初的领地之外,既然这太监会亲自回埃塞俄比亚传道,也就预示着教义会传到世界的尽头。③从这个角度看,埃塞俄比亚太监的受洗"僭越了保护受拣选民族纯洁性的律法"④,并使基督教信仰达到一个新的层面,进入普世的维度。太监受洗之后,《行传》也就简单地说腓利从亚锁都去了凯撒利亚,"他走遍那地方,在各城宣传福音"⑤。

---

① 我这儿引用的是 D. Marguerat 的译文,《使徒行传 1—12:新约评注》(*Les Actes des Apôtres 1—12. Commentaire du Nouveau Testament*),Genève, Labor et Fides, 2007,p. 301。(此处采用和合本圣经,略有改动。——译注)

② 《使徒行传》,10,1—48。

③ 《使徒行传》,10,39(及 P. Fabien 的评注,《〈使徒行传〉中传道转折时期的"福音传道士"腓利:腓利、术士西门与埃塞俄比亚太监》[*Philippe "l'évangéliste" au tournant de la mission dans les Actes des apôtres. Philippe, Simon le Magicien et l'eunuque éthiopien*],Paris, Cerf, 2010, p. 261)。正如达尼埃尔·马格拉(Daniel Marguerat)所言,"这次事件预示福音具有普世目的"。

④ D. Marguerat,《使徒行传 1—12》,前揭,p. 312。

⑤ 《使徒行传》,8,40。

　　腓利告诉太监旧约已完成讲述基督生平的使命,现在要从死的文字来到活的话语中。"[阅读时,]你所念的(anagignôskeis),你明白(gignôskeis)吗?"福音传道士问太监,太监承认自己不明白,希望有人指教。教父们需要使教会阐释经文的权威合法化,这段插曲就引起了他们的思考。①太监的无知说明所有人面对经文都能成为信徒这一模式,孤儿需要听到别处传来的话语,只有这样才能给人答疑解惑。但《行传》也能使人看清楚在这特别柏拉图式的语言中,死的文字,无法依凭本身说明事物的文字,与活的话语对立,唯有后者方能使经文圣化。②文字只有在活的话语碰泊于启示的知识之中,才能完成其意义。奴隶太监的奴役身份甚至镌刻在肉体上,若非腓利响应"主的使者"(aggêlos kuriou)的召唤,成为圣灵的中介,太监就不可能获得拯救的启示。

　　但太监并非普通奴隶,对这个人物的阐释众说纷纭。他没有名字,只有一个地理上的或"种族上"的身份——"埃塞俄比亚"——和一个职务上的身份——埃塞俄比亚干大基女王手下的官员,负责管理女王的银库。注经家也没忘了指出这儿同《旧约·列王纪下》第5章以及乃缦这个人物存在互文性,路加应该就是以此为模板。乃缦是叙利亚王手下军队善战的统帅,他还会乘着战车到处周游。可他得了麻风,根本治不好,后来先知以利沙的使者

---

①　据 P. Faben,《〈使徒行传〉中传道转折时期的"福音传道士"腓利》,前揭,对解读《行传》本身及路加接受这种解读的过程,这个场景都是一个关键点:腓利扮演了作者路加的角色,埃塞俄比亚太监则扮演了不言自明的阅读者的角色。

②　可参阅柏拉图,《普罗塔戈拉》,329e,与演说家的谴责之词:"书这种东西,什么也回答不了,对它们不能有任何要求",还有柏拉图,《斐德若》,275d,说的是落成文字的演讲稿:"我们可以相信他们讲话是为了解释一些想法;但要是有人想要弄明白他们说的是什么意思,问他们,他们只能说得很有限,而且一直都是如此。"通过"重复死亡","写作便彻底远离了该事物的真实,话语的真实和向话语展开的真实",J. Derrida 如是说,"柏拉图药学"(La Pharmacie de Platon),《播种》(La Dissémination),Paris, Seuil, 1972, p. 169 与 p. 171。

告诉他在约旦河里沐浴七次，便可愈疾。于是，乃缦就承认"除了以色列之外，普天下没有神"①。

太监的宗教身份并不确定。他手上拿着以赛亚的经卷，那他是否是来耶路撒冷"敬拜"，是一个"畏神者"（phoboumenos ton theon），是同情犹太教的异教徒？②《行传》第二卷开头讲到耶路撒冷举办五旬节，路加列出一份很长的参加五旬节的人的名单，但他没提到这个埃塞俄比亚人③，无论这太监的宗教身份到底为何，他"因其残疾会被排除于以色列的宗教团体之外"④。特别是此人的种族、类别或社会地位导致各种各样的阐释，经常会出现在教父们的著作中。就此而言，埃塞俄比亚太监就是用来引起纷争的，他的相异性自然能得出千差万别的解释。

有些人坚持认为他是个边缘人。对古代作家而言，埃塞俄比亚比从阿斯旺到喀土穆的广袤领土尤过之而无不及，那儿住着古老的努比亚人，被认为是人居世界的尽头：在《奥德赛》里，埃塞俄比亚人都是"世界尽头"⑤来的人，而奥古斯丁在评注《诗篇》时则认为他们的"国家在地球尽头最偏远的地区"⑥。因此，对太监施洗就履行了《行传》开头提出的那个诺言，即要将福音传至"世界尽头"（eschatou tês gês）⑦。

但这个人物的类别，或曰"酷儿理论"（queery theory）还能令

① 《列王纪下》，5。关于两者的相似处，参阅 P. Fabien，同上，p. 180—181。
② 关于不同的解读，参阅 P. Fabien，同上，p. 192—195。
③ 《使徒行传》，2，1—13。
④ D. Marguerat，《使徒行传 1—12》，前揭，p. 302。
⑤ 荷马，《奥德赛》，I，22—23。
⑥ 奥古斯丁，《论〈诗篇〉第 71 篇：真实的所罗门或基督》（*Discours sur le psaume LXXI. Le vrai Salomon ou le Christ*），12。
⑦ 《使徒行传》，1，8。参 F. Jabini，"世界尽头的见证：〈使徒行传〉8：26—40 传道解读"（Witness to the End of the World: A Missional Reading of Acts 8：26—40），*Conspectus*，13，2012，p. 51—72。

人作出一种解读。① 太监性别的中立化倾向甚至因女主人不明的身份而愈发扑朔迷离,女主人就是干大基(那是埃塞俄比亚国王的称号)女王,斯特拉波认为她是 andrikê gunê,是个男性化的女人。② 某些教父还在这段插曲中看出修道生活的禁欲主义理想。③

最后,这段插曲还可以从种族与肤色方面作出解读,用来丰富"黑人神学"(black theology)④。埃塞俄比亚太监因此可能是"身份上可证实的祖籍努比亚的古代非洲黑人"⑤,他之皈依基督教又是基督教向非洲扩张的另一段历史,第九卷开首保罗向地中海地区的西方及罗马帝国的首都罗马传道应该也特意包含了这段历史。近来,帕特里克·法比安(Patrick Fabien)强调太监的"黑人性",认为那是路加有意为之。⑥ 让这名非洲黑人受洗,路加由此表明启示超越人种或"种族"(race)的所有区分。我们不得不说这

---

① 近期著作,参阅 M. B. Kartzow 与 H. Moxnes,"埃塞俄比亚太监故事(《使徒行传 8:26—40》)中的复合身份:种族、性别与宗教"(Complex Identities: Ethnicity, Gender and Religion in the Story of the Ethiopian Eunuch[Acts 8:26—40]),*Religion & Theology*,17,2010,p. 184—204,与 S. D. Burke,《解读埃塞俄比亚太监的太监身份:〈使徒行传〉的酷儿化》(*Reading the Ethiopian eunuch as eunuch: Queering the Book of Acts*;伯克利大学博士论文,2009)。

② 斯特拉波,《地理学》(*Géographie*),XVII,1,54。

③ 关于教父的解读,参阅 M. B. Kartzow 与 H. Moxnes,前揭,p. 194—195,与 S. D. Burke 的评注,前揭,p. 12—15。

④ 特别可参阅 G. L. Byron,《早期基督教文献的黑色象征与种族差异》(*Symbolic Blackness and Ethnic Difference in Early Christian Literature*),Londres,Routledge,2002,p. 109—115,与 C. Davis,"黑人天主教神学:一种历史视角"(Black Catholic Theology: a historical perspective),*Theological Studies*,61. 4,2000,P. 656—671。

⑤ D. K. Williams,"使徒行传"(Acts),见 B. K. Blount(主编),《忠实于我们的原生土地:一名非裔美国人对新约的评注》(*True to our Native Land. An African-American Commentary on the New Testament*),Minneapolis,Fortress Press,2007,p. 225—228,此处见 p. 227。

⑥ P. Fabien,同上,p. 205。

么多的解读与几个教父的观点差异其实不是太大,他们也从肤色象征来解读太监受洗,采用的是从晦暗至清明、从黑到白这样一条路径。①

有一件事是肯定的:这太监混杂着各种不同的身份,所有身份都彼此相异。正如史学家帕特里克·法比安所说,"埃塞俄比亚太监在《使徒行传》中是身份归属感最为开放的类型,这使他能对不同的公众讲话"②。但不管这种"差异性"有什么标准,反正现代所有的注疏家都一致认为他是陌生人的典型,他的皈依使得福音的规划顺利实现:接纳遭群体排斥的人和社会上遭践踏的人。③

从这方面看,太监读了却不解其中意义的以赛亚的预言其实有着丰富的意涵:"像羊被牵到宰杀之地,又像羊羔在剪毛的人手下无声;他也是这样不开口。他卑微的时候,人不按公义审判他;谁能述说他的世代? 因为他的生命从地上夺去。"④路加有意在《以赛亚书》中选择主之仆人的第四首歌的两段诗行,诗中讲述了耶和华仆人的命运,他将为"众人的罪"而抵罪受死。主之仆人的悲伤"进入他的肉身与他的话语"⑤,也与太监的处境相呼应。"他卑微的时候,人不按公义审判他;谁能述说他的世代?":这就是太监的命运,更甚者,也是所有奴隶的命运。在主之仆人的呼告声中,以赛亚说他承担着"众人的罪",腓利就让太监认识到基督承受的苦难。⑥ 但腓利也让太监从主之仆人的处境中认识到自身的处境,并让他明白只有在基督的形象中人才能完满。"无声的羊羔"

---

① 参阅 G. L. Byron,同上,p. 44—45,与 p. 50。

② P. Fabien,同上,p. 303。G. L. Byron,同上,p. 112,他说太监是"社会、文化与种族上的外来者"。

③ D. Marguerat,同上,p. 313。

④ 《以赛亚书》(*Isaïe*),53,7—8。

⑤ D. Marguerat,同上,p. 309。

⑥ 《以赛亚书》,53,12。

就是通过腓利寻求发声的太监。《行传》的这个场景因此建立在两篇文本的关系之中,三种身份在此相遇。[①] 以赛亚的诗行将主之仆人,亦即耶稣,同埃塞俄比亚太监承受苦难的宿命交叠在一起。耶稣的生命使以赛亚的预言焕发光彩,也为埃塞俄比亚太监投射光亮。

不过,不能简单地从太监这种身份看出他肯定就是遭排斥者。太监从马车上下来,车不是他驾驭,因为他命令车子停下,要让腓利亲手给他施洗,路加的这个故事将太监放到了掌权者的地位上。此外,他还负责替干大基女王掌管银库,加尔文立马就认为他是埃塞俄比亚王国里的一个头面人物。[②] 最后,他使用的语言特别优雅讲究。但这人仍然是埃塞俄比亚女王的奴隶,这种法律规定的低下地位因他的阉割而变本加厉。因而,这个人物身上就出现了我们以后会很熟悉的吊诡之处,即既有政治上的权力,也处于永世不得翻身的法律上的低下地位。

如果将他与王室奴隶的地位联系起来看,这种显而易见的矛盾之处就不存在了。此人法律地位上的独特性,注疏家们并没有注意到,而这正是这段插曲的关键所在。太监并不仅仅是个黑人,世界的边缘人,或去势的男人。他不是普通的奴隶,也不是无足轻重的边缘人。事实上,他遭排斥,具有相异性,这些都融汇成他的独特地位,他就是王室奴隶,所以他在传播启示的这则故事中占据了重要的一席之地,毕竟他是第一个皈依基督教的外邦人。身为公共奴隶,他的存在当然使他具有极大的相异性,但这身份也使他成了第三方,成了斡旋者,如奥赫里德的泰奥菲拉

---

① 参阅 D. Marguerat,同上,p. 309—310。

② J. Calvin,《圣经评注:〈使徒行传〉》(*Commentaires bibliques. Les Actes des Apôtres*),Aix-en-Provence,Kérygma,2006。

图斯（Théophylacte d'Achride）所言，他就是"圣灵的手"和"圣言的传报者"①，启示通过他的斡旋，便能达到新的层面。

埃塞俄比亚太监这一形象使圣经之言得以实现，新约和旧约、耶路撒冷和世界边缘经由他而结合到一起。但在这故事中，由于太监是第一个接纳福音的非犹太人，占有突出的地位，所以他就成了所有异教徒回归基督人格的介质，占据着象征性的地位。

＊ ＊ ＊

"智者俄狄浦斯"的没落；苏格拉底狱中的最后时刻；第一个异教徒的受洗："希腊文献"中的这三个重要事件使公共奴隶或王室奴隶在这些故事中出其不意地出现。在索福克勒斯的剧作中，王室奴隶的话和神的话相对应，并与君主的形象神秘地关联起来。神的镜像与国王的影子都出现在王室牧羊人的身上，俄狄浦斯的知识——宽泛言之，也就是政治秩序——体会到自身的局限性。在《斐多》中，苏格拉底和狱卒幽灵般的相认将后者置于极其突出的地位，使之与那些垂头丧气的弟子们形成鲜明对照，毕竟他会在苏格拉底的圈子之外去见证对这位哲人的回忆。最后，《使徒行传》将王室奴隶放到了福音普世扩张这一宏大叙事的中心地位。

似乎没有任何东西能将知识的悲剧与《俄狄浦斯王》中君权的悲剧和《斐多》中对死亡或对基督教信仰扩张历史的思考关联起来。但有一条隐秘之线却将埃塞俄比亚太监、王室牧羊人和雅典狱卒联系起来。这三个人每人均以自己的方式表明各自极端的相

---

① 奥赫里德的泰奥菲拉图斯，《讲话、文论、诗歌》（*Discours, traités, poésies*），P. Gautier 版，Paris, Association de recherches byzantines, 1980, p. 326。

异性,从而也各自体现了某种限度。他们居于两个世界的边缘地带,在神的领域与政治共同体之间,在哲人的弟子与城邦之间——甚至在生与死之间,而夹于两者之间(entre-deux)正是他们的奴役处境——或在耶路撒冷的共同体与所有被排斥于群体之外的人之间扮演着摆渡人的角色。

他们地位的外在性勾画出一个他处,规则由此得以设立。因为公共奴隶的话语能自外在的场域发出,但不能认为这也是普通的奴隶或"被排斥的"奴隶的外在场域。他们的公共身份与王室身份赋予他们的人身一个从未有过的维度。无论他们是国王、女王还是城邦的财产,他们的公共身份都已将奴役状态的被排斥性转化成极端外在的第三种状态,规则的最终愿景得以展现,而这也是政治共同体与信徒共同体的最终愿景。我们的这三个人物因此就能让人隐约看见存在着一种独特的布局,它将奴隶的形象与真理的陈述连结在古代的城邦世界之中。

接二连三的哲学遗嘱……米歇尔·福柯在去世前几个月给法兰西学院上了最后几堂课,讲的是"讲真话"的自我构建与自我表现的形态——按照他自己的说法,这只不过是研究各类"真理体制史"的草样。福柯认为有四个形象构建起了"主体讲真话的形式":先知,智者,匠人(或曰"有技术的人")和哲人。① 依据福柯的观点,这四个人物并未构成特定的社会角色,而是构成了真话的一般形式,"讲真话的基本模式",而且它们还会经常彼此交叉错落。② 我认为在福柯的这个类型之上,还应加上公共奴隶或王室奴隶的形象,比如《俄狄浦斯王》里的奴隶或苏格拉底狱中的奴隶。

---

① M. Foucualt,《讲真话的勇气:对自我与他者的治理 II(法兰西学院讲课,1984 年)》(*Le Courage de la vérité. Le gouvernement de soi et des autres II*[*cours au Collège de France*, *1984*)],Paris,Gallimard-Seuil,2009,p. 3—31。

② 同上,p. 26—27。

　　这个形象并不能简化为先知、智者、匠人或哲人的形象。他的话语不像先知那般晦涩，也不似智者那般具有毋庸置疑的维度。和先知恰恰相反，他不以神的名义讲话，也与智者不同，他不以自己的名义表达，因为他没有名字。他的话语不具备讲真话的那种论辩气质，不像坦陈直言的（parrhêsiaste）哲人，冒死也要说出自己的看法。他也不具备论证推理进行求证的 technê。公共奴隶的话语就是真话，这就寓于他所处地位极具吊诡性的特点之中，它将奴隶相对于公民社会的极端外在性与所有公共财产对政治共同体的极度依赖性关联起来。这种奇异的地位勾勒出一个第三空间，它无法被归结至神圣的领域，因而就具有完全的内在性，真理也就能从中产生。哲人的幽灵，国王的影子，共同体的幽灵大军即将来临：从公共奴隶栖身的这个他处，真理的面庞清晰地凸显出来。

结　　语

> 屋大维远离重重暗影，站在大烛台的近旁，尽管别人看不见他，但他阴沉的眼睛仍望向奴隶，期望奴隶能允许他讲话。奴隶命令道："说吧，你下命令吧。"于是凯撒就下了命令，但这其实并不是真正的命令。①
>
> 　　　　　　　　　　　　　　　　　　赫尔曼·布洛赫

　　在爱琴海边缘的某个地方，听到传令官的召唤，好几百号佩戴武器的人聚到一起。渐渐地，这群人形成一个巨大的向心的圆圈，很快，其中一个人就会向前进发。当所有人的目光都汇聚在他身上的时候，那人抓起权杖，发表了一通演说，说起牵涉所有人的一件事。他讲完之后，还有其他人讲话，只有整个共同体都投入其间，公民大会才会集体作出表决。

　　依照研究希腊世界的史学家和人类学家的说法，荷马史诗的世界提供的集体决议的美好场景正预示了古典时代希腊文明的政

---

① H. Broch,《维吉尔之死》(*La Mort de Virgile*)，A. Kohn 翻译，Paris，Gallimard，1955[1945]，p. 376。

治命运。演说者经常是君主,而民众(laos)发表意见的方式不是靠投票,而是靠所谓的异口同声的呼喊,但这些都不重要。在这些场景的隐秘之处,应该早已隐藏着一根适用于"政治话语文明"①的线,那就是古希腊的政治文明。所以还要在《伊利亚特》的武装大会、古风时代寡头制小城邦公民的武装大会与古典时代雅典的ecclesia 之间划一条很长的线,希腊人就在三个言说话语的地方发现了政治。②

　　因而,古希腊政治之所以诞生,是因为出现了平等分享的共同体秩序,出现了居于中心地位的平等主义的空间,出现了集体决议。③ 决议过程的公开化肯定是城邦组织得以构建起来的维度。事实上,各种大会所在的空间就是切实实现公民互通有无的场所,照汉娜·阿伦特(Hannah Arendt)理想主义的描述,这就是希腊城邦,它"拥有极大规模的空间:我在其他人眼里和其他人在我眼里完全一样的空间"④。政治生活的公开性尤其在于林林总总的制度实践,如官员有义务公开述职,或将法令抄写下来,镌刻在石碑上,或发布于公共空间,面向所有人。由于使社会生活的组织原则成为公共决议的目标,从这方面看,希腊城邦就成了第一个完全自治的社会例证,被认为是"标准之源"⑤。这是"理性与政治经由

① 　P. Vidal-Naquet,《黑色猎手》,前揭,p. 21—35。

② 　J. -P. Vernant,《希腊思想的起源》(*Les Origines de la pensée grecque*),Paris,PUF,1962,p. 44。

③ 　参阅 M. Detienne,"公民大会实践的各种政治形式:历史学家与人类学家之间实验性与建构性的比较"(Des pratiques d'assemblée aux formes du politique. Pour un comparatisme expérimental et constructif entre historiens et anthropologues),见 M. Detienne(主编),《谁愿发言?》(*Qui veut prendre la parole*),Paris,Seuil,2003,p. 13—30。

④ 　H. Arendt,《现代人的境况》(*Condition de l'homme moderne*),Paris,Pocket,1988[1961],p. 258。

⑤ 　C. Castoriadis,"希腊 polis 与民主制的创建"(La polis grecque et la création de la démocratie),《迷宫的十字路口》(*Les Carrefours du labyrinthe*),卷 2,《人的领域》(*Domaines de l'homme*),Paris,Seuil,1986,p. 325—382。

认同实现透明化"的场所,通过对这场所的回忆,这位性本忧郁的史学家越发认为"与如今的种种幻灭不同的是,民主制需要时间来变得透明"①。

中立化的政治

但从城邦的公民大会和剧院投射出来的明亮光线可能会使我们失明。希腊政治的"透明性"其实是随着掀开遮盖于边缘部分的不透光的帘子而获得的光亮,这种帘子对边缘部分的运转还必不可少。因为聚在公民大会上的公民举止高贵,言辞恳切,颇像影子剧场的情景,像既无身份、亦无声音的无名者麇集的无声剧场。他们潜伏于雅典卫城的角落里,再三计算着雅典娜的财产,将远征的统帅所用的开支详尽靡遗地记录在档,或者四处走动,给公民法官指点路径,将观众领入法庭:所有这些人都是看不见的,以维持公民共同体虚幻的透明性。

我们想象一下,欧洲中央银行的行长、共和国安全机构的局长、国家档案馆的馆长、国库的监察员,以及法庭所有的书记员都是奴隶,都是法国人民集体名义下的财产,或者说得更不现实一点,他们都是欧洲人民的集体财产。总之,我们现在来到共和国的内部,其中一些位高权重的"仆人"都是奴隶。巴黎夜间爆发大规模游行示威活动,如果大批奴隶将这些示威者全部赶走,国家该怎么办? 假设其中一场示威活动矛头直指欧洲各项条约强加于法国的预算紧缩政策:如果中央银行行长是个奴隶,国会可以将他转卖

---

① N. Loraux,"民主制的起源:论民主制的透明性"(Aux origines de la démocratie. Sur la "transparence démocratique"),《在场的理性》(Raison présente),49,1978,p. 3—13,p. 4。

出去，或者对他施以鞭刑，如果他工作完成得很差，那欧盟的货币政策会有所不同吗？再继续下去：还是这个国会，如果只有奴隶才是国会永久的议员，其他国会议员全都得每年轮换，那代表之间在商议的时候会采取何种形式呢？这样的场面让人浮想联翩……

这样的类比当然靠不住，但在与我们如今的政治状况相比较的情况下，类比就能为希腊城邦的公共奴隶制构建双重的维度。首先，它能揭示出共同体整体拥有直接的控制权，共同体会对凡是涉及主权的几个领域（公权力、货币、文书）运行自己的权力，就算公民都是专家，但也实在想象不出会将这些职能委派给他们。求助于奴隶，让民众掌控这些"活的工具"，理论上便能确保任何一个法律承认的团体、任何一个行政管理机构均无法成为 dêmos 推行其意志的障碍。

类比尤其能揭示出政治场域在城邦内具有严格的限度。毫无疑问，希腊的政治（le politique）比我们有时说的政治（la politique）这样的陈词滥调意义更宽泛，因为希腊的政治并不可归结为各个公民机构之间的争权夺利。公民身份就体现在公民生活的各个场域之中——践行宗教、经济生活与习惯风俗——它很大程度上并不仅仅是指加入某个机构这么简单。① 但城邦也确实给政治场域划定了边界，这一做法来源于严格的划分原则，或者说将"场域外"对管理公共事务必不可少的技术与知识降格到了边缘地带。

古代作家从未给城邦内的这个活动领域起过任何名字，他们也没有设法将权力和能力进行简单归类。这是因为在充分阐述何

① V. Azoulay 与 P. Ismard，"古典时代雅典的政治场所：制度结构、公民的观念形态与社会实践之间"（Les lieux du politque dans l'Athènes classique. Entre structures institutionnelles, idéologie civique et pratiques sociales），见 F. de Polignac 与 P. Schmitt（主编），《雅典与政治：追寻克劳德·莫塞的足迹》（Athènes et le politique. Dans le sillage de Claude Mossé），Paris，Albin Michel，2007，p. 271—309。

为主权的时候,若与政治活动对比,就可发现公共奴隶的行为领域首先遭到了消极的限定。Dêmosioi 的活动源于对政治场域运转规则的悬滞,所以他们的活动属于中立化的政治。这样的布局依凭的是 eleutheria leitourgia,吊诡的是,这样也将公共奴隶放到了第三者的位置,得以确保共同的自由。此外,城邦剧场分隔场景的滑轮幕布会升起来,公共奴隶向着观众走去,揭开历史的奥秘,仿佛这个相异性的形象转瞬即逝地提供了一个场所,城邦便得以在这个场所中思考它自己的制度。

制度的生与死

希腊的公共奴隶制在与其他奴隶体制经过多方面的比较之后变得愈发清晰。公共奴隶拥有财产,享有血亲特权,有时甚至能获得城邦的嘉奖,他们作为公共财产,相比于私奴,可以说享有特权地位。不过,dêmosioi 从来就没有自治权,虽然历史上的公共奴隶或王室奴隶经常都享有这种权力。他们受到公民共同体的管控,无法在政治权威的个体占有者旁边占据有利地位,对其施加影响。尤其是,他们的职务无法承袭,所以就没法使他们成为一个等级或一个团体,来彰显自身利益——这一点一般都可以通过城邦在内部施行法律规定的等级制这种方式来加以阐释。

奴隶作为"公共专家"的形象在许多种族都可找到相似的例子,这也能解释古典时代的雅典政制也会使用各种知识。尽管民主制城邦的秩序要求将专门的知识降格至政治场域之外,但这并不像柏拉图所说,民主政体是无知者的独裁统治。专家奴隶是具有独创性的公民认识论的产物,它使知识平等地横向循环流通,智术师普罗塔戈拉的"吹箫者的城邦"堪称其中的典范。

其中还有一个很明显的地方:若撇开 polis 的社会与政治组织

的普遍特点不谈，这些奴隶的身份便无从理解。因此，帝国时代希腊东方城邦的制度末期可以看出发生了广泛的变异，影响了城邦的生活组织形态。可以证实，从公元前 5 世纪初起，许多城邦已最终不再让奴隶负责管理方面的事务，而从公元 3 世纪起，便可以发现公共奴隶制走起了下坡路。此外，从公元 4 世纪初起，这种制度的独特性便不再体现在帝国的办公室内：君士坦丁大帝的立法明显将城邦奴隶和帝国奴隶混同起来。①

　　城邦公共奴隶的终结事实上可以说是好几个现象合力造成的结果。首先，帝国的行政管理具有社会威望，极有可能城邦的管理也具有这样的威望，所以公民逐渐开始觊觎 dêmosioi 的那种地位。城邦最终就将从前保留给奴隶的公共职务委派给自由人。②有几则偶然在铭文上发现的轶事可以让我们想见城邦在管理奴隶时遇到的那些困难。③ 163/164 年，马可·奥勒留与路奇乌斯·维鲁斯曾经发过一道通谕，我们从中发现有个名叫萨托内罗斯的公共奴隶供职于以弗所的长老议事会，负责收取公共债务，他侵吞了原需上缴城邦的部分钱款。④ 一个世纪前，潘菲利亚的小城邦吉布拉颁布了一道荣誉裁决，但这次相反，有罪的是个公民，他挪用了拨付给 107 名 dêmosioi 的钱款。⑤ 尽管这位史学家没有办法从公共奴隶制的总体发展角度评估这两则轶事具有什么样的代表性，但他在丝毫没有对此进行研究的情况下，发现实在难以想象这些轶事会发生在公元前 4 和公元前 3 世纪的雅典。

---

① A. Weiss，《城邦的奴隶》，前揭，p. 180—183，与 N. Lenski，"古典时代后期的公共奴隶"，前揭，p. 348—350。

② N. Lenski，"古典时代后期的公共奴隶"，前揭，p. 351。

③ 同上，p. 352—353。

④ I. Ephesos，Ia，25，1，28—40.

⑤ I. Kibyra 41，1.5—6，依据的是 J. Nollé 的解读，"碑铭汇编"（Epigraphica varia），*ZPE* 48，1982，p. 267—273。

不过,这样的困难简直不值一提,毕竟两个现象合流之后,表明一个新的世界正在来临,在这个新世界里,古典时代与希腊化时代如此熟悉的公共奴隶连一席之地都没了。从公元前 3 世纪中叶起,地中海世界提供奴隶的通路越来越少,这对公共奴隶制显然造成了很大影响。由于 dêmosioi 群体只能通过承袭这种边缘化的方式来更新换代,所以这样的制度肯定需要大量的奴隶市场,甚至专业化的奴隶市场来补充。有了这第一次转型之后,肯定还会有第二次转型,虽然这些都是悄悄进行的,但绝对具有决定性的后果:我们可以认为国家的基督教化,确切地说,是帝国君主基督教概念的日益发展渐渐对国家产生了一种崭新的思想,这种思想与古典时代的城邦模式相差何止十万八千里。

城邦的普通身体

我曾提出,只有在对公共奴隶持完全否定态度的情况下,国家才存在于希腊城邦内,但 dêmosioi 仍然是希腊国家的“秘密主角”。这假设初看具有交错配列的形式:一方面,dêmosioi 是城邦管理的化身,从这个角度看,也是独一无二的职员;另一方面,求助于奴隶说明公民共同体认为国家是一种与社会分离的机构,所以要对之进行抵抗。使那些负责管理职责的人消隐于无形,城邦就能避免国家这种自治机构的出现,如有必要,还可群起而攻之;polis 因而在维持其权力的同时,也会保持其内在的共同体本质。从这个层面看,城邦发现要通过公共奴隶这个形象给这样的自治机构设限,将它压制住。

依照恩斯特·康托洛维茨(Ernst Kantorowicz)的观念考古学,我们再来看看希腊城邦与现代国家本质上的差异。论题是这样的:现代国家来临时法律-神学的发展取决于国王的双体这一拟制(fiction)，照伊丽莎白一世时期的法学家普劳登(Plowdon)的说法，它是"自然之体与不可见的政治之体"的产物。尽管国王个人的"自然之体"会诞生、繁衍或死亡，但君主的"政治之体""从不会死亡"，它既不可见也不朽。国王的双体这一奇异的拟制对政治共同体的永续来说是必需的，"作为个体的国王会与我们分离，但王朝、王冠和王室的尊严却不会"①。换句话说，权力必须超越包裹的肉身，王冠无需认同国王本人。政治共同体"时间内部的不变性"便来源于这一层拟制，君王的"[王家]超体(surcorps)与凡人的自然之体有别"②，这便使国王的国家成了"个体的面相与非个体的构建之物"③。

从康托洛维茨的作品来看，他认为"君权的二分法观念"④具有希腊-罗马的根源。对希腊化时代君主的顶礼膜拜与对罗马的帝国信仰是否也参与了国王的双体这一拟制呢？对这位史学家而言，答案是否定的。无论是公元前 2 世纪的帕加马或亚历山大里亚，还是帝国末期的罗马，国王或皇帝拥有两个身体的观念，既截然不同，又无影无形，这种看法根本就没明确地成形过。无论是希腊化时代的王权理论家还是帝国的法学家，都从来没有得出过君主的必死之身同化身于公共事务、永不凋萎的身体相区别的概念：君主的神圣品质是他作为个体的构成部分，但从未认为有另一个象征性地代表王国或帝国的人格存在。若不这样归纳的话，在基督的本体论双重性之外，事实上国王身体的双重性也变得难以

---

① E. Kantorowicz，《国王的两个身体：论中世纪的政治神学》(*Les Deux Corps du roi. Essai sur la théologie politique au Moyen Âge*)，Œuvres，Paris，Gallimard，2000 [1957 年美国第 1 版]，p. 842。

② 同上，p. 841。

③ A. Boureau，《历史学家康托洛维茨的历史》(*Histoires d'un historien*，*Kantorowicz*)，Paris，Gallimard，1990，p. 149。

④ E. Kantorowicz，同上，p. 992。

想象。

　　然而，国王的"超体"也是代表整个王国的场所，而我们的民主制观念其实正是来自两个身体这一奇异的布局法。尽管康托洛维茨的著作认为自己认识到了"我们世界本质上的奥秘"①，其实他勾勒出的只是现代意义上的政治状况的考古学。从这个无人居住或空无的场所，也就是国王政治之体的场所出发，君权便可以成为身份认同的极点，认识整个社会身体的极点。从这个层面看，国王的双体这一拟制就能使"出自权力场所的社会占有的观念（更具坚实性），而非像传统观点那样，简单地使之成为至高无上却又无法无天的形象"②。但如果这种拟制不考虑人的因素，而是让社会身体与权力等同，按照希腊城邦世界全然未知的某个模式，这也算是代议制的拟制。

　　其实，在《政治学》第三卷中，亚里士多德对政治共同体象征的和实有的永续性问题有过截然不同的思考："如果城邦是一个限定的共同体，如果它是由公民构成且共同分担的政体，则当这个政体的成分起了特定的变化，也就是说成了不同的政体时，城邦似乎就不会保持原样。"③城邦作为公民共享的政体（koinônia politôn politeias）：这个定义令人颇为困惑。亚里士多德其实确立了koinônia，即共同体与共同体选择的政体同一这样一个原则。因此，我们坚持把这个词（"雅典"）称为公元前450年的民主制城邦和公元前403年的寡头制城邦，其实是在滥用这个词。

　　亚里士多德的这个哲学观点远非独创，但这样一个概念在城

---

① M. Gauchet，"从国王的两个身体到无身体的权力：基督教与政治"（Des deux corps du roi au pouvoir sans corps. Christianisme et politique），*Le Débat*，14，1981，p. 133—157，p. 134。

② 同上，p. 146。

③ 亚里士多德，《政治学》，1276b。

邦史上某些著名的故事中得到了发扬光大。忒拜人在伯罗奔尼撒
战争初期即宣称，认为他们的祖先有通敌嫌疑的说法不通，因为
politeia 并非铁板一块。① 政治共同体拥有天然的基础——领土，
一代又一代的居民——但它并不能凭自身确保政治共同体的延续
性。尤其是，无论是非物质的统一体还是"超身"，都无法相安无事
地坚称自己就是 politeia 且公民们能在它的大纛之下共同生活。

　　我们还可以做一点补充，即占据城邦第二重身体的是
dêmosios，他既非公民共同体的化身，也不代表公民共同体。城邦
声称只有一重身体，治理领域和共同体（koinon）领域在这重身体中
互相认同，互相利用，再无他途。有了这样的认同，政治代议制的可
能性就不存在了，而且这样的认同以自己的方式构成城邦"原始主
义"的特色，这便是古希腊民主制经验中难以超越的一个条件。②

　　从启蒙时代的人到当代的审议民主制理论家，雅典体制一直都
是理想的模板——就像伯里克利时期在公共广场上建了阳台，可以
从上面观察民主制的现状，并想象它的未来。当然，"希腊奇迹"这
一论题已经是一件被人穿过的大氅，现在已经没人再愿意穿上它
了。不过，对于代议民主制的当代危机所作的讨论并不多，代议民
主制并不包括古代雅典，这似乎是在赞成科斯塔斯·阿克塞罗斯
（Kostas Axelos）的观点。他认为 polis"这种原型从来就没同等过，
它既有过去、现在，也有未来"，之后他又说了句不容置辩却又晦涩
难解的话，"希腊人开创了一个包含其未来可能性的时代"③。古典

---

① 修昔底德，《伯罗奔尼撒战争史》，III，62，3—4。
② 关于罗马时期城邦永续性的思想，与康托洛维茨的模型想去甚远，参阅 Y. Thom-
　　as，"城邦的公民制度"（L'institution civile de la cité），《权利的运转》，前揭，p. 103—
　　109 [1993]。
③ K. Axelos，《写给一位年轻思想家的信》（Lettres à un jeune penseur），Paris，Minuit，
　　1996，p. 57—58。

时代的雅典提供的模型为那样一些人所设,他们追随汉娜·阿伦特的脚步,认为必须重建受到民主个人化威胁的共同财产及公共财产观,因为这种观念乃是灵感的源泉,将对审议方式的践行扩展开来,并求助于抽签法,在这基础上就能设想一种货真价实的直接民主制。

可是,尽管希腊人开的那个头相当不错,但我们并不能在雅典的政治经验与我们之间划一条直线;从古典时代的直接民主制一直流向当今时代民主政体的那条河流已无法任由我们回溯而上——甚至可以打赌,那条河流老早以前就被截断了。希腊城邦在我们自身的历史中只是一个意外事件而已,所以也就是十足的时间上的错乱,它与我们自身的政治状况有极大的差异,故而无法为我们提供任何有意义的资源。

因为就算民主制雅典能"为自治社会的整个思想提供生殖力极强的胚芽"[1],也能为今后来临的民主制提供养分,那也是依照群体观和国家观来看的,但这种观点与我们差距极大,而且其中部分观点还与拥护奴隶制这样一个事实相关。奴隶被排斥于公民共同体之外,反倒成了城邦政治运作的核心。我们必须超越那种陈腐的看法,照它看来,在城邦世界中,政治权利的运作乃是一小部分人的特权——这虽然是一个无可争议的事实,但它丝毫未提及历史范围内 polis 典范的独创性。我们得小心,千万别认为奴隶的公民经济生产结构的中心要义,是要在事实上使公民的政治活动成为可能。我倒觉得是另外一回事:将政治代议制的缺失与拥护奴隶制的体制相连结,才使这成为可能。如果说奴隶处于政治运作的核心地带,那是因为他们的存在消除了任何形式的代议制存在的可能,是因为公民共同体只能从分离甚至剥夺的角度来思考

——————————

[1]   C. Castoriadis,《微不足道的攀升之途》,前揭,p. 192。

这个问题。然而,这种大规模消除的做法是以另一种形式的剥夺达到的,那就是奴隶成了这种剥夺的牺牲品。从这个层面看,直接民主制是以奴隶制为代价的。

书　　目

　　这份书目并不准备将撰写本书所需的所有著作(资料来源和历史学家的著作)全部囊括进去,读者自可参考脚注。书目仅提供近期对古希腊奴隶制现象开辟新观点的著作,但不包括新世界殖民地社会的资料。① 该书目也提供了专门论述希腊城邦公共奴隶制的主要著作,并将专门论述公共奴隶制与王室奴隶制的著作一并纳入,方便读者比较分析。

奴隶制的历史

BESWICK, S., et SPAULDING, J. (éds.), *African Systems of Slavery*, Trenton, Africa World Press, 2010.

BOTTE, R., et STELLA, A. (éds.), *Couleurs de l'esclavage sur les deux rives de*

---

① 如需了解详尽的书目,以后可去名为"奴隶制与世界蓄奴行为书目"(The Bibliography of Slavery and World Slaving)的网站查询,主办者是弗吉尼亚大学的弗吉尼亚数码历史中心(*Virginia Center for Digital History*),该中心每年都会对 1970年代末由 Joseph Calder Miller《世界历史上的奴隶制与蓄奴行为:书目》[*Slavery and Slaving in world history: a bibliography*],New York, M. E. Sharpe, 1999, 2 卷本)收录的书目进行更新。

la Méditerranée. Moyen Âge-XXᵉsiècle ,Paris,Karthala,2012.

CHATTERJEE, I.,*Gender, Slavery and Law in Colonial India* ,Oxford,Oxford University Press,1999.

CHATERJEE, I., et EATON, R. M. (éds.), *Slavery and South Asian history*, Bloomington,Indiana University Press,2007.

CONDOMINAS, G. (éd.), *Formes extrêmes de dépendance. Contributions à l'étude de l'esclavage en Asie du Sud-Est* ,Paris,EHESS,1998.

COTTIAS, M., STELLA, A., et VINCENT, B. (éds.), *Esclavage et dépendances serviles. Histoire comparée* ,Paris,L'Harmattan,2007.

DAL LAGO, E., et KATSARI, C. (éds.), *Slave Systems. Ancient and Modern*, Cambridge,Cambridge University Press,2008.

Droits. L'esclavage: la question de l'homme. Histoire, religion, philosophie, droit ,n° 50—53(4 vol.),Paris,Puf,2009—2011.

FAGE, J. D., «African Societies and the Atlantic Slave Trade», *Past and Present* ,125,1989,p. 97—115.

FINLEY, M. I.,*Esclavage antique et idéologie moderne* ,Paris,Minuit,1981.

FISHER, A. G., et FISHER, H. G.,*Slavery and Muslim Society in Africa. The institution in Saharan and Sudanic Africa and the Trans-Saharan trade*, Londres,C. Hurst,1970.

GEARY, D., et VLASSOPOULOS, K. (éds.), *Slavery, Citizenship and the State in Classical Antiquity and the Modern Americas* [*European Review of History* ,16. 3,2009,p. 295—436].

GONZALES, A. (éd.), *Penser l'esclavage. Modèles antiques, pratiques modernes, problématiques contemporaines* ,Besançon,Pufc,2012.

HEINEN, H. (éd.), *Menschenraub, Menschenhandel und Sklaverei in antiker und moderner Perspektive* ,Stuttgart,F. Steiner,2008.

HODKINSON, S., et GEARY, D. (éds.), *Slaves and Religions in Graeco-Roman Antiquity and Modern Brazil*, Cambridge, Cambridge Scholars Publishing,2012.

KLEIJWEGT, M. (éd.),*The Faces of Freedom. The Manumission and Emancipation of Slaves in Old World and New World Slavery*, Leiden, Brill, 2006.

KLEIN, M., *Slavery and Colonial Rule in French West Africa* , Cambridge, Cambridge University Press,1998.

KOLCHIN, P.,*Unfree Labor. American Slavery and Russian Serfdom*, Cambridge(Mass.), Harvard University Press, 1988.

KOPYTOFF, I., «Slavery», *Annual Review of Anthropology*, 11, 1982, p. 207—230.

KOPYTOFF, I., et MIERS, S. (éds.), *Slavery in Africa. Historical and anthropological perspectives*, Madison, University of Wisconsin Press, 1977.

LOVEJOY, P. E., *Transformations in Slavery. A History of Slavery in Africa*, Cambridge, Cambridge University Press, 2012³.

MAJOR, A., *Slavery, Abolitionnism and Empire in India. 1722—1843*, Liverpool, Liverpool University Press, 2012.

MÉDARD, H., et DOYLE, S. (éds.), *Slavery in the Great Lakes Region of East Africa*, Oxford, James Currey, 2008.

MEILLASSOUX, C. (éd.), *L'Esclavage en Afrique précoloniale*, Paris, Maspero, 1975.

—, *Anthropologie de l'esclavage. Le ventre de fer et d'argent*, Paris, Puf, 1986.

PATTERSON, O., *Slavery and Social Death. A comparative study*, Cambridge (Mass.), Harvard University Press, 1982.

REID, A. (éd.), *Slavery, bondage and dependency in Southeast Asia*, St. Lucia, University of Queensland Press, 1983.

ROTMAN, Y., *Les Esclaves et l'esclavage. De la Méditerranée antique à la Méditerranée médiévale (VI ᵉ—XI ᵉ siècle)*, Paris, Belles Lettres, 2004.

Slavery and Abolition. A Journal of Slave and Post-Slave Studies [1980—], Abingdon, Routledge.

TESTART, A., *L'Esclave, la dette et le pouvoir. Études de sociologie comparative*, Paris, Errance, 2001.

WATSON, J. L. (éd.), *Asian and African Systems of Slavery*, Oxford, Blackwell, 1980.

WILLIS, J. R. (ed.), *Slaves and Slavery in Muslim Africa*, Londres, Frank Cass, 1985.

YATES, R. D., «Slavery in Early China: A Socio-Cultural Approach», *Journal of East Asian Archaeology*, 3, 2002, p. 283—331.

公共奴隶制与王室奴隶制的比较

AMITAI, R., «The Mamluk Institution, or one thousand years of military service in the Islamic World», in C. L. BROWN et P. D. MORGAN(éds.) , *Arming Slaves* , *from classical time to the modern ages* , New Haven, Yale University Press, 2006, p. 40—78.

AYALON, D., *Studies on the Mamluks of Egypt* (*1250—1517*) , Londres, Variorum Reprints, *1977.*

AYALON, D., *Le Phénomène mamelouk dans l'Orient islamique* , Paris, Puf, *1996.*

BABAIE, S. *et alii* (éds.) , *Slaves of the Shah. New Elites of Savafid Iran* , New York, *2004.*

BAZIN, J., «Guerre et servitude à Ségou », in C. MEILLASSOUX (éd.) , *L'Esclavage en Afrique précoloniale* , Paris, Maspero, *1975* , p. *135—181.*

BOULVERT, G., *Esclaves et affranchis impériaux sous le Haut-Empire romain. Rôle politique et administratif* , Naples, Jovene, *1970.*

EDER, W., Servitus Publica. *Untersuchungen zur Entstehung* , *Entwicklung und Funktion der öffentlichen Sklaverei in Rom* , Wiesbaden, F. Steiner, *1980.*

FALOLA, T., « System Power Relations and Social Interactions among Ibadan Slaves, *1850—1900* », *African Economic History* , *16* , *1987* , p. *95—114.*

IZARD, M., «Les captifs royaux dans l'ancien Yatenga », in C. MEILLASSOUX (éd.) , *L'Esclavage en Afrique précoloniale* , Paris, Maspero, *1975* , p. *281—296.*

KAMAR, S., «Service, Status, and Military Slavery in the Delhi Sultanate: Thirteenth and Fourteenth Cefnuries », in I. CHATTERJEE et R. M. EATON (éds.) , *Slavery and South Asian history* , Bloomington, Indiana University Press, *2007* , p. *83—114.*

KENTARO, S., «Slave Elites and the Saqaliba in al-Andalus in the Umayyad period», in T. MIURA et J. E. PHILIPS(éds.) , *Slave Elites in the Middle East and Africa* , Londres, Kegan Paul International, *2000* , p. *25—40.*

LOISEAU, J., *Les Mamelouks* (*XIII* ᵉ *—XVI* ᵉ *siécle*). *Une expérience du pouvoir dans l'Islam mediéval* , Paris, Seuil, *2014.*

MIURA, T., et PHILIPS, J. E. (éds.) , *Slave Elites in the Middle East and Africa* , Londres, Kegan Paul International, *2000.*

MOUNIER, P., «La dynamique des interrelations politiques: le cas du sultanat de Zinder», *Cahiers d'Études Africaines* , *39* , *1999* , p. *367—386.*

OLIVIER DE SARDAN, J. -P., «Captifs ruraux et esclaves impériaux du Songhay», in C. MEILLASSOUX (éd.) , *L'Esclavage en Afrique précoloniale* , Paris,

Maspero, *1975*, p. *99—134*.

OUALDI, M., *Esclaves et maîtres. Les Mamelouks des beys de Tunis du XVIIIe siècle aux années 1880*, Paris, Publications de la Sorbonne, 2011.

PERROT, C., « Les captifs dans le royaume anyi du Ndényé », in C. MEILLAS-SOUX(éd.), *L'Esclavage en Afrique précoloniale*, Paris, Maspero, 1975, p. 351—388.

PHILIPPS, J. E., «Slave officials in the Sokoto Caliphate», in T. MIURA et J. E. PHILIPS(éds.), *Slave Elites in the Middle East and Africa*, Londres, Kegan Paul International, 2000, p. 215—234.

PIPES, D., *Slave Soldiers and Islam. The Genesis of a Military System*, New Haven, Yale University Press, 1981.

RAGIB, Y., «Les esclaves publics aux premiers siècles de l'Islam», in H. BRESC (éd.), *Figures de l'esclave au Moyen Âge et dans le monde moderne*, Paris, L'Harmattan, 1996, p. 7—30.

RINGROSE, K., *The Perfect Servant. Eunuchs and the social construction of gender in Byzantium*, Chicago, University of Chicago Press, 2004.

SOK, K., «L'esclavage au Cambodge à l'époque moyenne à travers les codes, les inscriptions modernes d'Angkor et les chroniques royales», in G. CONDOMI-NAS (éd.), *Formes extrêmes de dépendance. Contributions à l'étude de l'esclavage en Asie du Sud-Est*, Paris, EHESS, 1998, p. 315—341.

STILWELL, S., *Paradoxes of Power. The Kano « Mamluks» and Male Royal Slavery in the Sokoto Caliphate (1804—1903)*, Portsmouth, Heinemann, 2004.

TARDITS, C. (éd.), *Princes et serviteurs du royaume. Cinq études de monarchies africaines*, Paris, Société d'Ethnographie, 1987.

TERRAY, E., «La captivité dans le royaume abron du Gyaman», in C. MEILLAS-SOUX(éd.), *L'Esclavage en Afrique précoloniale*, Paris, Maspero, 1975, p. 389—453.

TERRAY, E., *Une histoire du royaume Abron du Gyaman. Des origines à la conquête coloniale*, Paris, Karthala, 1995.

TESTART, A., *La Servitude volontaire*, t. I: *Les morts d'accompagnement*, t. II: *L'origine de l'État*, Paris, Errance, 2004.

THOMAZ, L. F., «L'esclavage à Malacca au XVIe siècle d'après les sources portugaises», in G. CONDOMINAS(éd.), *Formes extrêmes de dépendance. Contributions à l'étude de l'esclavage en Asie du Sud-Est*, Paris, EHESS, 1998,

p. 357—386.

TOUGHER, S., *The Eunuch in Byzantine History and Society*, Londres, Routledge, 2008.

ZE'EVI, D., «My Slave, my Son, my Lord: Slavery, Family and State in the Islamic Middle East», in T. MIURA et J. E. PHILIPS(éds.), *Slave Elites in the Middle East and Africa*, Londres, Kegan Paul International, 2000, p. 71—79.

ZLINSKY, J., «Gemeineigentum am Beispiel der *servi publici*», in T. FINKAUER (éd.), *Sklaverei und Freilassung im römischen Recht*, Berlin, Springer, 2006, p. 317—326.

古希腊的公共奴隶制

BRADLEY, K., et CARTLEDGE, P. (éds.), *The Cambridge World History of Slavery. The Ancient Mediterranean World*, Cambridge, Cambridge University Press, 2011.

CARDINALI, G., « Note di terminologia epigraphica. I. *Dêmosioi.* », *Rendiconti della Reale Accademia dei Lincei*, 17, 1908, p. 157—165.

DESCAT, R., et ANDREAU, J., *Esclaves en Grèce et à Rome*, Paris, Hachette, 2009.

FRAGIADAKIS, C., *Die Attischen Sklavennamen von der spätarchaischen Epoche bis in die römische Kaiserzeit*, Athènes, 1988.

FINLEY, M. I., *Économie et société en Grèce ancienne*, Paris, La Découverte, 1984.

FISHER, N., *Slavery in classical Greece*, Londres, Bristol Classical Press, 1995.

GARLAN, Y., *Les Esclaves en Grèce ancienne*, Paris, La Découverte, 1995 [1982].

—, *Guerre et économie en Grèce ancienne*, Paris, La Découverte, 1989.

HEINEN, H. (éd.), *Handwörterbuch der antiken Sklaverei* (HAS), [CD-Rom], Stuttgart, F. Steiner, 2006.

HUNTER, V., «Pittalacus and Eucles: Slaves in the Public Service of Athens», *Mouseion*, 6, 2006, p. 1—13.

—, *Policing Athens. Social control in the Attic lawsuits*, 420—320B. C., Princeton, Princeton University Press, 1994.

JACOB, O., *Les Esclaves publics à Athènes*, Liège, Champion, 1928.

KLEES, H., *Sklavenleben im klassischen Griechenland*, Stuttgart, F. Steiner, 1998.

MARTIN, T. R., «Silver Coins and Public Slaves in the Athenian Law of 375/4 B. C.», in *Mnemata. Papers in Memory of Nancy M. Waggoner*, New York, American Numismatic Society, 1991, p. 21—48.

OLIVER, G. J., « Honours for a public slave at Athens (*IG* II² 502 + *Ag.* I 1947; 302/301 B. C.), in A. MATHAIOU(éd.), *Attika epigraphika. Meletes pros timèn tou Christian Habicht*, Athènes, Ellinikí Epigrafikí Etaireía, 2009.

PLASSART, A., «Les archers d'Athènes», *REG*, 26, 1913, p. 151—213.

SCHUMACHER, L., *Sklaverei in der Antike. Alltag und Schicksal der Unfreien*, Munich, 2001.

SILVERIO, O., *Untersuchungen zur Geschichte der attischen Staatsklaven*, Munich, Druck der Akademischen Buchdruckerei von F. Straub, 1900.

STROUD, R. S., « An Athenian Law on Silver Coinage», *Hesperia*, 43, 1974, p. 157—188.

TUCI, P., «Arcieri sciti, esercito e Democrazia nell' Atene del V secolo A. C.», *Aevum*, 78, 2004, p. 3—18.

—, «Gli arcieri sciti nell' Atene del V Secolo A. C.», in M. GABRIELLA, A. BERTINELLI et A. DONATI(éds.), *Il Cittadino, lo Straniero Il Barbaro fra integrazione et emarginazione nell' Antichita*, Rome, Bretschneider, 2005, p. 375—389.

WASZYNSKI, S., « Über die rechtliche Stellung der Staatsclaven in Athen», *Hermes*, 34, 1899, p. 553—567.

WEISS, A., *Sklave der Stadt. Untersuchungen zur öffentlichen Sklaverei in den Städten des Römischen Reiches*, Stuttgart, F. Steiner, 2004.

WELWEI, K. -W., «Öffentliche Sklaven(*dêmosioi, servi publici*) I. Griechisch», in H. HEINEN(éd.), *Handwöretrbuch der antiken Sklaverei* (HAS), [CD-Rom], Stuttgart, F. Steiner, 2006.

图书在版编目(CIP)数据

民主反对专家：古希腊的公共奴隶 / (法)伊斯马尔著;张竝译.
--上海:华东师范大学出版社，2017
ISBN 978-7-5675-6687-3

Ⅰ.①民… Ⅱ.①伊… ②张… Ⅲ.①民主—政治制度—
研究—古希腊 Ⅳ.①D754.59

中国版本图书馆 CIP 数据核字(2017)第 176760 号

华东师范大学出版社六点分社

企划人 倪为国

La démocratie contre les experts : Les esclaves publics en Grèce ancienne
By Paulin ISMARD
Copyright © Éditions du Seuil, 2015
Published by arrangement with Éditions du Seuil
Simplified Chinese Translation Copyright © 2017 by East China Normal University Press Ltd.
ALL RIGHTS RESERVED.

上海市版权局著作权合同登记 图字:09‐2015‐1055 号

民主反对专家:古希腊的公共奴隶

著　　者　(法)保兰·伊斯马尔
译　　者　张　竝
审读编辑　张培均
责任编辑　高建红
封面设计　夏艺堂艺术设计

出版发行　华东师范大学出版社
社　　址　上海市中山北路 3663 号　邮编　200062
网　　址　www.ecnupress.com.cn
电　　话　021‐60821666　行政传真　021‐62572105
客服电话　021‐62865537
门市(邮购)电话　021‐62869887
地　　址　上海市中山北路 3663 号华东师范大学校内先锋路口
网　　店　http://hdsdcbs.tmall.com

印　刷　者　上海盛隆印务有限公司
开　　本　890×1240　1/32
印　　张　7
字　　数　175 千字
版　　次　2017 年 9 月第 1 版
印　　次　2017 年 9 月第 1 次
书　　号　ISBN 978-7-5675-6687-3/K·490
定　　价　58.00 元

出 版 人　王　焰